Arnold A. Lazarus

Multimodale Kurzpsychotherapie

Aus dem Amerikanischen von Christoph Trunk

Klett-Cotta

Klett Cotta
Die Originalausgabe erschien unter dem Titel „Brief But Comprehensive
Psychotherapy" im Verlag Springer Publishing Company
© 1997 by Springer Publishing Company
Für die deutsche Ausgabe
© J. G. Cotta'sche Buchhandlung Nachfolger GmbH, gegr. 1659,
Stuttgart 2000
Fotomechanische Wiedergabe nur mit Genehmigung des Verlags
Printed in Germany
Schutzumschlag: heffedesign, Rodgau
Gesetzt aus der 10 Punkt Minion von Fotosatz Janß, Pfungstadt
Auf säure- und holzfreiem Werkdruckpapier gedruckt und gebunden
von Freiburger Graphische Betriebe, Freiburg i. Br.
ISBN 3-608-91986-4

Die Deutsche Bibliothek – CIP-Einheitsaufnahme
Ein Titeldatensatz für diese Publikation ist bei der Deutschen Bibliothek
erhältlich.

Lies nicht mit Widerspruchsgeist und Besserwissen, aber auch nicht um alles gläubig hinzunehmen noch um Unterhaltungs- und Gesprächsstoff zu finden, sondern um zu prüfen und nachzudenken.

Francis Bacon

Sprache formt unsere Gedanken; sie verleiht unseren Wünschen Farbe und Gestalt; sie begrenzt oder erweitert unser Mitgefühl; sie gibt unserem individuellen Selbst auf diese oder jene Weise Kontinuität. Diese Wirkungen stellen sich ein, ob wir uns ihrer bewußt sind oder nicht.

Jacques Barzun

Arnold A. Lazarus, Ph. D., gehört dem American Board of Professional Psychology und der Academy of Clinical Psychology an. Er ist „Distinguished Professor" an der Rutgers University in New Brunswick, New Jersey, wo er an der Graduate School of Applied and Professional Psychology tätig ist. Zuvor lehrte er an der Stanford University, an der Medizinischen Fakultät der Temple University und an der Yale University. Er war Vorsitzender mehrerer Berufsvertretungen und Fachverbände und wurde für seine Beiträge zur klinischen Theorie und Therapie vielfach ausgezeichnet und geehrt. So erhielt er unter anderem von der Psychotherapie-Sektion der American Psychological Association den „Distinguished Psychologist Award" und vom American Board of Professional Psychology den „Distinguished Service Award". Für seine innovativen und denkwürdigen Beiträge zum Thema Zeiteffizienz in der Psychotherapie wurde ihm im Jahr 1996 als erstem der renommierte, jährlich vergebene Cummings PSYCHE Award zugesprochen. Als „Distinguished Practitioner in Psychology" wurde er Charta-Mitglied der National Academies of Practice. Neben Lehre und Forschung hat er seit 1959 eine psychotherapeutische Praxis. Als Autor oder Koautor von 16 Büchern und von über 200 fachbezogenen und wissenschaftlichen Artikeln genießt er als eine Autorität auf dem Gebiet wirksame und effiziente Psychotherapie internationale Anerkennung. Er gehört den Redaktionsvorständen von zwölf Fachzeitschriften an und hat in den USA und in anderen Ländern unzählige Vorträge und Seminare gehalten.

Inhalt

Vorwort von Cyril M. Franks 9

Einleitung 15

1 Kommen wir gleich zur Sache 17

2 Das Grundprinzip 39

3 Was ist die multimodale Methode? 52

4 Theorien und Techniken 65

5 Multimodale Diagnoseverfahren:
  Bridging und Tracking 80

6 Multimodale Diagnoseverfahren:
  Sekundäres BASIC I. D. und Strukturprofile 95

7 Einige Elemente einer zeitökonomischen und effektiven Therapie 102

8 Aktive Grundhaltung und glückliche Zufälle 114

9 Zwei spezifische Anwendungen:
  Störungen der sexuellen Appetenz und Dysthymie 123

10 Paartherapie 156

11 Einige häufige Formen der Zeitvergeudung 175

Epilog 186

Anhang 1: Multimodaler Fragebogen zur Lebensgeschichte 191

Anhang 2: Strukturprofil-Fragebogen 208

Anhang 3: Erweitertes Strukturprofil 211

Anhang 4: Fragebogen zur Zufriedenheit in der Partnerschaft
(überarbeitete Fassung) 217

Anhang 5: Verschiedene Formen des Eklektizismus und der
Integration: Seien wir uns der Gefahren bewußt
(Artikel von 1995) 220

Bibliographie 240

Register 249

Vorwort

„Seelenleiden, in die wir durch Unglück oder eigne Fehler geraten, sie zu heilen vermag der Verstand nichts, die Vernunft wenig, die Zeit viel, entschlossene Tätigkeit hingegen alles."

– Goethe, *Wilhelm Meisters Wanderjahre*

Seit dreißig Jahren bin ich mit Arnold Lazarus befreundet. Wir haben einen Bürokühlschrank geteilt, sind ins Gespräch vertieft spazierengegangen, haben unsere Kinder aufwachsen, heiraten und erneut heiraten sehen und zahlreiche hitzige Fachdebatten geführt. Wer uns in erster Linie über unsere Publikationen kennt, der wird angesichts unserer häufigen schriftlichen Auseinandersetzungen, bei denen „so gut wie alles erlaubt" ist, sicherlich glauben, wir seien erbitterte Feinde. Weit gefehlt! Lazarus ist ein Berufskollege, dessen Gesellschaft ich sehr schätze. Dies alles ist aber nicht der Grund dafür, warum ich mich gerne bereit erklärt habe, dieses Vorwort zu schreiben. Es ist vielmehr mein Respekt vor seinen Leistungen.

Laut Mario Puzo, dessen Sagas aus der Welt der sizilianischen Mafia wieder in Mode gekommen sind, ist „ein Mann mit Bauch" einer, mit dem man rechnen muß: Er ist imposant, einflußreich und bedeutend, ein vermögender Mann, der den Dingen seinen Stempel so sehr aufgedrückt hat, daß es für alle zu erkennen ist. Und dasselbe, sagte der verstorbene. schmerzlich vermißte Perry London, gilt für die Verhaltenstherapie. Die Verhaltenstherapie hat einen Bauch angesetzt und ist mittlerweile selbst sehr einflußreich und bedeutsam. Deshalb fragen wir uns nun: Haben Arnold Lazarus und die multimodale Therapie einen ähnlichen Status erreicht, und ist ein Vorwort der geeignete Rahmen, dies zu erörtern? Fast alle psychotherapeutisch Arbeitenden dürften die erste Frage mit einem ganz klaren „Ja" beantworten, aber viele von ihnen würden wohl darauf beharren, daß eine Vorrede nicht der passende Ort dafür sei, die multimodale Therapie oder die fachlichen Leistungen von Arnold Lazarus einer objektiven und womöglich kritischen Beurteilung zu unterziehen. In einem Vorwort, so würden manche sagen, ist nur uneingeschränkter Beifall am Platze.

Mein Standpunkt ist klar und eindeutig. Der Respekt vor Lazarus und seinen Leistungen verlangt, daß ich sowohl von ihm als Fachmann als auch von seiner Arbeit ein positives, aber wohlüberlegtes Bild zeichne. Ein aufrichtiges Vorwort sollte das Buch zwar in ein angemessen günstiges Licht rücken, aber nicht aus ununterbrochener Schmeichelei bestehen. Ich bin der festen Überzeugung, daß die multimodale Therapie – im Gegensatz zu Lazarus selbst – tatsächlich einen Bauch angesetzt hat, und deshalb halte ich es für sinnvoll, dies in meinem Vorwort zu erörtern, um danach zu einem hoffentlich positiven Fazit zu gelangen.

Zumindest in absehbarer Zukunft werden wir wohl oder übel mit dem Managed-Care-System[1] leben müssen, und die multimodale Therapie muß sich unter anderem an diesem Kriterium messen lassen. Die Anforderungen des Managed-Care-Systems haben durchaus ihre Berechtigung: Therapeutische Interventionen sollen von nachgewiesener Wirksamkeit, validiert, von kurzer Dauer, so kostengünstig wie möglich und konsumentenfreundlich sein. Die meisten Verfahren, die unter dem breiten Oberbegriff Verhaltenstherapie zusammengefaßt werden, scheinen diesen Kriterien zu genügen. Läßt sich dasselbe auch von der multimodalen Therapie

---

[1] „Seit einiger Zeit ist vor allem in den USA, vereinzelt auch in Europa ein neues Krankenversicherungssystem – Managed Care (‚geführte Versicherung' […]) – auf dem Markt, bei dem die Freiheitsgrade der Anbieterseite deutlich eingeschränkt werden. In diesem Konzept versucht der Kostenträger organisatorische Rahmenbedingungen zu schaffen, die zu Kostensenkungen im Gesundheitswesen führen. Vom Kostenträger (Versicherung) werden eigene Behandlungsinstitutionen (vor allem ambulant) angeboten bzw. mit Praxisinstitutionen Leistungsverträge geschlossen, in denen der Handlungsrahmen detailliert festgelegt wird. Insbesondere werden ambulante, kurzfristig wirksame Interventionen favorisiert bzw. teilweise kostengünstige Behandlungsvarianten vorgeschrieben" (Urs Baumann & Meinrad Perrez [Hg.], *Lehrbuch Klinische Psychologie – Psychotherapie*, Bern: Huber, ²1998, S. 341). Im folgenden ist „managed care" zuweilen mit dem allgemeineren Begriff „Kostendämpfung im Gesundheitswesen" wiedergegeben. A. d. Ü.

Vorwort

sagen? Und wie ist die multimodale Therapie, wenn überhaupt, ins Gesamtbild der Verhaltenstherapie einzuordnen?

Die Einleitung zu diesem Buch beginnt mit der Frage, ob irgendein Bedarf besteht oder überhaupt noch Platz ist für ein weiteres Buch über Kurzpsychotherapie. Lazarus antwortet mit einem entschiedenen „Ja" – unter der Voraussetzung, daß die beschriebenen Verfahren wenig Zeit in Anspruch nehmen, ein breites Spektrum abdecken und validiert und bislang in keinem anderen Buch abgehandelt worden sind. Im weiteren Verlauf des Textes erörtert er ausführlich, was die multimodale Therapie ist und wie sie diese anspruchsvollen Kriterien erfüllt. Er legt in überzeugender Weise dar, daß der Akzent in der multimodalen Therapie auf Effizienz wie auch auf Wirksamkeit und effektiven Bewältigungsstrategien liegt und nicht auf einem nebulösen „Kurieren" von angeblich tiefsitzenden psychischen Problemen, bei denen man sich fragen muß, ob sie in dieser Form tatsächlich existieren. Was den offenkundigen Widerspruch zwischen den Begriffen „kurz" und „umfassend" angeht, so sagt Lazarus ganz richtig, daß ein zeitökonomisches und zugleich breitgefächertes Vorgehen durchaus möglich ist – vorausgesetzt, ein in der Anwendung des BASIC I. D. ausgebildeter und versierter Kliniker deckt dieses Raster, das den Kern der multimodalen Therapie bildet, vollständig und gewissenhaft ab.

Damit die bislang angesprochenen Aspekte noch deutlicher hervortreten, möchte ich den Leserinnen und Lesern vorschlagen, beim Durcharbeiten dieses Buches vier wesentliche Punkte im Auge zu behalten. Ich formuliere sie als Fragen:

1. Ist die multimodale Therapie von ihrer Theorie her ein schlüssiges Denkmodell, das grundlegend neue Konzepte anbietet?
2. Stellt die multimodale Therapie eine bedeutende methodische Innovation dar? Falls das so ist, worin liegen ihre besonderen Stärken?
3. Ist multimodale Therapie in Wirklichkeit multimodale Verhaltenstherapie und somit der übergreifenden Kategorie der Verhaltenstherapie zuzurechnen? Oder geht sie „über die Verhaltenstherapie hinaus", wie Lazarus hier und in seinen früheren Publikationen erklärt?
4. Inwieweit genügt die multimodale Kurztherapie den oben skizzierten Anforderungen von Managed Care? Kann man davon ausgehen, daß

sie sowohl für therapeutisch Tätige als auch für die Sachwalter der Managed Care attraktiv ist?

Wie sind diese Fragen nun zu beantworten? Was Frage 1 angeht, so bin ich aufgrund des nicht ganz oberflächlichen Einblicks, den ich im Laufe der Jahre sowohl in die Verhaltenstherapie als auch in die multimodale Therapie gewonnen habe, der Ansicht, daß die multimodale Therapie mit keiner neuen Theorie und keinen neuen Postulaten aufwartet. Sie gründet seit jeher klar und konsequent auf der Theorie des sozialen Lernens und auf anderen Konzepten der Verhaltenstherapie. Dadurch ist sie empfänglich für neue Entwicklungen und Perspektiven, die innerhalb der Verhaltenstherapie aufkommen und dann in das Zentrum der multimodalen Therapie, also das BASIC I. D., Eingang finden. Auch hat Arnold Lazarus selbst genau dies bei vielen Gelegenheiten betont, und er behauptet nicht, irgendeine neue Theorie begründet zu haben.

Wesentlich bedeutsamer und für Kliniker sicher am wichtigsten ist die zweite Frage. Mit dem BASIC I. D. und den aus ihm abgeleiteten Komponenten steht uns ein System der Diagnostik und Intervention zur Verfügung, das, soweit ich das überblicken kann, nicht seinesgleichen hat. Es ist ein einzigartiges Kompendium von Verfahrensweisen und therapeutischen Strategien. Wenn man das BASIC I. D. gewissenhaft und systematisch anwendet, erfaßt man damit die sieben miteinander interagierenden Kernmodalitäten, die unsere Bewegungen, Gefühle, Wahrnehmungen, Vorstellungen, Gedanken und unsere Beziehungen zu anderen umfassen. Die Methode läßt zwar Raum für die Kreativität und Initiative des Klinikers, doch am wirksamsten ist sie, wenn sie systematisch angewendet wird, wobei die genaue Reihenfolge und Gestaltung von den Erfordernissen der jeweiligen Situation abhängen. Mit der „D"-Modalität („Drugs") trägt Lazarus der grundlegenden Tatsache Rechnung, daß wir biochemisch-neurophysiologische Wesenheiten sind. Sie steht für weit mehr als „Medikamente und Drogen" und schließt den gesamten Unterbau der medizinischen und biologischen Determinanten des Lebens ein, also unter anderem Ernährung, körperliche Bewegung, ärztlich verordnete Medikamente, illegale Drogen, Tabak sowie legale Stimulantien und Sedativa wie Koffein und Alkohol. Vor allem aber hat Lazarus ein kosteneffizientes System zu bieten, das ausgesprochen gut lehrbar und frei von Geheimnistuerei und unnötigem Fachjargon ist. Mit einem Wort, der multimodalen Therapie kommt, da sie eine methodische Glanzleistung darstellt, ein herausragender Platz in den Annalen der therapeutischen Diagnostik und Intervention zu.

Die dritte Frage ist weniger eindeutig zu beantworten, und hier scheinen Lazarus und ich verschiedener Meinung zu sein. Wie dem Titel seines Buches von 1971, *Behavior Therapy and Beyond (dt. Verhaltenstherapie im Übergang)*, zu entnehmen ist, baut sein Ansatz zwar auf der Verhaltenstherapie auf, soll aber über sie hinausführen. Er nannte ihn deshalb multimodale Verhaltenstherapie. In der Folgezeit aber wurde daraus die multimodale Therapie. Nach meiner Ansicht – und ich vermute, daß viele Verhaltenstherapeuten mir beipflichten würden – faßt man aus den oben beschriebenen Gründen die multimodale Therapie freilich am besten als eine der methodisch gesehen am weitesten entwickelten Spielarten der Verhaltenstherapie auf, die wir bislang kennen.

Arnold Lazarus praktiziert hervorragende Verhaltenstherapie, nennt sie aber nicht so. Er könnte sich überlegen, ob er mit der multimodalen Therapie nicht dorthin zurückkehren möchte, wo sie hingehört, also ins Lager der Verhaltenstherapie; damit würde er nicht nur deutlich machen, auf welchen Grundlagen er aufbaut, sondern auch, welch fruchtbaren Beitrag er zur Verhaltenstherapie geleistet hat. Ich sage dies vor allem, um meine Überzeugung zu bekräftigen, daß Lazarus das Konzept der multimodalen Therapie wieder um den Begriff „Verhalten" erweitern sollte.

Dies alles ist aber gewissermaßen bloß Nebensache. Wirklich von Belang ist, was Lazarus zur Praxis der Psychotherapie beigetragen hat und daß die multimodale Kurztherapie, was ihre Vereinbarkeit mit den Zielen der Managed Care angeht, konkurrenzlos dasteht. Multimodale Kurztherapie ist Verhaltenstherapie in einer ihrer fortgeschrittensten Formen. Sie ist effizient, wirksam, lehrbar und validierbar und deckt ein breites Spektrum ab, ohne zu einem unflexiblen System zu erstarren. Ungeachtet dessen, wie Lazarus seine Methode nennt, kenne ich niemanden, dem praktizierende Therapeuten und die Sachwalter der Managed Care mehr zu verdanken als ihm. Arnold Lazarus, ein erprobter Kämpfer und ein Mann für die meisten, wenn nicht alle Jahreszeiten, hat sich somit seinen Platz als ein führender Kopf in der Saga der Psychotherapie erworben. Es war mir ein Vergnügen, dieses Vorwort zu schreiben.

Cyril M. Franks
Distinguished Professor Emeritus
Rutgers University

Einleitung

Besteht Bedarf nach einem weiteren Buch über Kurzpsychotherapie, oder ist überhaupt noch Platz dafür? Ja – aber nur, wenn es Strategien und Ideen enthält, die in den vielen anderen dicken Wälzern, Monographien, Berichten, Lehrbüchern, Abhandlungen, Handbüchern, Manualen, Dissertationen und Erörterungen zum Thema nicht zu finden sind. Die derzeitigen Rahmenbedingungen des Gesundheitswesens haben dazu geführt, daß zahlreiche Bücher über Kurzzeit-, zeitlich begrenzte, kosteneffiziente und Kurz-Psychotherapie erschienen sind. Die eben genannten Begriffe sind nicht synonym, scheinen sich aber in zwei Grundmerkmalen zu überschneiden. Erstens heben sie auf Effizienz und Wirksamkeit ab, und zweitens lenken sie die Aufmerksamkeit auf die Vorzüge wirksamer *Bewältigungsstrategien* und nicht auf eine tief in die Psyche eingreifende „Heilung". Ihre wesentliche Botschaft ist: „Vergeude keine Zeit."

Wie kann man aber *schnell sein* und zugleich *allen wesentlichen Aspekten gerecht werden*? Ist das nicht ein Widerspruch in sich? Nicht, wenn man das sogenannte „BASIC I. D."-Spektrum abdeckt, das ich in Kapitel 1 und 3 erläutere und in anderen Teilen des Buches noch eingehender beschreibe.

Wesentliche Faktoren, die der Kürze in der Psychotherapie den Weg gebahnt haben, sind die auf das Erlernen von Fähigkeiten zielenden, die problemzentrierten und die lösungsorientierten Ansätze sowie die Entwicklung von differenzierten und wirksamen Techniken für die biologische Diagnostik und Intervention. Während sich zunächst viele Kliniker über die Verhaltenstherapeuten[1] lustig machten, weil diese so viel Wert

---

[1] Arnold Lazarus legt das grammatische Geschlecht nicht auf ein „she" oder „he" fest, solange ganz allgemein von „the patient", „the therapist" usw. die Rede ist. Solche Ausgewogenheit wirft im Deutschen bekanntermaßen größere stilisti-

darauf legten, aktiv zu sein, ihren Klienten Hausaufgaben zu stellen und die Behandlung auf ganz spezifische Punkte fokussiert zu halten, gehören derartige Vorgehensweisen mittlerweile zum Standardrepertoire zahlreicher unterschiedlicher Kurztherapien. Im vorliegenden Buch greife ich auf die gewohnten Diagnose- und Behandlungsmethoden zurück und gehe über sie hinaus, indem ich einige einzigartige Beurteilungsverfahren vorstelle sowie viele beachtenswerte Empfehlungen für die therapeutische Arbeit gebe. Meiner Meinung nach habe ich einige ungewöhnliche Ideen zu bieten, durch die viele Leserinnen und Leser ihre Fertigkeiten möglicherweise steigern und ihr therapeutisches Repertoire erweitern können.

Ich hatte beschlossen, meine Verwandten, Freunde und Kollegen nicht zu behelligen und also keinen von ihnen zu bitten, die erste Fassung des Textes zu lesen und mich mit seinem Rat zu unterstützen. Dr. Jeffrey A. Rudolph aber, ein früherer Student von mir, der jetzt ein guter Freund und geschätzter Kollege ist, ließ es sich nicht nehmen, das gesamte Manuskript durchzugehen. Mit seinen scharfsinnigen Kommentaren regte er mich an, viele Punkte klarer und ausführlicher darzustellen, die andernfalls wohl zu kurz gekommen wären, und ich bin ihm dafür wirklich sehr dankbar. Ich möchte auch sagen, daß es ein Privileg und eine Freude ist, mit Dr. Ursula Springer und ihrem effizienten, aber einfühlsamen Team zusammenzuarbeiten.

Arnold A. Lazarus

---

sche Probleme auf als im Englischen. Der Lesbarkeit zuliebe soll daher in der vorliegenden Übersetzung „Therapeuten" in der Regel „Therapeutinnen und Therapeuten" bedeuten, „Patienten" „Patientinnen und Patienten", und so weiter. A. d. Ü.

Kapitel 1

Kommen wir gleich zur Sache

Jeder Therapeut kann, wenn er das will, kurztherapeutisch arbeiten. Aber ist es auch möglich, so vorzugehen, daß eine Therapie kurz ist und dennoch alle wesentlichen Aspekte abdeckt? Meine klare Antwort darauf ist: „In vielen Fällen ja." Im folgenden möchte ich im einzelnen umreißen, wie dies zu erreichen ist.

BASIC I. D.

Von unserer Grundkonstitution her sind wir biologische Organismen (neurophysiologisch-biochemische Wesenheiten), die 1. *sich verhalten* (agieren und reagieren), 2. *fühlen* (affektive Reaktionen erleben), 3. *wahrnehmen und empfinden* (auf taktile, olfaktorische, gustatorische, visuelle und auditive Reize reagieren), 4. *Vorstellungen haben* (Bilder, Klänge und so weiter vor ihrem inneren Auge erstehen lassen), 5. *denken* (Überzeugungen, Ansichten, Wertmaßstäbe und Einstellungen haben) und 6. miteinander *interagieren* (sich in verschiedenartigen zwischenmenschlichen Beziehungen wohlfühlen, sie ertragen oder unter ihnen leiden). Wenn wir diese sechs abgegrenzten, aber miteinander interagierenden Dimensionen oder Modalitäten mit **B**ehavior (Verhalten), **A**ffect (Gefühle), **S**ensation (Sinnesempfindungen), **I**magery (Vorstellungsbilder), **C**ognition (Denken) und **I**nterpersonal (zwischenmenschliche Beziehungen) bezeichnen und eine siebte – 7. **D**rugs/Biology (chemische Wirksubstanzen und biologische Grundlagen des Verhaltens) – hinzunehmen, entsteht aus den Anfangsbuchstaben das zweckmäßige Akronym BASIC I. D.[1]

---

[1] „ID" dient im Englischen als Abkürzung für „identity" (Identität) und auch für „identification" (Feststellung der Identität; Ausweispapiere). Das Kunstwort BASIC I. D. bedeutet also ungefähr so etwas wie „Grundidentität". Ein wenig schwingt auch das Freudsche Es (auf englisch „id") mit. A. d. Ü.

Viele psychotherapeutische Methoden sind trimodal und zielen auf Gefühle (Affect), Verhalten (Behavior) und Denken (Cognition) – also auf ABC. Die multimodale Sichtweise dagegen gibt Klinikern ein umfassendes Raster an die Hand, mit dem sie genau feststellen können, welche wesentlichen Probleme der Korrektur bedürfen. Die Spannweite des multimodalen Ansatzes ist sehr groß, denn er trennt Sinnesempfindungen von Emotionen, unterscheidet zwischen Vorstellungsbildern und Kognitionen, betont sowohl intraindividuelles als auch zwischenmenschliches Verhalten und hebt die Wichtigkeit des biologischen Substrats hervor. Wer das BASIC I. D. eines Klienten erhebt, ist bestrebt, „unter jedem Stein nachzuschauen" und keinen Aspekt unberücksichtigt zu lassen.

Im Zuge einer raschen, aber gründlichen Einschätzung des Klienten untersucht man das folgende Spektrum von Fragen:

B: *Verhalten.* Inwiefern beeinträchtigt dieser Mensch seine Zufriedenheit oder seine Selbstverwirklichung durch eigenes Tun (durch selbstschädigende Handlungen oder fehlangepaßtes Verhalten)? Welche Aspekte sollten sich zum Wohle des Klienten verstärken oder abschwächen? Was sollte er aufhören zu tun, was sollte er beginnen zu tun?

A: *Affekte.* Welche Emotionen (affektiven Reaktionen) bestimmen das Bild? Haben wir es mit Ärger, Ängstlichkeit, Depression oder mit Kombinationen aus diesen dreien zu tun? Von welcher Intensität sind die Affekte (wo kann man sie beispielsweise zwischen Gereiztheit und Wut oder zwischen Traurigkeit und massiver Schwermut einordnen)? Was scheint diese negativen Affekte hervorzurufen – sind bestimmte Kognitionen, innere Bilder oder zwischenmenschliche Konflikte die Auslöser? Und wie reagiert (verhält sich) die Person in dem jeweiligen Gefühlszustand? Es ist wichtig, dabei auf Interaktionseffekte zu achten: Wie wirken sich verschiedene Verhaltensweisen auf die Affekte der Person aus, und umgekehrt? Welchen Einfluß hat dies auf alle anderen Modalitäten?

S: *Sinnesempfindungen.* Gibt es spezifische Beschwerden auf der Sinnesebene (zum Beispiel Verspannungen, chronische Schmerzen, Tremor)? Welche Gefühle, Gedanken und Verhaltensweisen sind mit diesen negativen Empfindungen verbunden? Von welchen positiven Empfindungen (zum Beispiel angenehmen visuellen, auditiven, taktilen, olfaktorischen und gustatorischen Wahrnehmungen) berichtet die Person? Sie ist dabei auch als sinnliches und sexuelles Wesen gemeint. Die Steigerung oder Kultivierung erotischen Genusses kann, falls sie notwendig erscheint, ein sinnvolles Therapieziel sein (Rosen & Leiblum, 1995).

I: *Vorstellungswelt.* Welche Phantasien und inneren Bilder sind vorherrschend? Wie ist es um das „Selbst-Bild" der Person bestellt? Hat sie spezifische Bilder von Erfolg oder Mißerfolg vor Augen? Gibt es negative oder sich aufdrängende Bilder (etwa unerfreuliche oder traumatische Erlebnisse, die sich immer wieder schlagartig ins Bewußtsein drängen)? Und wie hängen diese Bilder mit aktuellen Kognitionen, Verhaltensweisen, affektiven Reaktionen etc. zusammen?

C: *Denken.* Können wir die maßgeblichen Einstellungen, Wertmaßstäbe, Überzeugungen und Anschauungen der Person ermitteln? Von welchen Imperativen und Dogmen mit „müssen", „sollen" oder „nicht dürfen" ist ihr Denken beherrscht? Gibt es irgendwelche klar erkennbaren dysfunktionalen Überzeugungen oder irrationalen Ideen? Kann man irgendwelche ungünstigen automatischen Gedanken ausmachen, die der psychischen Funktionsfähigkeit abträglich sind?

I.: *Zwischenmenschliche Beziehungen.* Wer sind die wichtigen Mitmenschen im Leben des Klienten? Was will, wünscht sich, erwartet und bekommt er von ihnen? Und was gibt er ihnen umgekehrt, was tut er für sie? Welche Beziehungen bereiten ihm besondere Freude oder Qualen?

D.: *Chemische Substanzen/Biologie.* Ist der Klient physiologisch gesehen gesund und lebt er gesundheitsbewußt? Hat er irgendwelche gesundheitlichen Beschwerden oder Probleme? Gibt es Auffälligkeiten in bezug auf Ernährung, Körpergewicht, Schlaf, körperliche Fitneß und Alkohol-, Drogen- oder Medikamentenkonsum?

Bei den meisten Klienten kann man einen noch umfassenderen Überblick über ihre Probleme gewinnen, indem man sie den Multimodalen Fragebogen zur Lebensgeschichte ausfüllen läßt (Lazarus & Lazarus, 1991). Dieser ausführliche Fragebogen (siehe Anhang 1) kann für Behandelnde eine Hilfe sein, denn er

- hält Klienten dazu an, sich auf spezifische Probleme und deren Ursachen und auf Lösungsversuche zu konzentrieren,
- gibt eine Übersicht über fokale Antezedenzbedingungen, über die Probleme, die den Klienten veranlassen, sich in Therapie zu begeben, und über relevante Daten seiner Lebensgeschichte,
- erlaubt einen wertvollen Einblick in den persönlichen Stil des Klienten und seine Erwartungen im Hinblick auf die Behandlung.

Diesen Fragebogen gibt man dem Klienten gewöhnlich nach der ersten Sitzung zum Ausfüllen mit nach Hause. Von schwer gestörten Klienten (die beispielsweise in einem Wahn befangen, schwer depressiv oder stark agitiert sind) kann man natürlich nicht erwarten, daß sie bereitwillig mitmachen, doch die meisten ambulanten Psychiatriepatienten, die des Lesens und Schreibens einigermaßen mächtig sind, werden den Nutzen der Aufgabe begreifen. Der Fragebogen beschleunigt den Routinevorgang der Anamnese, erlaubt dem Therapeuten eine rasche Analyse nach dem BASIC-I. D.-Raster und mündet in einen brauchbaren Behandlungsplan.

Einordnung des BASIC I. D. in den größeren Zusammenhang

In der multimodalen Diagnostik dient uns das Schema des BASIC I. D. als Gedächtnisstütze, damit wir alle sieben Modalitäten berücksichtigen und keinen Interaktionseffekt übersehen. Das Schema geht davon aus, daß wir Gesellschaftswesen sind, die sich bewegen, fühlen, wahrnehmen, Vorstellungen entwickeln und denken, und daß wir von unserer Grundkonstitution her biochemisch-neurophysiologische Lebewesen sind. Studenten und Kollegen fragen oft, ob unter den sieben Bereichen einige bedeutsamer und von größerem Gewicht sind als die anderen. Der Gründlichkeit halber sind alle sieben sorgfältig zu prüfen, doch ganz besondere Bedeutung kommt wohl der biologischen und der zwischenmenschlichen Modalität zu.

Die biologische Modalität übt auf alle anderen Modalitäten einen tiefgreifenden Einfluß aus: Hinter unangenehmen sensorischen Reaktionen kann sich eine Vielzahl körperlicher Krankheiten verbergen; bei überstarken emotionalen Reaktionen (Angst, Depression und Wut) sind unter Umständen biologische Determinanten im Spiel; ein chemisches Ungleichgewicht kann die alleinige Ursache von fehlerhaften Denkprozessen und von bedrückenden, unheilschwangeren oder schreckenerregenden inneren Bildern sein; und unangemessenes individuelles und zwischenmenschliches Verhalten kann von zahlreichen somatischen Faktoren herrühren, die von Toxinen (wie Drogen oder Alkohol) bis zu intrakraniellen Läsionen reichen. Wenn man also zu der Vermutung gelangt, daß biologische Faktoren beteiligt sein könnten, ist eine vollständige Abklärung unbedingt erforderlich. Wer nicht durch körperliche Beschwerden beeinträchtigt ist und sich positiver, sinnerfüllter und liebevoller Beziehungen zu anderen erfreut, der hat die besten Voraussetzungen, ein im Persönlichen wie im Zwischenmenschlichen erfülltes Leben zu führen. Die biologische Modalität bildet somit die Basis, und die zwischenmenschliche Modalität ist gleichsam die Krone des Ganzen. Die sieben Modalitäten sind keineswegs statisch oder linear, sondern stehen in wechselseitiger Transaktion.

Wenn ein Patient sich in Therapie begibt, bezieht er sich anfangs vielleicht nur auf eine einzige der sieben Modalitäten. Affekt: „Ich leide unter Ängsten und Depressionen." Verhalten: „Meine zwanghaften Gewohnheiten machen mir schwer zu schaffen." Zwischenmenschliche Beziehungen: „Meine Frau und ich kommen nicht miteinander klar." Sinnesebene: „Ich leide unter Spannungskopfschmerzen und Kieferschmerzen." Vorstellungswelt: „Das Bild von der Beerdigung meiner Großmutter geht mir nicht mehr aus dem Kopf, und ich habe oft verstörende Träume." Gedanken: „Ich weiß, daß ich mir unrealistische Ziele setze und von anderen zu viel erwarte, aber ich kann einfach nicht anders." Biologie: „Solange ich das Lithium nehme, geht es mir gut, aber ich brauche jemanden, der meine Blutwerte im Auge behält."

Der häufigere Fall aber ist, daß ein Klient, der sich in Therapie begibt, Probleme in zwei oder mehr Modalitäten benennt: „Mich plagen alle möglichen Schmerzen, und mein Arzt sagt, das kommt daher, daß ich so angespannt bin. Ich mache mir auch zu viele Sorgen und bin sehr oft unzufrieden mit meinem Leben. Und ich bin sehr böse auf meinen Vater." Am Anfang ist es meistens ratsam, auf den Patienten zuzugehen und sich auf diejenigen

Themen, Modalitäten oder Problembereiche zu konzentrieren, die er anspricht. Denn wenn man allzu rasch andere Aspekte, die einem wichtiger erscheinen, in den Mittelpunkt rückt, fühlt er sich wahrscheinlich nicht ernst genommen. Ist aber der Rapport einmal hergestellt, so läßt sich das Schwergewicht in der Regel ohne weiteres auf bedeutsamere Fragen verlagern.

Das Grundrezept

In der gebotenen Präzision und Prägnanz stelle ich Ihnen nun mein Grundrezept für eine kurze, aber alle wesentlichen Aspekte umfassende Psychotherapie vor. Meine therapeutische Vorgehensweise hat sich vor allem auf der Grundlage von gezielten Einschätzungen des Therapieergebnisses und von Katamnesen entwickelt, die ich im Lauf der letzten 40 Jahre durchgeführt habe.

- *Erstens:* Prüfe bei jeder der folgenden Modalitäten, ob substantielle Probleme festzustellen sind:
  1. Verhalten
  2. Affekte
  3. Sinnesempfindungen
  4. Vorstellungsbilder
  5. Kognitionen
  6. zwischenmenschliche Beziehungen
  7. Medikamente/Drogen/Biologie
- *Zweitens:* Wähle gemeinsam mit dem Klienten drei oder vier zentrale Probleme aus, die besondere Aufmerksamkeit verlangen.
- *Drittens:* Veranlasse, falls dies indiziert ist, daß der Patient ärztlich untersucht wird und nötigenfalls psychotrope oder andere Medikamente bekommt.
- *Viertens:* Setze, wann immer möglich, Behandlungsmethoden ein, deren Wirksamkeit bei dem jeweiligen Problem empirisch validiert ist.

In der Praxis ist es oft nicht notwendig, das gesamte Spektrum des BASIC I. D. therapeutisch anzugehen. Denn wenn es gelingt, in einer der Modalitäten ein bedeutsames Problem zu modifizieren, kann das auf andere Modalitäten ausstrahlen und die dort bestehenden Schwierigkeiten abmildern.

Wird in einer jeden Dimension des BASIC I. D. eine konstruktive Veränderung erreicht, so stellen sich infolge der Dynamik und Synergiewirkung dieses auf sieben Ebenen ablaufenden Prozesses meist weitreichende Effekte ein. Bei vielen Klienten bessern sich, falls es gelingt, ein zentrales Problem in einer der Modalitäten zu lösen, durch einen Dominoeffekt auch bestimmte Probleme in anderen Modalitäten, so daß es sich erübrigt, das gesamte BASIC I. D. therapeutisch zu bearbeiten.

Ich muß noch einmal darauf hinweisen, daß es klinisch gesehen zweckmäßig ist, den wechselseitigen, interaktiven Fluß, der für die Abläufe des Alltagslebens kennzeichnend ist, in die scheinbar streng voneinander geschiedenen Dimensionen des BASIC I. D. zu unterteilen, während wir es in der Realität natürlich immer mit einem kontinuierlichen, rekursiven, sich auf vielen Ebenen zugleich abspielenden, lebendigen Prozeß zu tun haben. Das Bild des menschlichen Erlebens, das mit Hilfe des BASIC I. D. entsteht, ist nicht eindimensional, statisch oder linear. Zunächst nannte ich die Diagnostik und systematische Behandlung auf der Grundlage des BASIC I. D. multimodale Verhaltenstherapie (Lazarus, 1973, 1976); später ging ich dazu über, meinen Ansatz als multimodale Therapie (MMT) zu bezeichnen (Lazarus, 1981, 1989).

Die multimodale Betrachtungsweise umfaßt im wesentlichen die folgenden vier Prinzipien:

1. Das Handeln und Interagieren von Menschen läßt sich mit den sieben Modalitäten des BASIC I. D. beschreiben.
2. Die Modalitäten sind über komplexe Ketten von Verhaltensweisen und von anderen psychophysiologischen Abläufen miteinander verknüpft und stehen in wechselseitiger Transaktion miteinander.
3. Durch die systematische Beurteilung einer jeden Modalität und ihrer Interaktionen mit allen anderen Modalitäten gelangt man zu einer genauen Einschätzung (Diagnose).
4. Umfassend kann eine Therapie nur dann sein, wenn man im gesamten Spektrum des BASIC I. D. gezielt relevante Probleme in Angriff nimmt.

Der multimodale Ansatz geht im wesentlichen von folgenden Fragen aus:
1. Welche spezifischen und miteinander zusammenhängenden Probleme sind über das gesamte Spektrum des BASIC I. D. hinweg zu erkennen? 2. Wer oder was scheint diese Probleme auszulösen und aufrechtzuerhalten? 3. Was dürfte in jedem einzelnen Fall das beste Mittel sein, dem Problem abzuhelfen? 4. Gibt es empirisch validierte Veränderungsstrategien oder spezifische Methoden der Wahl, die sich erwiesenermaßen dazu eignen, einen oder mehrere der kritischen Punkte anzugehen? Aus den Antworten auf diese vier Fragen kann man ein systematisches Grundgerüst ableiten, das ein sorgfältiges Vorgehen garantiert und uns außerdem spezielle Verfahren an die Hand gibt, um idiosynkratische Reaktionsmuster eines Klienten zu ermitteln.

Im folgenden finden Sie, falls das bisher Gesagte Sie zum Weiterlesen angeregt hat, eingehende Erläuterungen zu therapeutischen Strategien und zu dem Grundprinzip, nach dem bei der Implementierung dieses multimodalen Prozesses zu verfahren ist.

Was ist unter Kurzpsychotherapie zu verstehen?

Ist mit „kurz" in erster Linie eine zeitliche Verknappung gemeint? Ist mit „Kurztherapie" eine ganz bestimmte Methodologie gemeint? Zeichnen sich die betreffenden Techniken durch eine besondere Intensität aus? Definiert sich die Kürze über die geringe Bandbreite der bearbeiteten Probleme und die Enge des Fokus? Verfolgt man bei der Kurztherapie nur bescheidene Ziele? Ist Kurztherapie besser als Langzeittherapie, oder ist sie einfach nur praktischer, dafür aber suboptimal? Ich werfe diese Fragen einfach auf, um zu zeigen, daß der Begriff Kurzpsychotherapie unklar definiert ist und daß Therapeuten ganz unterschiedliche Vorstellungen damit verbinden. Die meisten wären sich wahrscheinlich einig, daß *die Wirksamkeit einer Therapie weit weniger davon abhängt, wieviel Zeit man aufwendet, als davon, wie man diese Zeit ausfüllt.* Laut Cooper (1995) legen es Kurztherapeuten nicht darauf an, weniger zu leisten, sondern versuchen vielmehr, „durch weniger mehr zu erreichen". Dementsprechend hoch sind die Anforderungen an die Therapeuten, von denen erwartet wird, daß sie „viele durchdachte und schwierige Entscheidungen rasch treffen, ohne bei der Behandlung zu schludern" (S. 85 f.).

Bei der zeitlichen Gestaltung der Therapie sind mehrere Aspekte zu bedenken. Es stellt sich nicht nur die Frage, wie viele Sitzungen bei einem Klienten angebracht sind; man kann auch überlegen, wie lang die Sitzungen jeweils dauern sollten. In den sechziger Jahren wurde die „Kurzkontakt-Therapie" mit Sitzungen zwischen 10 und 20 Minuten diskutiert (Dreiblatt & Weatherly, 1965; Koegler & Cannon, 1966). Hoyt (1989) fragt, ob Berenbaums (1969) Therapieform mit einer einzigen zehnstündigen Marathonsitzung nun eine verlängerte Kurztherapie oder eine verkürzte Langzeittherapie ist. Falls allerdings ein Therapeut zu dem Schluß kommt, daß ein Klient von 15- bis 20minütigen Sitzungen profitieren dürfte, wird er leider Schiffbruch erleiden, sobald er bei Versicherungen oder anderen Kostenträgern, die ein zeitliches Minimum vorschreiben, die übliche Rechnung einreicht.

Eine weitere wichtige Überlegung zum zeitlichen Rahmen betrifft die Intervalle zwischen den Therapiesitzungen. Budman (1994) fragt, ob man zehn über einen Zeitraum von zwei Jahren gestreute Sitzungen noch als Kurztherapie auffassen soll. Könnten sechs über einen einzigen Tag verteilte zehnminütige Sitzungen für manche Klienten nicht nutzbringender sein als eine zusammenhängende Sitzung von 60 Minuten? Bei welchen Klienten wäre es sinnvoll, zwei Termine pro Tag, drei Termine pro Woche oder Sitzungen im Abstand von bis zu mehreren Monaten zu vereinbaren?

Budman (1994) betont, daß man bei der „zeiteffizienten Therapie" nicht von einer im voraus festgelegten Sitzungszahl ausgehen sollte. Außerdem gibt er zu bedenken, daß dem in der Psychotherapie üblichen wöchentlichen Rhythmus keine magischen Kräfte innewohnen und daß man die Abstände zwischen den Sitzungen auf die Bedürfnisse des jeweiligen Klienten abstimmen kann. Dennoch halten viele Kurz- oder Kurzzeit-Therapeuten[2] an einer Spannweite von etwa sechs bis zwölf Sitzungen fest.

---

[2] Der Begriff „brief therapy" bezieht sich auf die reine *Therapiezeit* (d. h. die Sitzungen können über einen langen Zeitraum verteilt sein), während eine „shortterm therapy" in jedem Falle innerhalb eines kurzen *kalendarischen* Zeitraums abgeschlossen wird. A. d. Ü.

Manche sind noch etwas strenger und definieren Kurztherapie als eine Behandlung mit einer bis zehn Sitzungen. Dryden (1995) dagegen zieht die Grenze bei elf Sitzungen. In einem der ersten Bücher, das ich vor vielen Jahren zur Kurztherapie las (Small, 1971), findet sich die Feststellung, daß „bei Therapien, die als Kurztherapie definiert wurden, die Bandbreite der Dauer von einer Sitzung bis zu 217 Sitzungen reicht" (S. 21). Small zitiert im weiteren zahlreiche Autoritäten: Für die einen dauert eine Kurztherapie von einer bis zu maximal sechs Sitzungen, andere bestehen darauf, es müßten 10 bis 24 Sitzungen sein, und wieder andere sprechen von Kurzbehandlungen bei Therapien, die im Durchschnitt zwischen 3 und 36 Stunden dauern. Eine konfundierende Variable dabei ist, wie ich noch einmal betonen möchte, daß manche Kurzzeit-Therapeuten ihre Klienten in 50- bis 60minütigen wöchentlichen Sitzungen behandeln, während andere im Sinne der Kurzkontakt-Therapie arbeiten und die Klienten mehrmals pro Woche oder sogar zu verschiedenen Zeiten am selben Tag für 15 bis 30 Minuten zu ihnen kommen. Es genügt wohl, wenn ich sage, daß Kurztherapie sich nach meiner Vorstellung in einem Rahmen von einer bis 15 einstündigen Sitzungen bewegt, die eng aufeinanderfolgen können oder auf viele Monate verteilt sind.

Es schwirrt einem der Kopf, wenn man sich das riesige Spektrum heterogener Vorstellungen anschaut, die unter der Überschrift „Kurztherapie" diskutiert worden sind. Der von Budman herausgegebene Band *Forms of Brief Therapy* (1981; aktualisierte Neuauflage 1995) enthält 17 Kapitel, die auf weitreichende Unterschiede in therapeutischen Anschauungen und Techniken eingehen. Das von Wells und Gianetti herausgegebene *Handbook of the Brief Psychotherapies* (1990) und der umfangreiche, von Zeig und Gilligan herausgegebene Band *Brief Therapy: Myths, Methods, and Methaphors* (1990) beleuchten weitere Aspekte. Trotz dieser unübersichtlichen Vielfalt ist, wie Budman in der Neuauflage (1995) von *Forms of Brief Therapy* feststellt, die folgende Simplifizierung gang und gäbe: „Bei der Überprüfung von Therapeutinnen und Therapeuten, die ins System der Managed Care einbezogen werden wollen, lautet eine der ersten Fragen: ‚Sind Sie in Kurztherapie ausgebildet und haben Sie Erfahrungen damit gesammelt?'" (S. 464) Als Standardwerk und Leitfaden darf in diesem Zusammenhang Hoyts *Brief Therapy and Managed Care* (1995) gelten.

Auswahlkriterien

Ehe wir das Thema vertiefen, müssen wir erörtern, für wen Kurztherapie geeignet und für wen sie ungeeignet ist. YAVIS-Klienten (Young, Attractive, Verbal, Intelligent, Successful – jung, attraktiv, verbal kompetent, intelligent, erfolgreich) sind selbstverständlich für jede Form von Therapie die am besten geeigneten Kandidaten. Manche Theoretiker (z. B. Davanloo, 1978; Sifneos, 1992) befürworten strenge Aufnahmekriterien, während andere geringere Anforderungen stellen (z. B. Budman & Gurman, 1988). Zwei eingehende Untersuchungen – die eine von Howard, Kopta, Krause und Orlinsky (1986), die andere von Kopta, Howard, Lowry und Beutler (1994) – ergaben, daß nach acht Therapiesitzungen bei 48 bis 58 Prozent der ängstlichen und depressiven Klienten eine nachweisliche Besserung eingetreten war und daß es nach 6 Monaten (26 Sitzungen) 75 bis 80 Prozent dieser Klienten deutlich besser ging. Bei Borderline-Patienten dagegen gab es weniger Fortschritte: Nach 26 Sitzungen ging es nur 38 Prozent von ihnen besser. Bei vielen Patienten, die „Charaktersymptome" aufwiesen (und beispielsweise zugaben, daß sie das Verlangen verspürten, anderen Menschen weh zu tun, starkes Mißtrauen an den Tag legten oder die Überzeugung hegten, psychisch abnorm zu sein), war selbst nach 100 Sitzungen wenig Veränderung zu entdecken.

Bei der Arbeit nach multimodalen Prinzipien haben wir festgestellt, daß Klienten, in deren Modalitätsprofil (siehe Kapitel 3) mehr als zwei Dutzend miteinander zusammenhängende Probleme zu erkennen sind, wahrscheinlich mehr als 15 Sitzungen benötigen, um aus der Behandlung deutlichen Nutzen ziehen zu können. Menschen in der sogenannten „Präkontemplationsphase" (Prochaska, Norcross & DiClemente, 1994)[3] sind keine geeigneten Kandidaten für die Kurztherapie – und eigentlich wohl für gar keine Form der Therapie. Sie sperren sich gegen Veränderung und wollen nicht zur Kenntnis nehmen, daß sie Hilfe brauchen. Bei solchen Menschen sind in der Regel vorsichtiges Zureden und eine wohldurchdachte Verhaltensformung notwendig, ehe sie für die sinnvolle Hilfestellung, die man ihnen anbietet, zugänglich werden. Äußerst schwierig ist die kurzthera-

---

[3] Siehe Anmerkung zu Kapitel 11, S. 176.

peutische Arbeit außerdem mit Menschen, die ihre Probleme nur ganz vage artikulieren, so daß das Formulieren von Behandlungszielen eine nebulöse und verwirrende Angelegenheit ist. Manche mögen anderer Ansicht sein, doch in meinen Augen sind auch Klienten mit chronischem Substanzmißbrauch und solche, bei denen die globale Erfassung des Funktionsniveaus auf der Achse V des *DSM-IV* einen Wert von 50 oder darunter ergibt, ungeeignet für die Kurztherapie. Solche Patienten haben gewöhnlich Suizidgedanken, sind im zwischenmenschlichen und beruflichen Bereich stark beeinträchtigt und unter Umständen manchmal inkohärent und gewalttätig.

Psychische Probleme lassen sich stets in ein Kontinuum einordnen, das von der geringfügigen bis hin zur extremen Ausprägung reicht. Ein Klient, dessen Leben völlig von Ängsten beherrscht ist, dürfte also, im Gegensatz zu den sogenannten „Angstneurotikern", deren Ängste weniger extrem und enger umschrieben sind, kein idealer Kandidat für die Kurztherapie sein. Ebensowenig für eine Kurztherapie geeignet sind jene distanzlosen, in Teilbereichen gut strukturierten Borderline-Patienten, die sich durch häufige selbstverletzende Handlungen, extremes Agieren, übermäßige Manipulationstaktiken, wiederholtes Drohen und unablässiges Bedrängen ihrer Therapeuten auszeichnen. Es gibt freilich viele Patienten mit der Diagnose Borderline-Persönlichkeitsstörung, die ihre Ängste so weit unter Kontrolle zu halten vermögen, daß sie in der Lage sind, Grenzen zu respektieren und von den 10 bis 15 Sitzungen einer multimodalen Kurztherapie zu profitieren. Ob jemand aus einer Fokaltherapie oder Kurzzeit-Therapie Nutzen ziehen kann, hängt nicht so sehr vom diagnostischen Etikett ab als vom *Schweregrad der Störung* oder vom *Ausmaß der psychischen Erschütterung*. Das heißt, bei manchen Klienten mit einer posttraumatischen Belastungsstörung, mit einer Zwangsstörung oder mit häufigen Panikattacken ist eine Kurztherapie vielversprechend, bei anderen aber nicht. Zum Thema posttraumatische Belastungsstörung möchte ich Ihnen Meichenbaums (1994) höchst informatives Manual zur Diagnostik und Behandlung dieser Störung sehr empfehlen. Wer zu einem profunden Verständnis der mit traumatischen Lebensereignissen verknüpften Probleme gelangen möchte, findet dort umfangreiches Material.

Acht Punkte

Ich behaupte, daß Therapeuten, denen daran liegt, effektiv zu arbeiten, einen konstruktiven Problemfokus zu wahren, zu kreativen Lösungen zu finden und sowohl schnell zu sein als auch alle wichtigen Aspekte abzudecken, beim Klienten die folgenden acht Punkte ausschließen oder, falls notwendig, in angemessener Weise mit ihnen umgehen müssen:

1. widersprüchliche oder ambivalente Gefühle oder Reaktionen
2. fehlangepaßte Verhaltensweisen
3. Fehlinformiertheit (insbesondere dysfunktionale Überzeugungen)
4. Informationslücken (z. B. Fertigkeitsdefizite, Unwissenheit oder Naivität)
5. Zwänge und Belastungen im zwischenmenschlichen Bereich
6. körperliche Funktionsstörungen
7. externe Stressoren, deren Ursprung außerhalb des unmittelbaren zwischenmenschlichen Kontextes liegt (z. B. schlechte materielle Lebensbedingungen, gefährliche Umweltfaktoren)
8. traumatische Erfahrungen (z. B. sexueller Mißbrauch oder extreme Vernachlässigung in der Kindheit)

Ich habe selten einen Klienten behandelt, auf den die ersten fünf Punkte nicht zutrafen. Jeder ist mit sich über irgend etwas im Zwiespalt und hat mindestens eine oder zwei unvorteilhafte Angewohnheiten. Wenige Dinge sind ganz und gar eindeutig, und Ambivalenz ist ein allgegenwärtiges Phänomen. Ebenso sind wir alle in bezug auf bestimmte Themen oder Faktoren fehlinformiert, und in höherem oder geringerem Maße fehlen uns diese oder jene Fertigkeiten und wesentlichen Informationen (das heißt, wir haben Informationslücken). Was zwischenmenschliche Zwänge und Belastungen angeht, so kann man diesen Realitäten nur als Einsiedler entkommen, aber völliger und absoluter Rückzug von allen Menschen ist nun einmal keine sehr gesunde Lösung; deshalb ist es entscheidend, daß sich Klienten bestimmte Fähigkeiten im Umgang mit anderen Menschen aneignen. Falls körperliche Funktionsstörungen vorhanden sind oder vermutet werden, kommt der notwendigen ärztlichen Behandlung hohe Priorität zu.

Wenn externe Stressoren oder massive traumatische Erfahrungen zum Störungsbild gehören, ist es meiner Erfahrung nach meistens notwendig, auf Hilfsquellen und Institutionen außerhalb der Psychotherapie zurückzugreifen, und die Wahrscheinlichkeit ist geringer, daß kurze Interventionen wirksam oder sinnvoll sind. Für Menschen, die in Armut leben, sind soziale Institutionen hilfreicher, von denen sie Sozialhilfe und Essensmarken bekommen können. Die Opfer von extrem traumatischen Erfahrungen brauchen in der Regel über spezifische psychotherapeutische Interventionen hinaus Unterstützung durch Sozialeinrichtungen.

Das kurztherapeutische Erstgespräch

Damit man fokussiert und zielorientiert vorgehen kann, sollte man im Erstgespräch versuchen, auf jeden der folgenden Aspekte zu achten:

1. Was sind die Ausgangsbeschwerden, und von welchen Ereignissen werden sie hauptsächlich ausgelöst?
2. Welche wesentlichen Antezedenzbedingungen scheinen sich anzudeuten?
3. Wer oder was scheint die fehlangepaßten Verhaltensweisen des Klienten aufrechtzuerhalten?
4. Wird einigermaßen deutlich, was sich der Klient von der Therapie erhofft?
5. Was für Stärken oder positive Eigenschaften hat der Klient?
6. Warum will sich der Klient gerade zu diesem Zeitpunkt in Therapie begeben?
7. Welchen Eindruck macht der Klient in bezug auf körperliche Merkmale, Pflege der äußeren Erscheinung, Sprechweise und Lebenseinstellung?
8. Gibt es irgendwelche Anzeichen für eine „Psychose" (z. B. Denkstörungen, Wahnvorstellungen, inkongruente Affekte, bizarre oder unangemessene Verhaltensweisen)?
9. Gibt es Indizien für Selbstvorwürfe, Depression, Tötungs- oder Selbsttötungsimpulse?

10. Scheint es möglich, eine für beide Seiten zufriedenstellende Beziehung aufzubauen, oder ist es ratsam, den Klienten an Fachkollegen zu verweisen?
11. Gibt es irgendwelche Indikationen oder Kontraindikationen für die Verwendung einer bestimmten therapeutischen Gangart oder eines speziellen Stils (z. B. kühl, herzlich, formell, zwanglos, unterstützend, konfrontativ, rigoros oder sanft)?
12. Regt sich beim Klienten im Laufe des Gesprächs eine realitätsgerechte Hoffnung auf Besserung?

Wenn der Klient massiv beeinträchtigt ist, sich sehr schlecht artikulieren kann oder äußerst verschlossen ist, wird das Erstgespräch natürlich nicht über jeden der obigen Aspekte Aufschluß geben. Die zwölf Aspekte machen deutlich, daß das Erstgespräch nicht nur wesentliche Tendenzen, Probleme und funktionelle Zusammenhänge zutage fördert, sondern auch ein Bezugssystem liefert, anhand dessen man die zeitliche Struktur und den Rhythmus einer jeden Interaktion mit dem Klienten beurteilen kann.

Fünf weitverbreitete Legenden über die Psychotherapie

Auf dem Gebiet der Psychotherapie sind zahlreiche Legenden und abergläubische Vorstellungen im Umlauf. Die folgenden fünf können die Wirksamkeit einer Kurzzeit-Therapie untergraben:

- *Legende 1:* Wichtiger als die Bandbreite einer Therapie ist, daß sie in tiefere Schichten vordringt.
- *Legende 2:* Das einzig Entscheidende ist die therapeutische Beziehung.
- *Legende 3:* Veränderungen generalisieren von ganz allein.
- *Legende 4:* Therapeutische Grenzen darf man nicht überschreiten.
- *Legende 5:* Noncompliance bzw. das Nichtbefolgen therapeutischer Empfehlungen ist ein Zeichen von „Widerstand".

Im folgenden gehe ich auf jede dieser Legenden kurz ein.

Bandbreite oder Tiefe

Aus meinen Katamnesen geht hervor, daß Behandlungsfortschritte oft nicht von Dauer sind, wenn ein Therapeut seine Aufmerksamkeit auf nur eine einzige Dimension richtet. Man kann kaum genug betonen, wie wichtig eine große *Bandbreite* ist. Wer die *Tiefe* in den Mittelpunkt stellt, forscht bei seinen Patienten nach bestimmten Elementen unbewußter Prozesse. Manche tiefenpsychologischen Kurzzeit-Therapeuten zum Beispiel konzentrieren sich ausschließlich auf präödipale oder ödipale Konflikte; andere gehen auf die Trennungsängste ihrer Klienten ein oder setzen sich einzig und allein damit auseinander, welche Rollenmuster aus der Vergangenheit bei ihnen wirksam werden. Manche kognitiven Therapeuten richten ihr Augenmerk ausschließlich auf kognitive Verzerrungen oder irrationale Überzeugungen. Solche Vorgehensweisen führen meiner Ansicht nach dazu, daß bedeutsame Aspekte unbemerkt bleiben, die eigentlich nach einer Intervention verlangen. Ich habe viele Klienten erlebt, die zwar behaupteten, sie hätten durch einsichtsorientierte Therapie im Laufe vieler Jahre tiefschürfende Erkenntnisse gewonnen, aber noch immer durch eine dysfunktionale Lebensphilosophie gehandikapt waren (wahrscheinlich weil niemand ihre irrationalen Vorstellungen gezielt angefochten hatte), noch immer sehr verspannt waren (zum Teil deshalb, weil sie nie ein einfaches Verfahren zur muskulären Tiefenentspannung erlernt hatten) und infolge einer – in manchen Fällen extremen – Unbeholfenheit im zwischenmenschlichen Umgang beträchtliche Qualen litten (weil sie sich die notwendigen sozialen Fertigkeiten nie angeeignet hatten).

Die Klient-Therapeut-Beziehung

Goodkins (1981) Ansicht ist ebenso typisch wie irreführend: „Was ein Therapeut oder eine Therapeutin *ist*, hat mehr Gewicht als das, was er oder sie *tut*" (S. 6). Natürlich sind die Persönlichkeit eines Therapeuten, das Ausmaß seiner Zugewandtheit, seine Kommunikationsfähigkeit und sein Einfühlungsvermögen – sowie seine anderen Persönlichkeitseigenschaften – äußerst wichtig. Aber selbst der liebevollste, warmherzigste, ausdrucksfähigste Therapeut wird den meisten Klienten, die – um nur ein paar Störungsbilder zu nennen – unter einer Zwangsstörung, einer Phobie, einer bipolaren Depression, einer extremen Panikstörung oder unter bestimmten sexuellen Dysfunktionen leiden, nicht helfen können, wenn er nicht weiß, wie er gezielte Methoden der Wahl einzusetzen hat. „Die therapeutische Beziehung ist der Boden, in dem die Techniken Wurzeln schlagen können, um sich zu entfalten" (Lazarus & Fay, 1984). Gelegentlich genügt der förderliche Einfluß der therapeutischen Beziehung tatsächlich, so daß man sagen kann, sie sei sowohl notwendig als auch hinreichend (an diesem pauschalen Postulat, das Rogers 1957 formulierte, hält seine Anhängerschaft nach wie vor fest), aber in der Mehrzahl der Fälle ist ein gutes Arbeitsbündnis *notwendig, aber nicht hinreichend* (Fay & Lazarus, 1993). Wenn eine Therapie wirksam sein soll, braucht man im wesentlichen geeignete Techniken, die regelgerecht und im Kontext einer vertrauensvollen und einfühlsamen Beziehung eingesetzt werden. Die Beziehung dient dazu, den Klienten anzuleiten und zu motivieren, und hilft beim Generieren, Formulieren und Differenzieren von Problemen und Lösungen.

Generalisierung

Seltsamerweise glauben noch immer viele, eine Veränderung im Behandlungszimmer werde ganz von selbst auf das Alltagsleben des Klienten übergreifen. Kürzlich hörte ich einen Therapeuten sagen: „Als Charlie in meine Gruppe kam, war er zunächst so zurückhaltend, daß er kaum ein Wort sagte. Doch innerhalb von drei oder vier Sitzungen wandelte er sich geradezu zu einem Kotherapeuten – er wurde aktiv und ging aus sich heraus." Ich fragte: „Haben Sie geprüft, ob sich diese Fortschritte auch außerhalb Ihrer Gruppe bemerkbar machen?" Der Therapeut erwiderte: „Es versteht sich doch von selbst, daß er auch sonst Fortschritte gemacht hat." Man kann dies aber nicht einfach als selbstverständlich betrachten. Ich kenne viele Menschen, die im Rahmen der Gruppentherapie außerordentliche Fertigkeiten und Stärken entwickelten, in anderen Situationen aber nach wie vor schweigsam und verschlossen waren. Oft sind Hausaufgaben und mehrere in-vivo-Exkursionen nötig, um sicherzustellen, daß Veränderungen im Therapiezimmer sich auch im Berufsalltag des Klienten, in seinem Privatleben und in anderen sozialen Kontexten als tragfähig erweisen. Indem man sorgfältig prüft, ob und wie der Klient seine Hausaufgaben zwischen den Sitzungen bewältigt, kann man sich Klarheit darüber verschaffen, inwieweit Einsicht und neues Wissen tatsächlich zu Verhaltensänderungen geführt haben.

Überschreiten von Grenzen

Zahlreiche Publikationen mahnen Therapeuten, sich therapeutischer Grenzen bewußt zu sein und sie zu respektieren. Warnende Hinweise dieser Art sind zum Beispiel: Wahre die therapeutische Neutralität und die Vertraulichkeit, meide jegliche private Beziehung mit Patienten, informiere die Patienten und hole ihre Zustimmung ein, ehe du die jeweiligen Behandlungsmethoden anwendest, vermeide Berührungen, laß es nicht zu einem „partnerschaftlichen Verhältnis" [dual relationship] kommen und gib so wenig wie möglich von dir selbst preis. Wer solche Grenzen formuliert, hat das Wohlergehen der Patienten im Auge und möchte sie vor Schaden, Ausnutzung oder Belästigung bewahren. Er will sicherstellen, daß Klienten mit dem größtmöglichen Respekt behandelt werden und daß man ihre Würde und ihre Integrität nicht verletzt. Wenn man es mit diesen gutgemeinten Leitsätzen allerdings übertreibt, kann der Schuß, wie ich schon an anderer Stelle (Lazarus, 1994) betont habe, nach hinten losgehen. So würde es vielen Therapeuten nie in den Sinn kommen, ein therapeutisches Gespräch mit einem Klienten in einem Restaurant zu führen, denn in ihren Augen liefe das auf ein „partnerschaftliches Verhältnis" hinaus; sie weigern sich, auch nur das kleinste Geschenk anzunehmen, und beharren darauf, daß der Therapeut vom Klienten nichts als das Honorar für seine Dienste entgegennehmen dürfe; eine Einladung zur Hochzeit eines Klienten würden sie ablehnen und zur Begründung anführen, es könne sich äußerst nachteilig auswirken, wenn man sich über die Abgeschiedenheit des streng professionellen Settings hinauswage (Borys, 1994). Lassen Sie mich an diesem Punkt einfach festhalten, daß eine Psychotherapie nur dann kurz und zugleich umfassend sein kann, wenn der Therapeut gewillt ist, zupackendere Methoden als das bloße Gespräch einzusetzen und das eine oder andere kalkulierte Risiko einzugehen. Auf die Unterschiede zwischen Grenzverletzungen und Grenzüberschreitungen werde ich am Ende von Kapitel 2 näher eingehen.

Noncompliance und „Widerstand"

Anstatt das Ausbleiben therapeutischer Fortschritte dem „Widerstand" des Patienten zuzuschreiben, sollten wir die meisten Fehlschläge besser auf unseren Mangel an Wissen und unsere persönlichkeitsbedingten Einschränkungen zurückführen. Wenn eine Behandlung in eine Sackgasse gerät, sind die Ursachen eher in ganz anderen Faktoren wie etwa den folgenden zu suchen: Therapeut und Klient passen nicht gut zusammen; es kommt kein Rapport zustande; der Therapeut bedient sich entweder unangebrachter Techniken oder setzt Methoden, die durchaus geeignet sind, fehlerhaft ein; ihm gelingt es nicht, Situationen zu bestimmen, die die Probleme des Klienten aufrechterhalten oder verstärken (Lazarus & Fay, 1982). Therapeuten, die eine treibende innere Kraft – den „Widerstand" – postulieren, sind weniger geneigt, nach extrinsischen Faktoren zu suchen, die den therapeutischen Fortschritt untergraben.

Das offensichtlichste Anzeichen der Noncompliance eines Klienten ist, daß er eine vereinbarte Hausaufgabe nicht erledigt. Anstatt nun anzunehmen, dieser Handlungsweise liege meistens irgendein nicht durchschauter „Widerstand" zugrunde, sollten wir den lohnenderen Weg einschlagen, eine Reihe von konkreten Möglichkeiten in Betracht zu ziehen:

- Wurde die Hausaufgabe eingehend genug beschrieben, und hat der Klient sie genau verstanden?
- War die Aufgabe irrelevant oder hatte keinen besonderen Bezug zu den Schwierigkeiten des Klienten?
- War sie zu bedrohlich?
- War sie zu zeitaufwendig und somit nicht „kosteneffizient"?
- Ist der Patient nicht ausreichend über die Grundgedanken und den Sinn von Hausaufgaben unterrichtet worden?
- Widerstrebt es dem Patienten, daß er im Sinne der Selbsthilfe Eigeninitiative entwickeln soll?
- War die therapeutische Beziehung Belastungen ausgesetzt oder ungenügend?
- Hat jemand aus dem Umfeld des Patienten die Therapie sabotiert?

- Hat der Patient zu viele sekundäre Gewinne aus seinen fehlangepaßten Verhaltensweisen gezogen, als daß er sie hätte aufgeben wollen?

Beziehungsstile

Am Ende dieses knappen Überblicks muß ich noch einen letzten Punkt hervorheben. Eine wirklich kurze und dennoch wirksame Therapie ruht auf zwei Hauptfaktoren: 1. der sachgemäßen Anwendung der richtigen Techniken und 2. der Fähigkeit des Therapeuten, ein *glaubwürdiges Chamäleon* zu sein. Es ist äußerst wichtig zu ermitteln, worauf der Klient am besten ansprechen wird: wenn man direktiv ist oder aber unterstützend, wenn man ihm seine Befindlichkeit zurückspiegelt, wenn man kühl oder warmherzig oder indifferent ist, wenn man sich förmlich gibt oder zwanglos. Der *Stil* des Therapeuten ist von ebenso großer Bedeutung wie seine *Methoden* (Lazarus, 1993). Die Kernmerkmale einer kosteneffizienten Kurztherapie stützen also die Vorstellung, daß die Behandlung eines Klienten stets „maßgeschneidert" sein sollte. Die Bedürfnisse des Klienten haben Vorrang vor dem theoretischen Bezugssystem des Therapeuten. Multimodale Therapeuten wollen ihre Klienten nicht auf ein Prokrustesbett legen und alle nach dem gleichen Schema behandeln, sondern versuchen eine breitgefächerte, aber zu dem Individuum passende Palette von wirksamen Techniken zusammenzustellen, um damit auf das jeweilige Problem Einfluß zu nehmen. Die Methoden werden innerhalb eines geeigneten Beziehungskontextes umsichtig eingesetzt und dem Klienten in einem Stil nahegebracht, der die größtmögliche Gewähr dafür bietet, daß sie eine positive Wirkung entfalten.

Wie ermittelt der Kliniker, welches die jeweilige Beziehungsform der Wahl ist? Indem er sorgfältig beobachtet, wie der Klient auf verschiedene Äußerungen, Taktiken und Strategien reagiert. Der Therapeut beginnt in einem neutralen Stil, indem er die üblichen förderlichen Bedingungen anbietet – also aufmerksam zuhört, Anteilnahme und Interesse zum Ausdruck bringt und einfühlsam ist – und die Reaktionen des Klienten registriert. Falls es klare Anzeichen eines Fortschritts gibt, behält er seinen Stil bei; andernfalls kann er eine aktivere oder direktivere Haltung einnehmen und prüfen, ob er damit eine stärkere Wirkung erzielt.

Zusammenfassend sind folgende Schritte zu empfehlen, damit man in der Therapie ein breites Spektrum abdeckt und dabei gezielt und sinnvoll verfährt:

1. Gehe das BASIC I. D. durch.
2. Schließe die acht auf Seite 29 aufgelisteten Punkte aus oder befasse dich mit ihnen.
3. Bemühe dich, im Erstgespräch die zwölf auf Seite 30 f. aufgeführten Aspekte anzusprechen.
4. Falle nicht auf die fünf weitverbreiteten Legenden herein.
5. Stelle fest, was die jeweilige „Beziehungsform der Wahl" ist.

Viele haben das kleine Buch *The Elements of Style* gelesen, das mittlerweile ein Klassiker ist. E. B. White zitiert darin William Strunk Jr., der wortgewandt die Schönheit sprachlicher Kürze beschreibt:

Kraftvolle Prosa ist prägnant. Ein Satz sollte keine überflüssigen Wörter enthalten, ein Absatz keine überflüssigen Sätze, ebenso wie es in einer Zeichnung keine überflüssigen Linien und in einer Maschine keine überflüssigen Teile geben sollte. Voraussetzung dafür ist nicht, daß der Schreibende alle seine Sätze kurz hält, nirgends ins Detail geht oder sein Thema nur in Umrissen abhandelt, sondern daß jedes Wort sitzt. (Strunk & White, 1979, S. 23)

Ich sehe eine Analogie zwischen den Elementen eines literarischen Stils und den Grundlagen einer wirksamen Kurztherapie und behaupte daher folgendes:

Gute Therapie ist präzise. In einer Therapiesitzung sollten keine unnötigen psychologischen Tests, keine langwierigen oder überflüssigen Methoden, keine entbehrlichen Techniken, kein ausgedehntes Schweigen und so wenig Hinhaltephrasen wie möglich vorkommen. Voraussetzung dafür ist nicht, daß der Therapeut oder die Therapeutin über wichtige Details einfach hinweggeht oder um der Schnelligkeit willen die Sorgfalt außer acht läßt, sondern daß jede Intervention sitzt.

In den verbleibenden Kapiteln werde ich jedes der bisherigen Argumente in einen größeren Zusammenhang stellen und auf zahlreiche weitere Faktoren und Prozesse näher eingehen, die die Praxis einer kurzen und dennoch umfassenden Psychotherapie bereichern.

Kapitel 2

Das Grundprinzip

Wenn jemand zu Ihnen in Therapie kommt, wie sieht dann in aller Regel die Behandlung aus? Diese Frage stellte ich einem bekannten Psychiater. „Ich bin Familientherapeut", erwiderte er. „Wenn also Patienten anrufen, um einen Termin zu vereinbaren, versuche ich sie dazu zu bewegen, zu unserer ersten und zu späteren Sitzungen so viele Familienmitglieder wie möglich mitzubringen."

Eine Therapeutin antwortete auf dieselbe Frage: „Ich ›behandle‹ Menschen nicht. Der Begriff Behandlung verweist auf ein medizinisches Denkmodell, das meiner Ansicht nach irreführend ist ... Ich versuche Menschen dabei zu helfen, sich selbst zu verstehen."

Ein dritter Kliniker sagte: „Ich biete eine herzliche, nicht wertende und empathische Beziehung an, die Offenheit und inneres Wachstum fördert."

Ich selbst würde auf die Frage antworten, daß das Minimalkriterium, dem ich bei der Wahl der Behandlungsmethode zu genügen versuche, darin besteht, daß ich mich nach den Bedürfnissen, dem Umfeld, den Erwartungen, der Persönlichkeit und den Problemen des Menschen richte, der um Hilfe bittet. In manchen Fällen ist es höchst ratsam und sehr zeitsparend, mit einer ganzen Familie zu arbeiten. Für andere Klienten ist das Vieraugengespräch in der Einzeltherapie am besten geeignet. Manche Menschen ziehen Nutzen aus einer Therapieform, die ihnen den Weg zu Einsicht und Selbsterkenntnis bahnt; andere brauchen ein aktiveres Schulungsprogramm, durch das sie sich zwischenmenschliche Fertigkeiten aneignen können. Manche blühen in einer Atmosphäre von therapeutischer Wärme und Empathie auf; anderen ist es lieber, wenn das Verhältnis zum Therapeuten formell und geschäftsmäßig ist. Meiner Einschätzung nach brauchen wir eine maßgeschneiderte Therapie – Methoden, die sorgfältig auf den einzelnen zugeschnitten sind. Doch wie auch immer wir vorgehen – wir können es uns nicht leisten, Zeit zu verschwenden!

Zwei einschlägige Fälle

Von der zehnjährigen Maria aus einer puertoricanisch-dominikanischen Familie wurde berichtet, daß sie zu Hause und in der Schule widerspenstig war. Sie war in ihrer Entwicklung leicht verzögert und hinkte in ihren sprachlichen Fähigkeiten hinterher. Sie hatte eine Aufmerksamkeitsdefizit-/Hyperaktivitätsstörung (ADHD) und sollte zweimal täglich 10 mg Ritalin einnehmen, verweigerte dies aber oft. Es hieß, daß sie zu Zeiten, in denen sie das Ritalin wie vorgesehen einnahm, deutlich weniger hyperaktiv und ablenkbar war, weniger zum Streiten mit ihren Geschwistern neigte und sich besser auf die Schule konzentrieren konnte. Eine vorläufige Einschätzung ergab, daß sich Marias problematische Verhaltensweisen vermutlich abschwächen würden, wenn ihre Mutter – die nur Spanisch sprach und nicht lesen und schreiben konnte – sich die Fertigkeiten aneignete, die sie brauchte, um ein Programm mit positiver Verstärkung durchzuführen.

Bei welcher Art von Therapie und welchem Typus von Therapeuten wäre am ehesten zu erwarten, daß Maria Fortschritte macht? Wie weit käme ein sogenannter personenzentrierter Therapeut, der Herzlichkeit, Empathie und Echtheit ausstrahlt und weitere förderliche Bedingungen in höchstem Maße herzustellen versteht? Was würde ein einsichtsorientierter Therapeut erreichen? Würde Maria nennenswerten Nutzen aus einer größeren Selbstbewußtheit ziehen, ungeachtet ihrer begrenzten Intelligenz? Meiner Einschätzung nach würde keiner dieser Therapeuten richtig zu Maria passen und ihr die Behandlungselemente anbieten, die zur Lösung ihrer Probleme notwendig sind.

Die für die Behandlung des Mädchens ausgewählte Therapeutin war Dr. Anna Abenis-Cintron, die zu der Zeit Assistenzärztin an einer Kinderambulanz der South Bronx in New York City war. Als mit der Zeit die Besonderheiten des Falles zutage traten, wurde klar, wie entscheidend es war, daß die Therapeutin fließend Spanisch sprach, über solide Grundkenntnisse in verhaltenstherapeutischen Prinzipien verfügte und mit dem hispanischen Milieu vertraut war.

Dr. Cintron sagte: „Für viele Latinos sind das Wahren der Form und der Respekt vor Autoritäten etwas äußerst Wichtiges. Wer im Gesundheitswesen arbeitet und mit ihnen zu tun hat, muß sorgsam darauf achten, daß

Latinos gegenüber Autoritäten wehrlos sind. Deshalb mußte ich die ganze Zeit gut aufpassen, daß die Mutter mir gegenüber nicht zu fügsam war. Es bestand die Gefahr, daß sie zu nachgiebig wurde, weil sie überzeugt war, daß sie mir nicht ebenbürtig sei und kein Recht habe, gegen meine Anweisungen Einwände zu erheben. Während ich die Wahlmöglichkeiten dieser durchaus freiwilligen Klientin einschränkte und mich in ihre Lebenswelt einmischte, mußte ich im Auge behalten, daß sie aufgrund der in ihrer Kultur verwurzelten Überzeugungen kaum versuchen würde, sich gegen mich zu behaupten. Ich mußte Möglichkeiten erschließen, die Handlungs- und Entscheidungsfähigkeit der Mutter zu stärken und ihre Abhängigkeit im Rahmen zu halten."

Der Vater war zwar bei einem Termin anwesend und wurde mit Umsicht in die Therapie einbezogen, doch für eine „Familientherapie" im eigentlichen Sinne schien keine Notwendigkeit zu bestehen. Es gab auch klare Anzeichen dafür, daß eine aktive Beteiligung der Geschwister den therapeutischen Prozeß untergraben hätte.

Lassen Sie uns noch einmal überlegen, ob ein Behandlungsansatz, der allein um Selbsterkenntnis oder Einsicht kreist oder aber ausschließlich eine förderliche therapeutische Beziehung in den Mittelpunkt stellt (und kein spezielles Fertigkeitstraining einschließt), hier viel erreicht hätte. Ich bezweifle das sehr. Es kann nicht genug betont werden, daß Therapeut und Klient in ausreichendem Maße zusammenpassen und außerdem adäquate Techniken zum Einsatz kommen müssen. Ich werde in diesem Buch durchweg die Überzeugung vertreten, daß Therapeuten, die sich ihren Patienten mit einer schon im voraus festgelegten Haltung nähern, vielen Menschen, die sich an sie wenden, zumindest nicht werden helfen können. Viele Klienten, denen zu helfen wäre, ziehen oft nur wenig Gewinn aus der Behandlung – einfach weil nie die „richtige Therapie" bei einem passenden Therapeuten stattgefunden hat.

So hatte der 40jährige Don, der in vieler Hinsicht ein völlig anderer Klient als die zehnjährige Maria war, recht interessante Vorstellungen von einer Therapie: Damit jemand würdig wäre, sein Therapeut zu sein, mußte er ganz bestimmte Referenzen vorzuweisen haben. Don war ein äußerst intelligenter, talentierter, weltgewandter, eloquenter und kultivierter Naturwissenschaftler, der seine akademischen Referenzen gut für den Aufbau des eigenen lukrativen Unternehmens eingesetzt hatte. Er suchte Hilfe, weil er sich mit Frauen sehr schwer tat. Dons Mißerfolge schienen auf wenig mehr als einem unbeholfenen Verhaltensstil im zwischenmenschlichen Umgang zu beruhen, der vor allem durch das ungenügende Vorbild seiner Eltern zu erklären war. Von einem kurzen, gezielten und intensiven Programm zum Training sozialer Fertigkeiten würde er wohl sicher profitieren. Die Sache hatte allerdings einen Haken. Weil seine Biographie im *Who's Who in America* stand, beharrte er darauf, daß die für eine wirkungsvolle therapeutische Beziehung notwendige Kameradschaftlichkeit sich höchstwahrscheinlich nur dann einstellen würde, wenn auch sein Therapeut im Who's Who aufgeführt war. Aus dieser elitären Denkweise sprach eine snobistische und abwertende Grundhaltung, die ebenso korrekturbedürftig wie sein Problem mit Frauen, aber besser nicht gleich zu Anfang der Therapie anzugehen war. Daß der Patient den Therapeuten als für sich passend empfindet, ist oft unabdingbar für den Behandlungserfolg; zumindest aber steigert es die Plazebowirkungen.

Wir bereits in Kapitel 1 erwähnt, müssen Therapeuten, um effektiv zu arbeiten, „glaubwürdige Chamäleons" (Lazarus, 1993) sein, die sich den Erwartungen unterschiedlicher Individuen und den verschiedensten Situationen anzupassen vermögen. Die Anpassungsfähigkeit hat aber auch notwendigerweise ihre Grenzen, und es gibt ein definitives Höchstmaß an Wissen und Sachverstand, über das ein einzelner Therapeut nicht hinauskommt. Das Inhaltsverzeichnis zur Klassifikation psychischer Störungen im *DSM-IV* umfaßt 12 Druckseiten und nennt weit über 400 verschiedene Beschwerdebilder. Es liegt auf der Hand, daß kein Therapeut mit sämtlichen psychiatrischen Störungen zurechtkommen kann. Das erste Axiom einer wirkungsvollen und effizienten Psychotherapie dürfte sein: „*Sei dir deiner Grenzen bewußt; versuche mit Kollegen in Kontakt zu bleiben, die in Bereichen über Wissen und Fertigkeiten verfügen, in denen du nicht firm bist; zögere nicht, sinnvolle Überweisungen vorzunehmen.*"

Das Grundprinzip 43

Von unimodalen zu multimodalen Denkmodellen

In den fünfziger und sechziger Jahren herrschten „unimodale" Lösungsversuche für psychische Probleme vor. „Mach das Unbewußte bewußt!" „Verändere fehlangepaßte Verhaltensweisen!" „Modifiziere fehlerhafte Kognitionen!" Als ich um das Jahr 1956 nach Abschluß meines Basisstudiums an einem Behandlungszentrum für Alkoholabhängige in Johannesburg arbeitete, hatten die Psychiater zwei Tricks in petto – Antabus (eine chemische Substanz, die unangenehme und potentiell gefährliche Nebenwirkungen hervorruft, wenn der Patient nach der Einnahme Alkohol trinkt) und die sogenannte „Konditionierungstherapie" (bei der sie dem Patienten ein Brechmittel gaben und ihn dann Alkohol trinken ließen – in der Annahme, es werde sich eine bleibende Assoziation bilden zwischen der Aufnahme von Alkohol und der heftigen Übelkeit und dem Erbrechen, die zeitlich darauf folgten). Mein Mißfallen über diesen bimodalen Ansatz schlug sich in meiner ersten Fachpublikation nieder (Lazarus, 1956), in der ich von einigen Untersuchungen berichtete, die ich durchgeführt hatte, und zu folgendem Schluß gelangte:

Bei der Rehabilitation des Alkoholikers muß das Schwergewicht im wesentlichen auf einer Synthese liegen. Diese sollte aktive Methoden umfassen, die mit edukativen, psychotherapeutischen und sozioökonomischen Maßnahmen kombiniert sind, sowie unzählige beigeordnete Methoden wie Drogentherapie, Vitamintherapie und ähnliches. (S. 710)

Damit war der Boden für eine „Breitband"-Therapie bei Alkoholikern (Lazarus, 1965) und bei beliebigen anderen Störungen (Lazarus, 1969, 1971) bereitet. Wert auf ein *breitgefächertes* Vorgehen zu legen, ohne deshalb an *Tiefe* einzubüßen, wurde zu einem zentralen Anliegen, und dieses Bemühen kulminierte schließlich im multimodalen Ansatz (Lazarus, 1976, 1989). Heute aber wird durch die Kostendämpfung im Gesundheitswesen und durch andere Auflagen die Dauer von Psychotherapien zunehmend eingeschränkt, und wir sind mit neuen Problemen konfrontiert. Eine der Hauptfragen ist, ob man Kurztherapie oder Kurzzeit-Therapie praktizieren kann, ohne den Patienten übers Ohr zu hauen. Mit dem vorliegenden Buch hoffe ich zu zeigen, daß genau dies möglich ist.

Seit ihrem Beginn hat sich die multimodale Therapie (MMT) erheblich weiterentwickelt. Zum Beispiel wurden die in Kapitel 5 und 6 vorgestellten Methoden hinzugefügt und verfeinert; an ihnen wird deutlich, daß es spezifische Diagnoseverfahren gibt, die nur von MMT-Therapeuten angewandt werden. Überall in diesem Buch werden Sie Beispiele für Taktiken und Methoden finden, die im Laufe der Jahre zum Grundrepertoire hinzukamen. Deshalb ist es verwunderlich, daß Beutler, Consoli und Williams (1995) behaupten, das Wesen der MMT sei relativ unverändert geblieben, „seit sie 1976 ausformuliert wurde" (S. 275). Beim Lesen werden Sie entdecken, daß der multimodale Ansatz ein reichhaltiges Arsenal von Methoden, mit denen man sich rasch ein genaues Bild von den Hauptproblemen eines Klienten und ihren interagierenden Elementen machen kann, sowie Strategien für die Auswahl der geeigneten Behandlungsmethoden bietet. Die MMT im allgemeinen und dieses Buch im besonderen sind dem Gebiet zuzurechnen, das Peterson (1995) *Anleitung zur Praxis* nennt und das, wie er sagt, „weder Wissenschaft noch Kunst, sondern ein eigener Beruf ist" (S. 975).

Weitere Überlegungen zu Grenzen

Das Thema Grenzen in der Psychotherapie betrifft zwar nicht nur die Kurztherapie oder Kurzzeit-Therapie, ist aber trotzdem von äußerster Wichtigkeit, denn Grenzsetzungen können den Prozeß einer wirksamen Behandlung oft behindern und so in vielen Situationen zeitökonomische Lösungen erschweren. Man hat spezielle Grundsätze vorgeschlagen, die Patienten vor Ausbeutung und jeder Form von Belästigung und Diskriminierung schützen und die Bedeutung von Respekt, Integrität, Vertraulichkeit und informed consent[1] hervorheben sollen (siehe *American Psychologist*, 1992, Vol. 47, No. 12). Diese gutgemeinten Leitlinien sind in vielen Kreisen ins Absurde übersteigert und in Zwangsjacken verwandelt worden, die den Therapeuten zu einer unnahbaren und kühlen Haltung nötigen.

---

[1] Einholen der Zustimmung des Klienten erst, nachdem man ihn über die vorgesehenen Behandlungsmethoden informiert hat (A. d. Ü.)

Das Grundprinzip

Die wohl schwerwiegendste Grenzverletzung erfolgt, wenn ein Therapeut gegen seine Sorgfaltspflicht verstößt, indem er eine sexuelle Beziehung mit einer Patientin oder einem Patienten eingeht. Manche Autoren scheinen allerdings nichts als Sex im Kopf zu haben und glauben, durch jegliche Form von Grenzüberschreitung gerate man auf eine „schiefe Bahn", die mit großer Wahrscheinlichkeit zum Geschlechtsverkehr hinführe (z. B. Gabbard & Nadelson, 1995a; Gutheil, 1989, 1994). Es mag durchaus stimmen, daß Therapeuten ohne jedes Berufsethos, die sexuelle Absichten haben und auf Beute aus sind, sich an einen Klienten oder eine Klientin heranmachen, etwa indem sie Behandlungstermine so legen, daß niemand sonst in der Nähe ist, indem sie Sitzungen verlängern, unangemessene Informationen über sich selbst preisgeben, eine suggestive Sprache verwenden, Begegnungen außerhalb der Praxis arrangieren, Dienste anbieten, die weit über ihre Pflichten hinausgehen, Geschenke machen, das Honorar stark herabsetzen oder ganz darauf verzichten und scheinbar unschuldige körperliche Annäherungsversuche machen. Bei Therapeuten aber mit hohen ethischen Prinzipien und einer professionellen Einstellung können viele der genannten Handlungen der Therapie förderlich sein und sie außerordentlich bereichern. Das heißt, das selektive Preisgeben eigener Erfahrungen, die Bereitschaft, eine Klientin oder einen Klienten zu ungewöhnlichen Zeiten zu empfangen, Sitzungen zu überziehen und gelegentlich auch außerhalb der Praxis verfügbar zu sein, sowie eine flexible Honorargestaltung können allesamt den Rapport verbessern und zu einem günstigeren Behandlungsergebnis beitragen.

Trotzdem warnen Gabbard und Nadelson (1995b) eindringlich davor, daß auch menschenfreundliche, aufrichtige, ethisch gefestigte und wohlmeinende Therapeuten „sich in Zeiten, da sie in ihrem Privatleben Belastungen ausgesetzt sind, manchmal von Gefühlen der Zuneigung zum Patienten oder von der eigenen Bedürftigkeit hinreißen lassen" (S. 1346). Sie geben zu verstehen, daß Therapeuten dieser Neigung, sich von eigenen Bedürfnissen zu Fehltritten verleiten zu lassen, nur Einhalt gebieten können, wenn sie sehr strenge Regeln vor Augen haben und sie entschlossen befolgen. Wer sich die weitverbreitete Vorstellung von der „schiefen Bahn" mit Begeisterung zu eigen macht, der entwickelt zwangsläufig einen derartigen Argwohn, daß sein klinisches Urteilsvermögen beeinträchtigt ist und er gegenüber vielen Klienten so befangen wird, daß er ihnen nicht in optimaler Weise zu helfen vermag. Fay (1995) hat auf den grundlegenden logischen Fehler hingewiesen, der in der These von der „schiefen Bahn" steckt: „Der sexuellen Ausnutzung von Patienten durch Ärzte sind in der Regel andere Verhaltensweisen vorausgegangen (z. B. das Mitteilen von sehr persönlichen Dingen); deshalb, so die Schlußfolgerung, sei es bei Ärzten, die solche nicht-sexuellen ‚Grenzverletzungen' vornehmen, recht wahrscheinlich, daß sie ihre Patienten irgendwann sexuell ausnutzen" (S. 1345).

Ich möchte hier nicht mißverstanden werden. Jeder Therapeut sollte sich in der Ausbildung vollkommen klar darüber werden, wie wichtig essentielle Grenzen in der Therapie sind, wann im einzelnen von einer Grenzverletzung zu sprechen ist und welche Folgen aus ihr erwachsen können. Wir müssen stets die Würde unserer Patienten respektieren und jeglichen Schaden, der insbesondere durch einen Mangel an Feingefühl unsererseits droht, von ihnen abwenden. Deshalb sind sexuelle Kontakte, jede Art von Ausnutzung und der Mißbrauch eines Machtgefälles sorgsam zu vermeiden. Oft wird freilich übersehen, daß es einen großen Unterschied macht, ob man nun Grenzen *verletzt* oder aber sie unter gewissen Umständen *überschreitet*.

Ein Beispiel: Ein Therapeut behandelt einen Jugendlichen und möchte ein Treffen mit der Mutter vereinbaren, die aufgrund ihrer Berufstätigkeit nur wenig Zeit hat. Von ihrem Terminplan her ist ein Treffen in der Mittagspause am günstigsten, und sie schlägt vor, die Sache in einem nahegelegenen Restaurant zu besprechen. Daß ein Therapeut mit einer Klientin zusammen in ein Restaurant essen geht, würden viele als Ausdruck eines „partnerschaftlichen" Verhältnisses und somit als eine Grenzüberschreitung ansehen. Falls der Therapeut nun beispielsweise tatsächlich den Verdacht hat, daß die Mutter des Jungen amouröse Absichten hegt, würde ich ihm empfehlen, sich nur auf eine Zusammenkunft in einem rein beruflichen Rahmen einzulassen. Wenn es aber keine Gründe dafür gibt, bei der Mutter Hintergedanken zu vermuten, warum sollte man dann die Sache nicht beschleunigen, indem man mit ihr an einem beliebigen, für beide Seiten angenehmen Ort über den Jungen spricht – sei es nun am Arbeitsplatz der Mutter, im Foyer eines Hotels oder in einem Park? Falls unvor-

Das Grundprinzip 47

hergesehene Schwierigkeiten auftauchen, kann man sie therapeutisch aufgreifen und verwerten und in angemessener Weise handhaben. Übrigens bin in der Regel nicht ich es, der eine solche Grenzüberschreitung vorschlägt. Manchen Klienten wäre der Gedanke äußerst peinlich, in der Öffentlichkeit mit einem Therapeuten gesehen zu werden. Wenn aber der Klient den Vorschlag macht, kann man rasch abwägen, was dafür und was dagegen spricht, und dementsprechend handeln.

Was ist nun ein „partnerschaftliches Verhältnis"? Ist ein solches Verhältnis in jedem Fall und von vornherein dem Therapieerfolg abträglich? Wenn Klienten und Therapeuten in ein gemeinsames Geschäftsprojekt einsteigen, während die Therapie noch im Gange ist, kann man zweifellos von einem partnerschaftlichen Verhältnis sprechen. Meiner Ansicht nach kann dies, je nach den gegebenen Umständen, positive, neutrale oder negative Auswirkungen haben, doch ich möchte eindringlich vor dieser Handlungsweise warnen, denn die potentiellen Nachteile scheinen mir allzu zahlreich.

In einem anderen Zusammenhang hatte ich Gelegenheit, mich mit Büchern über Management zu beschäftigen, die für Firmenchefs und Manager der mittleren Führungsebene mit einem Interesse an der erfolgreichen Veränderung von Organisationsstrukturen geschrieben sind. Den Buchautoren geht es darum, Möglichkeiten aufzuzeigen, wie man den Geschäftsbetrieb optimieren, mit Angestellten besser umgehen und adäquatere Ziele ansteuern kann. Fast alle sprechen von dem Mut, den man braucht, um gegen bestehende Normvorstellungen und Machtgefüge anzugehen. Die Empfehlungen dieser Unternehmer und Unternehmensberater lassen eine bemerkenswerte Ähnlichkeit mit den Vorschlägen vieler handlungsorientierter Kurzzeit-Therapeuten erkennen. Besonders angetan war ich davon, wie J. R. Katzenbach in seinem Buch *Real Change Leaders* (1995; dt. *Pioniere des Wandels*, 1996, S. 24) von der persönlichen Initiative spricht, die notwendig ist, um vorgegebene Grenzen zu überschreiten, Engpässe zu überwinden, den Status quo in Frage zu stellen und ausgetretene Denkpfade zu verlassen. Wirklich fähige Therapeuten sind, wie Katzenbachs RCLs (real change leaders), keine verschüchterten Konformisten, sondern beherzte und einfallsreiche Helfer mit der Bereitschaft, kalkulierte Risiken einzugehen.

Als ich vor einigen Jahren ein Buch von Kellermann (1992) über Psychodrama las, beeindruckte mich vor allem sein Bericht über eine Klientin, die von Zerka Moreno, einer der Mitbegründerinnen des Psychodramas, behandelt worden war. Auf die Frage, was ihr am meisten geholfen habe, antwortete die Klientin:

Das Wichtigste für mich war, daß sich mit Zerka eine enge Beziehung entwickelte, eine Art Freundschaft, die über die übliche Beziehung zwischen Patientin und Therapeutin hinausging. Sie ging mit mir in Restaurants, machte Ausflüge mit mir und ging mit mir auf eine Weise um, die ich bei meiner Mutter nie erlebt hatte. Diese Freundschaft hatte einen so großen Einfluß auf mich, daß ich ihre Wirkungen bis auf den heutigen Tag spüren kann! (S. 133)

Welcher Schluß ist aus diesem Bericht zu ziehen? Daß wir mit allen unseren Klientinnen und Klienten essen gehen und Ausflüge machen sollten? Wohl kaum! Die Frage ist vielmehr, ob der Therapeut willens und fähig ist, sich in jenen seltenen Fällen, da die Wahrscheinlichkeit eines günstigen Effekts groß ist, über bestimmte Beschränkungen hinwegzusetzen. Ich habe bereits an anderer Stelle (Lazarus, 1995) betont, daß es angesichts einer massiven Psychopathologie in der Regel nicht ratsam ist, streng definierte therapeutische Grenzen zu ignorieren. Damit meine ich nicht nur Patienten mit eindeutigen Psychosen, sondern auch solche mit passiv-aggressiven, antisozialen, histrionischen, paranoiden, narzißtischen, schizoiden oder Borderline-Persönlichkeitsmerkmalen. In solchen Fällen ist sehr zu empfehlen, daß man sich äußerst strikt an klar festgelegte Grenzen hält. Diejenigen Therapeuten aber (leider sind sie keineswegs dünn gesät), die ganz pauschal auf strengen Restriktionen beharren, werden infolgedessen vielen Menschen nicht helfen können, die andernfalls von ihren Bemühungen profitiert hätten.

Einer meiner Klienten, ein finanziell erfolgreicher Börsenmakler, kam wegen einer extremen Neigung zu destruktiver Selbstkritik und wegen Selbstwertproblemen zu mir in Therapie. Nachdem er etwa drei Monate mit mir gearbeitet hatte, ging es ihm erheblich besser. Am Ende einer Sitzung fragte er: „Darf ich Sie und Ihre Frau zu uns nach Hause zum

Das Grundprinzip

Abendessen einladen?" Ein Therapeut muß sich, damit das Spiel von Rede und Gegenrede funktioniert, meistens innerhalb von Millisekunden entscheiden, wie er auf die Worte des Klienten am besten reagiert. Ich hatte sofort das Gefühl, daß der Klient mich auf die Probe stellte. Falls ich zögerte, würde er sich gedemütigt und herabgesetzt fühlen. Die Meta-Botschaft seiner Einladung war meinem Empfinden nach: „Schauen wir mal, ob das Fundament, auf dem wir unsere gesamte therapeutische Beziehung aufgebaut haben, wirklich echt ist. Du hast betont, daß es Teil deiner Lebensphilosophie ist, dein Gegenüber als ebenbürtig zu behandeln, und hast erklärt, ich würde auf gleicher Stufe mit dir stehen. Wenn du also keine hieb- und stichfesten Gründe hast, meine Einladung abzuschlagen, wird eine Ablehnung alle deine Beteuerungen Lügen strafen." Hätte ich gesagt: „Lassen Sie uns darüber reden, wenn die Therapie abgeschlossen ist", dann hätte er in diesen Satz wahrscheinlich weit mehr als eine persönliche Zurückweisung hineingelesen und den wohl unabänderlichen Schluß gezogen, ich hätte ihn belogen. Ich antwortete aber einfach ohne Zögern: „Ich kann nicht für meine Frau sprechen, aber mir wäre es eine Ehre." Wir waren also Gäste des Paares und lernten einige gute Freunde von ihnen kennen, die über die Situation Bescheid wußten. Es wurde ein angenehmer Abend. Wir sprachen, wie sich das gehörte, eine Gegeneinladung aus, und ein paar Monate später waren der Klient und seine Frau bei uns zum Essen. Dieses zeitweilige „partnerschaftliche Verhältnis" verschaffte dem Klienten die gewünschte Bestätigung. Ich habe das starke Empfinden, daß ich die therapeutischen Fortschritte möglicherweise zunichte gemacht hätte, wenn ich mich an die Vorschriften gehalten und es abgelehnt hätte, mich auf dieses gesellschaftliche Geben und Nehmen einzulassen.

Wie oft ich Essenseinladungen von Klienten angenommen habe? Ich bezweifle, daß das in vierzig Jahren mehr als ein halbes dutzendmal vorgekommen ist. Bei vielen meiner Klienten hätte ich, um es ganz offen zu sagen, jede Form von privatem Kontakt, selbst wenn sie klinisch gesehen nicht kontraindiziert gewesen wäre, als ermüdende Arbeit empfunden. Wenn sich Klienten durch meine freundliche Ablehnung persönlich zurückgewiesen fühlen, gelingt es mir gewöhnlich, konstruktiv damit umzugehen. Im geschilderten Fall aber machte ich angesichts der gemeinsam bewältigten Wegstrecke eine Ausnahme und nahm die Einladung an.

Allzu viele Therapeuten scheinen zu glauben, sie müßten ihre Existenz dadurch rechtfertigen, daß sie sich als außerordentlich machtvolle Heiler betrachten. Infolgedessen neigen sie dazu, ihre Patienten zu infantilisieren und übermäßig zu pathologisieren, so daß sie ihnen als äußerst schwach und zerbrechlich erscheinen. Ein hervorragendes Beispiel dafür ist ein Buchbeitrag von Anderson (1992). Er stellt Psychotherapieklienten so dar, als seien sie alle geradezu wie Kleinkinder, unfähig zu eigenständigen oder reifen Entscheidungen und völlig außerstande, mit dem Therapeuten eine gleichrangige Beziehung aufzunehmen. Wenige Therapeuten nehmen eine so extreme Haltung ein wie Anderson, aber viele unterwerfen sich einem gewaltigen Arsenal von Verboten. Zum Beispiel vermeiden sie es sorgsam, irgendwelche Informationen über sich preiszugeben, lehnen selbst symbolische Geschenke ab, scheuen vor jeder Reaktion zurück, die auf einen Klienten informell oder zwanglos und nicht streng professionell wirken könnte, und vertreten diverse andere Vorschriften mit Absolutheitsanspruch, die auf der Vorstellung beruhen, es sei *unter keinen Umständen* zulässig, von einem Klienten etwas anderes als das vereinbarte Honorar anzunehmen. Ich folgere dies hauptsächlich aus dem, was Therapeuten, die bei mir in Supervision sind, über ihre anderen Supervisoren erzählen. Es ist bezeichnend, daß Milton H. Erickson, der wohl einer der kreativsten und fähigsten Therapeuten unserer Epoche war, sich ständig über die Verbote anderer hinwegsetzte: „Er machte auch Hausbesuche, was damals niemand sonst tat. Er ging ebenso selbstverständlich mit einem Patienten ins Restaurant, wie er zu Hause arbeitete" (Jay Haley im Gespräch mit John Weakland, in Haley, 1993/dt. 1996, S. 103). Viele Therapeuten sind entsetzt, wenn sie erfahren, daß Ericksons Wartezimmer das Wohnzimmer seiner Familie war, wo seine kleinen Kinder umhertollten, während die Patienten warteten. „Die Vorstellung, daß Ericksons Kinder im Wartezimmer mit seinen Patienten spielten, von denen einige wirklich sehr eigenartig waren, war für mich wie eine Offenbarung. [...] Bei den Gesprächen mit ihm lief die Klimaanlage, draußen bellte der Hund, und seine Frau rief ständig nach den Kindern" (Aussagen von John Weakland und Jay Haley im Gespräch miteinander, in Haley, 1993/dt. 1996, S. 97).

Ich finde, man sollte stets im individuellen Fall entscheiden, ob eine Grenzüberschreitung sinnvoll ist. Sobald ein Therapeut im Begriff ist, eine

Das Grundprinzip

Grenze zu überschreiten, und die Notwendigkeit verspürt, die eigenen Motive zu prüfen und das Für und Wider abzuwägen, sollte er wohl am besten von seinem Vorhaben absehen. Zum Beispiel war ich einmal drauf und dran, einen Klienten zu fragen, ob es ihm etwas ausmache, meinen neu bespannten Tennisschläger in einem Geschäft abzuholen, das direkt neben seiner Arbeitsstelle lag. Ich zögerte und überlegte noch einmal. Wahrscheinlich würde er sich von mir ausgenutzt fühlen, auch wenn es keinen Umweg für ihn bedeutet hätte. Ich konnte mir vorstellen, daß er das Gefühl haben würde, ich machte ihn zu meinem Botenjungen. Folglich ließ ich den Gedanken fallen und fuhr hin und zurück insgesamt 14 Meilen, um meinen Schläger abzuholen. Bei einem anderen Klienten hätte ich vielleicht ohne Zögern gesagt: „Wären Sie so nett, Charlie, meinen Schläger in dem Tennisladen für mich abzuholen?", und genau gewußt, daß er mir sehr gern diesen kleinen Gefallen tat.

Es heißt, fähige Therapeuten würden dazu neigen, sich bei der Arbeit auf ihr klinisches Urteilsvermögen zu verlassen, anstatt nach Schema F vorzugehen. Weniger erfahrene Therapeuten oder solche, an deren Urteilsvermögen vielleicht gewisse Zweifel bestehen, sind jedenfalls am besten beraten, wenn sie sich an sämtliche allgemein anerkannten Beschränkungen halten. Wenn aber ein Klient so freundlich ist, Ihnen an einem kalten Wintertag ein heißes Getränk mitzubringen, sollten Sie so höflich sein, es mit Dank anzunehmen – außer Sie haben den starken Verdacht, daß es vergiftet ist!

Kapitel 3

Was ist die multimodale Methode?

Manche der Fragen, die in meiner Studentenzeit vor über vierzig Jahren heiß diskutiert wurden, sind seit langem vergessen. Andere sind noch immer aktuell, und einige sind revidiert oder modifiziert worden. Im Studium lernte ich zum Beispiel, Psychologie sei „die Wissenschaft vom Verhalten" und alles, was wir über einen Menschen wissen oder schlußfolgern könnten, sei einzig und allein aus seinen Handlungen oder seinem Verhalten abgeleitet. Daran ist natürlich viel Wahres. Woran können wir erkennen, was ein anderer empfindet? Daran, wie er sich verhält. „Schau, wie nervös Charleen ist – ihr zittern die Hände, sie bebt am ganzen Körper und ist anscheinend schweißgebadet!" „Bobby wirkt so deprimiert – der Blick ist gesenkt, er kommt nicht in die Gänge, lächelt nie und ist oft den Tränen nahe." Menschen können ihre Empfindungen auch in Worte fassen (also Informationen über sie vermitteln) – was wiederum eine Verhaltensweise ist. „Wenn ich in die Zukunft schaue, verliere ich völlig den Mut – ich sehe nur Bilder vor mir, die bedeuten, daß Schwierigkeiten auf mich zukommen." Manche Meßinstrumente (z. B. Lügendetektoren) registrieren unwillkürliche Verhaltensweisen, an denen man die Empfindungen eines Menschen ablesen kann.

In den Jahren zwischen 1950 und 1970 war nicht selten die Ansicht zu hören: „Was man nicht beobachten oder messen kann, das existiert vermutlich nicht!" In jener Zeit gingen viele meiner verhaltenstherapeutisch orientierten Kollegen über Gedanken, Gefühle, Einstellungen, Anschauungen, Wertvorstellungen, innere Bilder und Überzeugungen mehr oder weniger hinweg und taten sie einfach als eine aus verschiedenen Formen verdeckten Verhaltens bestehende Unterkategorie ab. In manchen Kreisen glaubte man tatsächlich, wenn man in die Beschreibung einer Handlung das Wort „Verhalten" einfüge, werde das Phänomen besser meßbar und man gehe somit wissenschaftlicher vor. Wir aßen nicht mehr, sondern

Was ist die multimodale Methode? 53

legten „Eßverhalten" den Tag, wir dachten nicht, sondern waren mit „kognitivem Verhalten" befaßt, und es war vom „Schlafverhalten", „Weinverhalten" oder „Wutverhalten" eines Kindes die Rede.

Mein Buch *Behavior Therapy and Beyond* von 1971 (dt. *Verhaltenstherapie im Übergang*, 1978) enthielt ein eigenes Kapitel über „Kognitive Restrukturierung", was damals viele Verhaltenstherapeuten veranlaßte, mir vorzuwerfen, ich sei dem „Mentalismus" verfallen, wolle mich auf die Seite des „cartesianischen Dualismus" schlagen und die Reinheit des schwer erkämpften Behaviorismus verwässern. Heute würden nur noch wenige Dogmatiker solche Ansichten vertreten. In der erweiterten Neuauflage ihres erstmals 1976 erschienenen Buches *Clinical Behavior Therapy* stellten Goldfried und Davison (1994) kürzlich fest: „Es ist nicht mehr nötig, dafür zu plädieren, daß kognitive Variablen in die klinische Praxis der Verhaltenstherapie Eingang finden. Die meisten Therapeuten, die verhaltensorientierte Interventionsmethoden einsetzen, machen sich bei ihrer Diagnostik und ihren Interventionen auch die kognitive Ebene zunutze" (S. 282). Sie zitieren Craighead (1990), der sinngemäß sagt, daß sich von den Mitgliedern der Association of Advancement of Behavior Therapy mittlerweile mehr als zwei Drittel als kognitive Verhaltenstherapeutinnen und -therapeuten verstehen.

In vielen Kreisen hat man einen klar erkennbaren Übergang von der „Eingleisigkeit" zu einem „Breitband"-Modell vollzogen. Ein hervorragendes Beispiel dafür ist Albert Ellis, der Begründer der rational-emotiven Therapie. Anfangs nannte er seinen psychotherapeutischen Ansatz „rationale Therapie" (RT); diese Bezeichnung wurde bald erweitert zu „rational-emotive Therapie" (RET) und in jüngster Zeit noch einmal zu „rational-emotive Verhaltenstherapie" (REBT, dt. REVT). In den meisten Veröffentlichungen zur „kognitiven Verhaltenstherapie" oder zur „rational-emotiven Verhaltenstherapie" liegt der Akzent freilich in erster Linie auf drei Modalitäten, das heißt, man favorisiert eine A-B-C-Struktur: Affect-Behavior-Cognition. REVT-Therapeuten verwenden zwar (Ellis, 1994, 1996) einige sensorische Techniken (z. B. Entspannungsmethoden) und Visualisierungsverfahren (z. B. Vorstellungsbilder davon, wie man Angstreaktionen bezwingt), widmen aber dem großen Repertoire der verfügbaren spezifischen und oft hochwirksamen Visualisierungs- und sensorischen Strategien (z. B. Lazarus, 1984; Zilbergeld & Lazarus, 1987) keine besondere Aufmerksamkeit. Dies hat meiner Ansicht nach schwerwiegende Versäumnisse zur Folge.

Wer uns Menschen als Individuen beschreibt, die nur fühlen, handeln und denken (Affect-Behavior-Cognition), der läßt die Tatsache außer acht, daß wir auch fünf Sinne haben, die in erheblichem Maße zu unserem Wohlergehen beitragen (ich nenne dies die Sinnesmodalität). Wir denken, planen, sprechen, wissen und begreifen nicht nur (dies sind die Kognitionen im engeren Sinn), sondern wir kreieren auch Bilder (ich nenne das die Modalität der Vorstellungsbilder), die vergangene, gegenwärtige und zukünftige Ereignisse repräsentieren und einen tiefgreifenden Einfluß darauf ausüben, was wir tun, wie wir uns fühlen, was wir mit unseren Sinnen wahrnehmen und wie wir denken. Für den Anfang müssen wir also A-B-C zu B-A-S-I-C erweitern (Behavior, Affect, Sensation, Imagery, Cognition).

Das Gesamtparadigma ist damit aber noch nicht vollständig. Unsere Verhaltensweisen, affektiven Reaktionen, Sinnesempfindungen, Vorstellungsbilder und Kognitionen geschehen nicht in einem Vakuum. Wir sind von Grund auf gesellschaftliche Wesen. Unsere zwischenmenschlichen Beziehungen sind der Grund für so viele unserer Freuden und unserer Qualen und tragen so entscheidend zu unserer Lebenszufriedenheit (oder zu deren Fehlen) bei, daß ihnen in unserem Schema ein eigener Platz zusteht. Wir fügen also die zwischenmenschliche Modalität [interpersonal modality] hinzu und kommen damit zu sechs gesonderten, aber miteinander interagierenden Dimensionen (BASIC I.). Und weil wir von unserer Grundverfassung her biochemisch-neurophysiologische Wesen sind, ist es schließlich auch unabdingbar, die biologische Modalität mit einzubeziehen – womit wir bei BASIC I. B. wären. Wenn wir aber das „B" durch ein „D" austauschen, das für „Drug therapy" (medikamentöse Therapie) steht – denn klinisch gesprochen laufen unsere häufigsten biologischen Interventionen auf den Einsatz psychotroper Medikamente hinaus –, gelangen wir zu dem sinnvolleren Akronym BASIC I. D.[1] Man muß freilich im Auge behalten, daß mit dem „D" das gesamte Spektrum medizinischer und biologischer Aspekte gemeint ist – Ernährung, körperliche Fitneß, soma-

---

[1] siehe Anmerkung [zu Kapitel 1] auf Seite 17

tische Beschwerden, ärztlich verordnete Medikamente, Genußmittel und so weiter.

Einordnung des BASIC I. D. in den größeren Zusammenhang

Die „Biologie" bildet die Basis, das „Zwischenmenschliche" die Spitze. Weshalb? Weil ein Mensch (wie in Kapitel 1 angedeutet), der keine widrigen gesundheitlichen Probleme hat und sich warmherziger, sinnerfüllter und liebevoller Beziehungen erfreut, die besten Voraussetzungen dafür hat, mit seinem Leben recht zufrieden zu sein. Die sieben Modalitäten sind zwar keineswegs statisch oder linear und stehen in wechselseitiger Transaktion miteinander, aber den tiefgreifendsten Einfluß auf alle anderen Modalitäten übt wohl die biologische Modalität aus. Lassen Sie mich noch einmal festhalten: Unangenehme Sinnesreaktionen können auf eine Vielzahl körperlicher Krankheiten verweisen; überstarke Gefühlsbewegungen

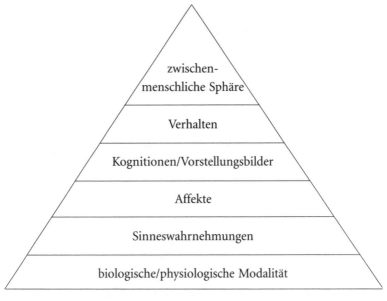

Abbildung 3.1 Die multimodale Hierarchie

(Angst, Depression und Wut) können von biologischen Determinanten bedingt sein; fehlerhaftes Denken und von Düsternis, Unheil und Schrecken durchdrungene Vorstellungsbilder können vollständig von biochemischen Ungleichgewichten herrühren; und unangebrachte individuelle und zwischenmenschliche Verhaltensweisen können auf vielen somatischen Faktoren beruhen, die von Giftstoffen bis hin zu intrakraniellen Verletzungen oder Funktionsstörungen reichen. Falls sich also irgendwelche Zweifel regen, ob nicht biologische Faktoren eine Rolle spielen könnten, dann ist es dringend geboten, sie vollständig abklären zu lassen.

Stellen wir uns vor, daß ein Patient über Schmerzen, Anspannung, innere Unruhe und Frustration klagt und nicht gut mit seinem Vater auskommt. Ein systemisch ausgerichteter Therapeut, der von der Hypothese ausgeht, die erstgenannten Beschwerden seien sekundärer Natur und beruhten auf familiären Spannungen, würde wohl sogleich anfangen, ein Genogramm zu entwerfen – doch der Patient würde dann die Behandlung unter Umständen bald abbrechen. Ebenso würde der Patient es vielleicht nicht positiv aufnehmen, wenn ein Therapeut die Anspannung als zentralen Punkt betrachtet und auf der Stelle in ein ausführliches Entspannungstraining einsteigt. Gibt es tatsächlich Therapeuten, die so überstürzt handeln? Unter den erfahrenen finden sich wahrscheinlich nicht allzu viele, doch Anfängern unterlaufen oft Fehler, die in diese Richtung gehen.

Jeder gute Kliniker wird also zuerst diejenigen Probleme ansprechen und erforschen, die der Klient vorbringt. „Bitte sagen Sie mir noch mehr zu den Schmerzen, die Sie plagen." „Spüren Sie die Anspannung an ganz bestimmten Stellen im Körper?" „Sie sprachen von innerer Unruhe und Frustration. Können Sie mir das bitte näher erläutern?" „Welche typischen Konfliktpunkte gibt es zwischen Ihnen und Ihrem Vater?" Jeder fähige Therapeut wird also versuchen, ein detaillierteres Bild zu gewinnen. Ein multimodaler Therapeut aber geht noch weiter. Er wird sorgfältig darauf achten, von welchen Modalitäten des BASIC I. D. jeweils die Rede ist und welche ausgelassen oder verschleiert werden. Wenn ein Klient bestimmte Bereiche übergeht oder vernachlässigt, kann man ihn bitten, näher auf sie einzugehen, und gewinnt auf diese Weise oft wichtige Informationen. Wenn man ein Problem genauer untersuchen will, kostet es wenig Zeit, die Dimensionen des BASIC I. D. durchzugehen. Ein Beispiel:

Was ist die multimodale Methode?

THERAPEUT: Sie machen sich also viele Sorgen, daß Sie Ihre Arbeitsstelle verlieren könnten.

PATIENT: Das bringt mich buchstäblich um den Schlaf.

THERAPEUT: Wenn Sie so ganz mit den Sorgen um Ihre Stelle beschäftigt sind, was *tun* Sie dann normalerweise in dem Moment?

PATIENT: Ich mache mir einfach nur Sorgen. Sonst tue ich nichts.

THERAPEUT: Ich meinte damit, ob Sie sich vielleicht weniger Sorgen oder auch mehr Sorgen machen, wenn Sie mit Freunden ausgehen, wenn Sie fernsehen oder wenn Sie etwas essen.

PATIENT: Nein, solange ich aktiv bleibe, denke ich nicht dran. Die Sorgen kommen vor allem, wenn ich mich ins Bett lege und einzuschlafen versuche.

THERAPEUT: Und wenn Sie nun am Grübeln sind, wie fühlen Sie sich dann? Sind Sie dann deprimiert, ängstlich, mutlos …?

PATIENT: Ja, alles zusammen.

THERAPEUT: Und merken Sie dann, daß Ihr Körper angespannt ist?

PATIENT: Ich weiß, daß ich im Schlaf mit den Zähnen knirsche. Mein Zahnarzt nennt das Bruxismus oder so ähnlich.

THERAPEUT: Welche Bilder oder Vorstellungen kommen Ihnen in den Sinn, wenn Sie darüber nachgrübeln, daß Sie Ihre Stelle verlieren könnten?

PATIENT: Ich sehe mich dann als Obdachlosen, als eine Art Stadtstreicher. Und ich sehe meinen Vater vor mir und höre ihn sagen: „Ich habe dir immer schon gesagt, daß du ein Verlierertyp bist!"

THERAPEUT: Ein Verlierer auf dem direkten Weg ins Armenhaus! Reden Sie sich also tatsächlich ein, Sie würden als Arbeitsloser wahrscheinlich in äußerster Armut enden, so daß die Prophezeiung Ihres Vaters in Erfüllung ginge?

PATIENT: Nein, nicht wenn ich vernünftig drüber nachdenke.

THERAPEUT: Gut zu wissen! Zu den Dingen, die wir herausbekommen müssen, gehört folgendes: Wie können Sie es schaffen, daß Ihre vernünftigen Gedanken nicht von den unvernünftigen unterlaufen werden? Sagen Sie mir aber noch, wer denn die Leute sind, die Sie möglicherweise feuern wollen, und warum sie das tun würden.

PATIENT: Es ist der Juniorchef. Er ist eine echte Niete, aber seinem Papa gehört das Unternehmen, und er ist sein Lieblingsjunge. Ich bin also eigentlich dem Sohn unterstellt, und der wird böse, wenn ich mich direkt an seinen Vater wende.
THERAPEUT: Also sollten wir uns gemeinsam vielleicht ein paar geeignete Strategien überlegen. Ich möchte aber noch wissen, was Sie tun, wenn Sie nicht einschlafen können und die Sorgen Sie nicht loslassen.
PATIENT: Ich weiß dann nicht, was ich tun soll.
THERAPEUT: Ich meine, kommt es vor, daß Sie dann Alkohol trinken oder Schlaftabletten nehmen?
PATIENT: Wenn es wirklich schlimm ist, nehme ich ein halbes Milligramm Xanax, das hat mir mein Arzt verschrieben.

Kommentar. Das BASIC I. D. durchzugehen hilft einem in der Regel, „den Kurs zu halten". Beim kurzen Erkunden der beruflichen Sorgen des Klienten kamen rasch zentrale Punkte zum Vorschein, an denen die Therapie dann ansetzen konnte.

- *Verhalten:* Da der Klient anscheinend nur seinen Sorgen nachhängt, wenn er im Bett liegt und einzuschlafen versucht, bieten sich mehrere verhaltensbezogene Interventionen an: 1. Man könnte darauf hinarbeiten, daß er „vorgeschriebene Grübelzeiten" einhält und sich ausschließlich während dieser Phasen beunruhigt und Sorgen macht (man könnte ihn auch dazu anleiten, nur an einem bestimmten Ort auf seinen Sorgen zu verweilen). 2. Man könnte ihm beibringen, zu einschläfernden Vorstellungsbildern überzugehen, sobald er im Bett liegt, und das Schlafzimmer für 10 bis 15 Minuten zu verlassen, sobald sich sein negatives Denkmuster in den Vordergrund drängt. 3. Wenn er außerhalb der vorgeschriebenen Zeiten bei seinen Sorgen verweilt, könnte er das mit einer leicht aversiven Konsequenz verknüpfen (z. B. indem er sich ein Gummiband aufs Handgelenk schnappen läßt).
- *Affekt:* Er könnte seine negativen Gefühlsreaktionen überwinden, indem er sich in Verbindung mit den anderen verwendeten Taktiken immer wieder verschiedene Sätze sagt, die ihm Selbstsicherheit vermitteln

(z. B. „Wenn ich meine Stelle verliere, werde ich trotzdem zurechtkommen und überleben!").
- *Sinnesempfindungen:* Er könnte Gewinn daraus ziehen, Techniken zur allgemeinen und differentiellen Entspannung anzuwenden (also z. B. lernen, wie er den ganzen Körper entspannen und dann die Entspannung gezielt zum Gesicht und zum Kiefer lenken kann).
- *Vorstellungsbilder:* Man könnte ihm Bewältigungsbilder nahebringen, bei denen er sich vorstellt, wie er den Verlust seines Arbeitsplatzes überlebt, ohne als „Stadtstreicher" zu enden.
- *Kognition:* Man könnte sein panisches Denkmuster angehen und ihn dazu anleiten, seiner Neigung zu Katastrophenszenarien mit beruhigenden Sätzen und rationaleren und realistischeren Gedanken entgegenzuwirken.
- *zwischenmenschliche Sphäre:* Man könnte die Schwierigkeiten mit dem Sohn seines Chefs eingehender untersuchen und dem Patienten entsprechende Fähigkeiten beibringen.
- *Biologie:* Man könnte ihn dazu anhalten, kein Xanax mehr zu nehmen, sondern statt dessen die erwähnten Entspannungsmethoden und positiven Vorstellungsbilder einzusetzen.

Wichtig ist auch, zu ermitteln, wo die Stärken eines Klienten liegen, und herauszustellen, wie er in der Vergangenheit in verschiedenen Lebensbereichen bereits einige Probleme gelöst hat (siehe de Shazer, 1988). Man muß sich nicht scheuen, offensichtliche Stärken eines Klienten zu benennen: „Sie haben eine sehr angenehme Art zu sprechen." „Es gefällt mir, wie Sie Taktgefühl mit Aufrichtigkeit verbinden." „Es war klug, wie Sie sich da abgelenkt haben, um nicht in Depressionen zu versinken."

Der Faktor Zeit

Wir haben über einen Patienten gesprochen, der sich ängstlich und zwanghaft mit einem möglichen Verlust seines Arbeitsplatzes beschäftigte. Ich habe mindestens acht verschiedene Strategien vorgeschlagen, mit denen man seinen Sorgen entgegenwirken könnte. Wäre diese aber nicht sehr zeitaufwendig? Die Antwort lautet schlicht: Nein. Bei den meisten der empfohlenen Strategien würde die Erläuterung nur einige Minuten in Anspruch nehmen. Für die anderen, die der Klient lernen und einüben muß, braucht man nicht unbedingt Zeit von den Sitzungen abzuzweigen. Zum Beispiel kann man nach den ersten 10 bis 15 Minuten im Behandlungszimmer das Erlernen der notwendigen Entspannungsfertigkeiten in der Regel dadurch in die Wege leiten, daß man dem Klienten speziell vorbereitete oder im Handel erhältliche Cassetten mit Entspannungsübungen gibt oder ausleiht. Eine kognitive Umstrukturierung ist oft dadurch zu beschleunigen, daß man ihm Zeitschriftenartikel, Buchkapitel oder Bücher mitgibt, verkauft oder ausleiht. Wenn der Klient dieses Material durchgearbeitet hat, verwendet der Therapeut nur wenig Zeit darauf, um ganz gezielt und lösungsorientiert mit ihm über das Gelesene und Gehörte und seine Relevanz für den Klienten zu sprechen. (Spezielle Details und Empfehlungen folgen in den Kapiteln zu den verschiedenen Modalitäten.)

Wozu sich die Mühe machen, multimodal zu arbeiten – wozu das gesamte BASIC I. D. einbeziehen, sooft dies möglich ist? Ich führe seit 1973 immer wieder Follow-up-Untersuchungen durch und stelle dabei durchweg fest, daß die Dauerhaftigkeit von Resultaten direkt mit der Anzahl der gezielt überprüften Modalitäten zusammenhängt. Selbstverständlich gibt es einen Punkt, ab dem der Nutzeffekt abnimmt, aber eine multimodale Maxime lautet: *Je mehr ein Klient in der Therapie lernt, desto geringer ist die Wahrscheinlichkeit eines Rückfalls*. Etwa 1970 wurde mir schmerzlich bewußt, wie selbst in den Bewältigungsstrategien von Klienten, die sich jahrelang diversen Therapien unterzogen hatten, offensichtliche Lücken klafften.

Ein frappierendes Beispiel war der Fall eines jungen Psychiaters, der neben anderen Formen der Psychotherapie eine vierjährige Lehranalyse hinter sich hatte und nun wegen hartnäckiger Ängste, die trotz Berufsausbildung und persönlicher Lernprozesse nie nachgelassen hatten, zu mir kam. Binnen Minuten war klar, daß er unter dem litt, was Karen Horney (1950) die „Tyrannei des ‚Du sollst'" genannt hat. Erstaunlicherweise kann jemand das College besuchen, sein Examen in Medizin ablegen, seine Assistenzzeit in der Psychiatrie beenden, jahrelang in Therapie sein und am Ende nicht den blassesten Schimmer von einem der Grundprinzipien der

Was ist die multimodale Methode? 61

rational-emotiven Verhaltenstherapie haben, das da lautet: Je mehr sich ein Mensch von Geboten und Verboten mit Absolutheitsanspruch (das heißt von dogmatischen Forderungen mit „sollte", „muß" und „müßte") leiten läßt, desto größer ist die Wahrscheinlichkeit, daß er ängstlich, aggressiv, von Schuldgefühlen geplagt und depressiv ist (Ellis, 1994, 1996). Der junge Psychiater hatte also vielerlei mutmaßliche Einsichten in die sogenannten psychodynamischen Aspekte seiner Probleme gewonnen, aber niemand hatte ihm gezeigt, wie seine äußerst anspruchsvolle Einstellung seinem Gefühlsleben und seinen zwischenmenschlichen Bindungen im Wege stand. Dazu kam, daß sein Mangel an sozialen Fertigkeiten nie thematisiert wurde und sein zwischenmenschlicher Umgangsstil viel zu wünschen übrig ließ. Er neigte dazu, Anweisungen zu erteilen (anstatt um das Gewünschte zu bitten), und war rasch mit destruktiver anstatt konstruktiver Kritik zur Hand. Vielleicht noch schlimmer war, daß er nicht selten anderen ein Ultimatum stellte. Freilich konnte er sich beredt über die dem Unbewußten immanenten Diskontinuitäten, über Ich-Psychologie, die Wechselfälle von Objektbeziehungen oder Strukturtheorie verbreiten.

Im Verlauf seiner multimodalen Therapie (MMT) wurde auch deutlich, daß sein Wissen über Entspannung, Meditation und Techniken mit positiven Vorstellungsbildern nur ganz rudimentär war. Anfangs war er fast außerstande, diese Methoden bei sich selbst anzuwenden, aber sobald er einige davon gemeistert hatte, lernte er sehr schnell, wie er viele seiner Ängste bezwingen konnte. Hätte er diese einfachen, auf Kognitionen, zwischenmenschliche Beziehungen, Sinnesempfindungen und Vorstellungsbilder zielenden Verfahren schon in seiner Ausbildung gelernt, so hätte er sich damit wahrscheinlich jahrelanges unnötiges Leiden ersparen können.

Und so geht es vielen Klienten, deren Therapie ganz ausgezeichnet ist, soweit sie reicht, die aber nicht weit genug reicht. Leider sind noch immer allzu viele Therapeuten der Meinung, ihre hauptsächliche, wenn nicht sogar einzige Aufgabe bestehe darin, eine warmherzige, echte und einfühlsame Beziehung anzubieten. Andere glauben, alles werde in Ordnung kommen, wenn der Patient Einsichten in die eigene Psychodynamik gewinne. Wer sich zu ihnen in Therapie begibt, bekommt weder präzise, verhaltensbezogene Instruktionen, noch erlernt er gezielte sensorische

Tabelle 3.1 – Ein einfaches Modalitätsprofil

Modalität	Problem	Behandlungsvorschläge
B (Behavior)	„unsystematisch/schlampig" phobische Vermeidung schiebt Dinge bis zur letzten Minute auf	Kontingenzvertrag systematische Desensibilisierung Zeitmanagement
A (Affect)	Schuldgefühle Ängste im Zusammenhang mit Kritik und Zurückweisung Traurigkeit/Niedergeschlagenheit	Antezedentien und irrationale Ideen untersuchen Bewältigungsbilder und rationale Disputation Denkfehler untersuchen und den Klienten dazu anregen, sich in angenehme Situationen zu begeben
S (Sensation)	Erschöpfung/Schmerzen im unteren Rücken/Spannungskopfschmerzen	Entspannungstraining/ physiotherapeutische Übungen
I (Imagery)	Vorstellungsbilder, in denen der Klient einsam ist oder versagt/ negatives Selbstbild	Übungen mit Bewältigungsbildern
C (Cognition)	Schwarz-Weiß-Denken/läßt sich von zu vielen Imperativen mit „sollte" und „müßte" leiten/neigt zur Übergeneralisierung	kognitive Umstrukturierung
I. (Interpersonal)	kann anderen nicht vertrauen übertriebenes Konkurrenzdenken selbstunsicher meidet Gruppensituationen	Ermutigung, Risiken einzugehen Kooperationstraining Selbstsicherheitstraining Training sozialer Kompetenz
D. („Drugs")	nimmt bei Bedarf Alprazolam übergewichtig bewegt sich zu wenig	beobachten, damit keine Abhängigkeit entsteht Methoden der Gewichtskontrolle (z. B. Kontingenzvertrag, Selbstbeobachtung, Selbsthilfegruppe) Fitneßprogramm

(Eine gründliche ärztliche Untersuchung mit zahlreichen Labortests ergab keinen nachweisbaren, mit dem Beschwerdebild zusammenhängenden Organbefund.)

Übungen, kognitive Bewältigungsfertigkeiten (oder höchstens nur einige wenige), Vorstellungstechniken, die seine Handlungsfähigkeit stärken, oder Strategien zur Verbesserung von Beziehungen.

Modalitätsprofile

Nachdem man das Erstgespräch geführt und sich den ausgefüllten Multimodalen Fragebogen zur Lebensgeschichte (Lazarus & Lazarus, 1991) angeschaut hat, ist es oft sinnvoll, ein Modalitätsprofil zu erstellen, in dem für jeden Bereich die Hauptbeschwerden und die Behandlungsvorschläge aufgeführt sind. Zum Beispiel waren dem Profil einer 33jährigen Frau, die wegen „Ängsten und Depressionen" in Therapie kam, 22 gesonderte (aber miteinander zusammenhängende) Probleme und 19 Behandlungsstrategien zu entnehmen (siehe Tabelle 3.1, S. 62).

Viele multimodale Therapeuten ziehen es vor, die Behandlungsvorschläge nicht aufzuschreiben, und konzentrieren sich nur auf die Liste der ermittelten Probleme. So kamen bei einer hypochondrischen Klientin mit körperlichen Symptomen, für die sich keine medizinische Erklärung gefunden hatte – Kopfschmerzen, Brustschmerzen, Magen-Darm-Beschwerden, prämenstruelles Syndrom – 17 umschriebene, aber miteinander verknüpfte Probleme zum Vorschein:

- *Verhalten:* exzessiver Zigarettenkonsum; zu wenig Bewegung
- *Affekt:* Wut/Groll/Aggressionen (selten direkt zum Ausdruck gebracht); Angst (schwanger zu werden); Angst vor Herzinfarkt
- *Sinnesempfindungen:* Kopfschmerzen; unruhiges Herzklopfen, Magenschmerzen; Tremor; Brustschmerzen; Menstruationsschmerzen
- *Vorstellungsbilder:* Bilder von Tod, Überforderung, Versagen
- *Kognitionen:* perfektionistisch; unsinnige romantische Vorstellungen; zu sehr um die Zustimmung der Eltern besorgt
- *zwischenmenschlicher Bereich:* passiv-aggressive Taktiken (Gehässigkeit), vor allem gegenüber dem Ehemann
- *Biologie:* wegen Menstruationsstörungen unter Umständen ärztliche Intervention notwendig

Das Modalitätsprofil läßt sich jederzeit modifizieren. Es dient als Raster, an dem sich der Therapeut orientieren kann, damit er keine relevanten Punkte übersieht.

Innerhalb der multimodalen Grundstruktur des BASIC I. D. stehen mehrere spezifische Methoden zur Verfügung, um Diagnostik und Therapie noch differenzierter zu machen: 1. Bridging („Brückenbauen" zwischen Modalitäten), 2. Tracking (Ermitteln der „Zündfolge"), 3. sekundäres BASIC I. D., 4. Strukturprofile. Diese Methoden werde ich in Kapitel 5 und 6 näher erläutern. In Kapitel 4 aber möchte ich zunächst auf die Relevanz der Theorie für die Praxis eingehen, wobei ich den Akzent insbesondere darauf legen werde, die eklektische Denkweise gegen das Modell einer Integration psychotherapeutischer Schulrichtungen abzugrenzen.

Kapitel 4

Theorien und Techniken

Viele sind der irrigen Ansicht, die multimodale Therapie (MMT) sei atheoretisch oder, noch schlimmer, antitheoretisch. Wenn wir aber je nach Lust und Laune nebulöse Techniken anwenden würden, wäre das kaum eine Basis für die Erweiterung unseres therapeutischen Wissens. Kliniker folgen in ihrem Handeln einem wenn nicht ausformulierten, so doch impliziten Grundprinzip. Welche Behandlungsmethoden sie anwenden, hängt in erster Linie von den Ursachen ab, die sie am Werke sehen. Wenn man glaubt, der Patient sei von einem Dämon besessen, wird ein Exorzismus die Methode der Wahl sein. Nimmt man an, daß hinter einem Problemverhalten meistens unbewußte Konflikte stehen, wird das Beheben psychischer Konflikte den Grundpfeiler der Therapie bilden. Trotzdem ist das Verhältnis von Theorie und Praxis außerordentlich komplex. Viele scheinen die offenkundige und wichtige Tatsache nicht ernst zu nehmen oder zu ignorieren, daß *Techniken sich als effektiv erweisen können, ohne daß dies im entferntesten etwas mit den theoretischen Vorstellungen zu tun hat, aus denen sie hervorgegangen sind.*

Wissenschaftliche Theorien sind im besten Falle ein differenziertes und wohldurchdachtes Gebäude aus Annahmen und Behauptungen. Es klingt banal, wenn ich betone, daß Theorien nicht dasselbe sind wie Tatsachen. Viele Psychotherapeuten aber lassen außer acht, daß sie zu einem beständigen Entdeckungsprozeß verpflichtet sind, und tun statt dessen lieber ihre Überzeugungen kund. Viele Koryphäen unseres Metiers sind vom Pfad einer unvoreingenommenen und unparteiischen Wissenschaft abgekommen und lassen sich in ihrem Handeln stark von den eigenen berufspolitischen Interessen bestimmen. Philosophen und Wissenschaftshistoriker wie Thomas Kuhn und Paul Feyerabend haben gezeigt, daß sogar Physiker und Chemiker die Tendenz haben, in irrationaler Weise selbst dann an ihren Lieblingstheorien festzuhalten, wenn die Daten in eine ganz andere Richtung weisen. Auf dem Feld der Psychotherapie ist diese Schwäche noch ausgeprägter. Heftig wird da die Werbetrommel für Programme gerührt, die empirisch nicht abgesichert sind, und leider wird eine bestimmte Schulrichtung meistens nicht deshalb bevorzugt, weil Ergebnisse aus der Erfolgsforschung für sie sprechen würden oder weil sie nachweislich wirksame Verfahren der Wahl zu bieten hätte, sondern wegen rein persönlicher Vorlieben.

Theorien werden aufgestellt, damit sie für bestimmte Phänomene eine Deutung oder Erklärung liefern. Der eigentliche Sinn einer Theorie liegt vielleicht darin, verwirrende Beobachtungen und Behauptungen von einer objektiven Warte aus zu betrachten und durchschaubar zu machen. In der Psychotherapie soll eine Theorie erhellen, *warum* und *wie* bestimmte Prozesse in Gang kommen, weiterlaufen, zu modifizieren sind oder zum Stillstand kommen, und entsprechende Vorhersagen ermöglichen. Vom wissenschaftlichen Standpunkt aus sind nur solche Ideen zulässig, die empirisch überprüfbar sind. Natürlich kann man den Tatsachen auch auf anderem Wege als durch streng objektive und wissenschaftliche Forschung auf die Spur kommen. Intuitive, ästhetische und aus individueller und zwischenmenschlicher Erfahrung gewonnene „Wahrheiten" dürfen wir nicht unberücksichtigt lassen. Zur Entdeckung der Wahrheit ist jedes Mittel recht. Crews (1986) schreibt dazu: „Wissenschaftliche Strenge ist eigentlich nur dann am Platze, wenn wir zu ermitteln versuchen, ob unser Glaube an angebliche Naturgesetze tatsächlich gerechtfertigt ist, ganz gleich, wie diese nun hergeleitet sind" (S. 107). Wir müssen sorgsam Zirkelschlüsse vermeiden, die zustande kommen, wenn eine Theorie auf einem therapeutischen Ansatz beruht und auf Grundlage dieses Ansatzes Daten gesammelt werden, denn diese Daten bestätigen oft wiederum die Theorie und geben Anlaß zu weiteren klinischen Forschungsarbeiten, welche die Theorie zusätzlich untermauern.

Beobachtungen und Konstrukte

Der Unterschied zwischen *Theorien* und *Beobachtungen* ist von entscheidender Bedeutung. In „Beobachtungen" fließen nur Konzepte ein, die ein

Minimum an Mutmaßungen verlangen. Ein Beispiel: „Er geht schleppend, mit hängenden Schultern und gesenktem Blick." Zieht man nun aus dieser Beobachtung Schlußfolgerungen – „Er scheint deprimiert zu sein", „Wahrscheinlich versucht er einen Angstanfall abzuwehren", „Ich glaube, er ist sehr wütend über irgend etwas" –, so begibt man sich damit ins Reich der Meinungen und Vermutungen. Vergleichen Sie die beiden folgenden Aussagen: 1. „Leute haben zufällig mit angehört, wie er sich mit seiner Frau stritt, und dann gesehen, wie er auf seiner Veranda gegen die Gartenmöbel trat." 2. „Der Grund dafür waren verschobene Aggressionen, die in seiner Kastrationsangst wurzeln." Die erste Aussage (die Beobachtung) enthält einige zurückhaltende Schlußfolgerungen und ist nicht hundertprozentig theoriefrei. Die zweite Aussage aber unterscheidet sich in quantitativer wie qualitativer Hinsicht von der ersten, weil in ihr eine Vielzahl von Annahmen zum Ausdruck kommt. Viel zu viele Therapeuten neigen zu „psychischen Übergriffen". Wenn wir nicht genügend Wert darauf legen, beim Beurteilen des Klienten Objektivität walten zu lassen, wenn wir angesichts von Vermutungen und Spekulationen nicht äußerst vorsichtig sind und gegenüber Überredungskünsten und Gerüchten nicht die nötige Gelassenheit an den Tag legen, kann die Folge nur Chaos und Verwirrung sein.

Beobachtungen spielen sich nicht im luftleeren Raum ab, sondern sind von unserem jeweiligen Blickwinkel abhängig (unsere theoretischen Vorstellungen haben Einfluß darauf, was wir beobachten). Ist es also überhaupt möglich, Beobachtungen und Theorien auseinanderzuhalten? Vertreter eines extremen sozialen Konstruktivismus (z. B. Gergen, 1982) sagen, Beobachtungen seien in einem so hohen Maße unsere eigenen Hervorbringungen, daß wir das in der Natur eigentlich Gegebene gar nicht erkennen könnten; wir dächten uns vielmehr Theorien und Kategorien aus und betrachteten die Welt durch diesen Filter hindurch. Demnach wären Beobachtung und Theorie unmöglich voneinander zu trennen. Mit meinem Kollegen Stanley Messer habe ich eine recht leidenschaftliche Debatte über dieses Thema geführt. Er vertrat eine postpositivistische oder postmoderne Auffassung und sprach sich dafür aus, den disziplinierten Blick einer objektiven Bewertung durch eine hermeneutische Perspektive zu ersetzen. Weil die Einzelheiten dieser Debatte den Rahmen des vorliegenden Buches sprengen würden, verweise ich interessierte Leser auf die entsprechende Publikation (Lazarus & Messer, 1991). Held (1995) hat eine höchst scharfsinnige Kritik der postmodernen Theorie in der Psychotherapie vorgelegt. Auch Woolfolk (1992) befaßt sich in einem Aufsatz mit diesem Thema.

Wahrscheinlich ist es für Psychologen unmöglich, „reine" Beobachtungen zu machen, aber es ist dennoch sinnvoll, an der Trennung zwischen Beobachtungen und Theorien festzuhalten. Entscheidend ist, daß Beobachtungen nicht auf reine Tatsachen beschränkt sein müssen, um von Theorien unterscheidbar zu sein. Wenn wir es als vollkommen unmöglich ansähen, beides auseinanderzuhalten, wie sollten wir dann jemals unsere Theorien überprüfen? Ich möchte hier anmerken, daß tiefenpsychologisches Gedankengut, wenn ich es von seinem überschüssigen theoretischen Ballast befreie, mir die Möglichkeit zu einem reflektierten Beobachten dessen eröffnet, wie Menschen ihre Gefühle verleugnen, nicht als die eigenen anerkennen, projizieren, verschieben, abspalten und verdrängen; es ist für mich oft wichtig, nichtbewußte Prozesse zu berücksichtigen, damit ich Verhaltensweisen voll und ganz begreifen kann. Allerdings will ich nicht in dem Sinne mißverstanden werden, daß ich folglich auch einen reifizierenden Umgang mit Begriffen wie „Abwehrmechanismen" oder „Unbewußtes" guthieße.

Von dem soeben Gesagten können wir nahtlos zu folgenden Fragen übergehen: Welche spezifischen Konstrukte sind nun tatsächlich notwendig, um die Wechselfälle menschlichen Verhaltens zu erklären? Welche Begriffe und Konzepte brauchen wir, um zu einem tauglichen psychotherapeutischen Bezugssystem zu gelangen? Müssen wir postulieren, daß es eine Seele, eine psychische Energie, die Minderwertigkeit von Organen, Archetypen, Triebe, eine Selbstaktualisierungstendenz, ödipale Wünsche, das Unbewußte, Ich-Zustände oder ein inneres Kind gibt? Unser gesamter Berufsstand wäre viel angesehener, wenn wir durchweg das Sparsamkeitsprinzip (wonach von zwei gleichermaßen vertretbaren Hypothesen die einfachere vorzuziehen ist) und Occam's Razor (Wilhelm von Ockhams Rasiermesser: die Regel, daß man Erklärungsprinzipien nicht ohne Not mehren sollte) beachten wollten.

Wir sind, allgemein gesprochen, Produkte des Wechselspiels zwischen unserer genetischen Ausstattung, unserer materiellen Umwelt und unserer

Theorien und Techniken 69

Lerngeschichte als soziale Wesen. Dies gibt uns aber keinen genauen Aufschluß darüber, wie, wann, wo und warum wir bestimmte Verhaltensweisen, Einstellungen, Einsichten, Phantasien und Beziehungsmuster erwerben. Ich behaupte, daß wir über Ätiologie und Kausalität noch sehr wenig wissen. Davon abgesehen benötigen wir aber auch gar keine präzise, genau zutreffende Erklärung der Ursachen eines Problems, um ihm abzuhelfen. In Anlehnung an Occam's Razor behaupte ich, daß wir über die sieben folgenden Konstrukte nicht hinauszugehen brauchen, wenn wir die Ursprünge psychischer Störungen und die Mechanismen ihrer Veränderung erklären wollen.

Sieben Konstrukte

Es gibt sieben Faktoren, die die Persönlichkeit eines Menschen formen und ihr Fortbestehen ermöglichen: 1. Assoziationen und Beziehungen zwischen Ereignissen, 2. Modell- und Imitationslernen, 3. nichtbewußte Prozesse, 4. Abwehrreaktionen, 5. private Ereignisse, 6. Metakommunikationen und 7. Toleranzschwellen.

1. Assoziationen und Beziehungen zwischen Ereignissen

Rescorla (1988) hat die Pawlowsche Konditionierung einer scharfsinnigen Neubewertung unterzogen und Zweifel angemeldet, ob für Lernprozesse tatsächlich Paarassoziationen und zeitliche Kontiguität vonnöten sind. Unbestritten bleibt aber, daß wir das ganze Leben hindurch Verknüpfungen oder Assoziationen zwischen Ereignissen herstellen. Von einer Assoziation kann man sprechen, wenn Reaktionen, die von einem Reiz hervorgerufen werden, den von einem anderen Reiz ausgelösten Reaktionen in vorhersagbarer und verläßlicher Weise ähnlich sind. W. M. Bechterew prägte dafür zunächst die Bezeichnung „Assoziationsreflex"; später wurde der Begriff „bedingter Reflex" eingeführt und im folgenden durch „konditionierte Reaktion" ersetzt. Viele Konzepte des klassischen und operanten Konditionierens sind uns von Nutzen, wenn wir die Entstehung und Aufrechterhaltung verschiedenster menschlicher Verhaltensweisen zu erklären versuchen. Um zwei einfache Beispiele zu nennen: Wenn jemand eine Abneigung gegen Orangensaft hat und man herausfindet, daß seine Mutter einst den bitteren Geschmack bestimmter Arzneien mit Orangensaft zu überdecken versuchte, scheint „klassische Konditionierung" die sparsamste Erklärung zu sein. Wenn andererseits ein Junge über häufige Kopfschmerzen klagt, für die sich keine medizinischen Gründe finden lassen, und seine Eltern ihn, sobald er sich unwohl fühlt, umsorgen und hätscheln, scheint „operante Konditionierung" eine angemessene „Erklärung" zu bieten.

Ich möchte hier nicht näher auf die Kontroversen um verhaltenstheoretische Konzepte eingehen, sondern nur feststellen, daß es offenbar zweckmäßig ist, sich auf Begriffe wie „Reizgeneralisierung", „positive Verstärkung", „negative Verstärkung", „Bestrafung oder aversive Reize", „Stimuluskontrolle", „intermittierende Verstärkung", „Selbstverstärkung", „sukzessive Näherung" oder „Versuch und Irrtum" zu stützen.

2. Modell- und Imitationslernen

Unsere Überlebensfähigkeit wird in hohem Maße dadurch gefördert, daß wir in der Lage sind, uns neue Reaktionsformen anzueignen, indem wir einen anderen Menschen etwas tun sehen und es ihm dann nachmachen. Bei vielen komplexen beruflichen und gesellschaftlichen Anforderungen setzt das erfolgreiche Bewältigen der Aufgabe die Fähigkeit zu Nachahmung, Beobachtungslernen und Identifizierung voraus (siehe Bandura, 1986).

3. Nichtbewußte Prozesse

Was ich als „nichtbewußte Prozesse" bezeichne, unterscheidet sich stark von der psychoanalytischen Vorstellung des „Unbewußten", dessen mutmaßliche Komplexe, Topographie und intrapsychische Funktionen Ausgangsbasis für ausgefeilte, aber nicht überprüfbare Schlußfolgerungen zur Persönlichkeitsentwicklung sind. Mit dem Begriff „nichtbewußte Prozesse" ist lediglich ausgesagt, 1. daß es beim Menschen verschiedene Grade und Ebenen der Bewußtheit gibt und 2. daß unerkannte (subliminale)

Reize, obwohl sie nicht ins Bewußtsein dringen, das bewußte Denken, Fühlen und Verhalten beinflussen können. Wir müssen sowohl das bewußte Erleben als auch nichtbewußte psychische Prozesse berücksichtigen, wenn wir zu einem umfassenden Verständnis dessen gelangen wollen, wie Menschen erkennen, lernen oder sich verhalten (Shevrin & Dickman, 1980).

4. Abwehrreaktionen

Wer wollte wohl bezweifeln, daß Menschen in der Lage sind, den eigenen Bewußtseinsradius einzuschränken, sich selbst etwas vorzumachen, die eigenen Gefühlsreaktionen falsch einzuordnen und sich in in den unterschiedlichsten Formen von sich selbst (und anderen) zu entfremden? Beispielsweise neigen sie zu unzutreffenden, aber scheinbar rationalen Begründungen und zu Intellektualisierungen. Oft streiten sie das Offenkundige ab oder schreiben (mittels Projektion) irrtümlich die eigenen Gefühle anderen zu. Gern verkennen sie die eigenen Aggressionen und verlagern sie in andere Menschen, in Tiere oder Gegenstände. Der Ausdruck „Abwehrreaktionen" soll signalisieren, daß wir uns an die unkomplizierten empirischen Realitäten halten und uns nicht auf die weitergehende Bedeutung des Begriffs „Abwehrmechanismen" einlassen. Er impliziert komplexe Einstellungs-, Wahrnehmungs- und Aufmerksamkeitsverschiebungen, mit denen wir uns angeblich gegen unerbittliche Es-Impulse zur Wehr setzen.

Abwehrreaktionen sind „Vermeidungstaktiken", die Schmerzen, Unbehagen, Ängste, Depressionen, Schuldgefühle und Scham abmildern. Die „Sublimierung" zum Beispiel betrachte ich nicht als „die Übersetzung und Abwandlung von Impulsen/Wünschen in Strebungen, die auf der bewußten Ebene für das Ich und das Über-Ich akzeptabel sind" (Reid, 1980, S. 84), sondern als eine Ablenkungstaktik, ein Kanalisieren von Anstrengung und Konzentration in eine andere als die ursprüngliche Richtung. Als zum Beispiel ein junger Mann fragte, wie er gegen Ende der Schwangerschaft seiner Frau am besten mit seinem sexuellen Verlangen umgehen solle, bekam er den Rat, zu masturbieren, zu sublimieren oder sich mit beidem zu behelfen. „Sublimierung" bedeutete in diesem Zusammenhang, daß seine sexuellen Bedürfnisse ihm wahrscheinlich weniger zusetzen würden, wenn er Sport trieb, joggte und sich in diverse Beschäftigungen vertiefte.

5. Private Ereignisse

Als wir seinerzeit von neobehavioristischem Eifer erfüllt waren, gingen wir davon aus, daß sich die meisten Vorgänge im Menschen mit klassischem (reaktivem) Konditionieren, operantem (instrumentellem) Konditionieren, Modellernen und stellvertretendem Lernen erklären ließen. Bald wurde aber deutlich, daß Menschen durch ihr Denken die besten Kontiguitäts- und Verstärkungspläne und die Einflüsse von Verhaltensmodellen außer Kraft zu setzen vermögen. Bandura (1986) sagt, daß „Vorstellungen davon, wie probabilistische Resultate mit Handlungen zusammenhängen, die Effekte von Reaktionskonsequenzen abschwächen, verzerren oder sogar annullieren können" (S. 129). Das heißt, wir müssen unser Repertoire grundlegender Konzepte durch das Konzept von *privaten Ereignissen* (Überzeugungen, Wertvorstellungen, Einstellungen, inneren Bildern, Prozessen der Selbstreflexion und Selbststeuerung, usw.) ergänzen. Dazu gehören auch: individueller Sprachgebrauch, individuelle Semantik, Problemlösekompetenzen, Bewertungen, Attributionen, Selbstwirksamkeits- und andere Erwartungen, Ziele, Kodierungsprozesse und selektive Aufmerksamkeit. Dies alles sind Indizien für einen bedeutsamen Filter: Wir Menschen reagieren auf Reize aus der Außenwelt nicht automatisch. Unsere Gedanken über die Reize entscheiden darüber, welche wir bemerken, wie wir sie wahrnehmen, wieviel Wert wir ihnen beimessen und wie lange wir uns an sie erinnern.

6. Metakommunikationen

Menschen „kommunizieren" nicht nur, sie „metakommunizieren" auch (das heißt, sie verständigen sich über ihre Kommunikationen). Sie können Abstand von ihren Beziehungen und Kommunikationsmustern nehmen und sich mit ihrem Inhalt und Verlauf beschäftigen. Sie treten damit aus dem Rahmen des üblichen Eins-zu-eins-Bezuges heraus. Die typischste metakommunikative Intervention findet sich in der Paartherapie, wo man beide Seiten dazu anhält, sich die Transaktionen in der Zweierbeziehung genau anzuschauen. Wenn man beispielsweise mit dem Paar über Strukturprofile spricht (siehe Kapitel 6), kann man die beiden nicht nur jeweils sich selbst einschätzen lassen, sondern auch fragen: „Versuchen Sie bitte zu raten, wie viele Punkte Ihnen der Partner oder die Partnerin gibt und wie er oder sie sich selbst einstuft." Gespräche darüber, wie zutreffend diese Einschätzungen sind und inwiefern sie divergieren, tragen meistens zu einem besseren gegenseitigen Verständnis bei.

In den zahlreichen Büchern und Artikeln zu paradoxen Techniken und zum Reframing sind die Metakommunikationen, die in jeder Beziehung ablaufen, stets ein Thema, und es geht darum, wie man sich diese Ebene zunutze machen kann, um Problemlösungen zu ermöglichen. Watzlawick, Weakland und Fisch (1974/dt. 1974, S. 103) stellen ein Beispiel vor, das nicht aus dem klinischen Bereich stammt, aber die Essenz dessen, was sie als „Wandel zweiter Ordnung" bezeichnen, in hervorragender Weise verdeutlicht. Sie berichten von einem Vorfall im Paris des 19. Jahrhunderts. Der Kommandant einer Gardeabteilung erhält den Befehl, auf den Pöbel (la canaille) zu feuern, um einen Platz zu räumen. Die Soldaten gehen in Schußposition und zielen mit ihren Gewehren auf die Menge. Es ist völlig klar, daß die Soldaten die Oberhand behalten werden, denn im Gegensatz zu ihnen ist die Menge unbewaffnet. Viele Menschen werden ihr Leben lassen, und das wird die Unruhen nur noch weiter anfachen. Als der Kommandant seinen Degen zieht, um den Soldaten das Zeichen zum Feuern zu geben, wird es gespenstisch still. Mit schallender Stimme ruft er: „Mesdames, m'sieurs, ich habe den Befehl, auf die canaille zu schießen. Da ich vor mir aber eine große Anzahl ehrenwerter Bürger sehe, bitte ich sie, wegzugehen, damit ich unbehindert auf die canaille feuern kann." Der Platz leert sich in wenigen Minuten. Watzlawick et al. führen aus, daß sich der Kommandant zu einer Lösung zweiter Ordnung mittels einer paradoxen Intervention entscheidet. Er nimmt ein *Reframing* vor und deutet die Situation so um, daß sie für alle Beteiligten annehmbar ist. Wir werden noch darauf zu sprechen kommen, wie Metakommunikationen in vielen Fällen zum Fortschritt der Therapie beitragen können.

7. Toleranzschwellen

Die Toleranzschwellen für Frustrationen, Streß, Schmerzen, Lärm, Kälte und Schadstoffe (um nur ein paar Faktoren zu nennen) sind bei jedem Menschen anders. Sie sind größtenteils angeboren. Mit anderen Worten, ein Mensch reagiert auf ein großes Spektrum an Reizen mit einem charakteristischen Arousal-Muster seines autonomen Nervensystems. Menschen mit einem *stabilen* autonomen Nervensystem (das in der Regel mit einer hohen Toleranz gegenüber vielen Einflüssen einhergeht) unterscheiden sich in ihrer „Persönlichkeit" von denen mit einem *labilen* autonomen Nervensystem (das meist mit niedriger Toleranz gegenüber vielen Bedingungen und Situationen gekoppelt ist). Letztere sind anfällig für Ängste und neigen dazu, unter belastenden Umständen eine pathologische Ängstlichkeit zu entwickeln (Tyrer, 1982).

Ich behaupte, daß die geschilderten Konstrukte zusammengenommen völlig hinreichend sind, um die Bandbreite des menschlichen Erlebens zu erklären – unsere Hoffnungen, Wünsche, Phantasien, Gefühle, Träume und Motivationen, unser Streben und unseren Ehrgeiz, unsere Ängste und Zweifel, unsere Sympathien und Abneigungen. Bei Workshops, Seminaren und Lehrveranstaltungen wird oft die Frage gestellt, ob man nicht auch eine „spirituelle" Dimension mit einbeziehen sollte. Ich denke aber, es würde gegen das Sparsamkeitsprinzip verstoßen, „Spiritualität" als eine eigene Modalität oder Dimension aufzufassen. Meiner Meinung nach ist das sogenannte „Spirituelle" in aller Regel eine Kombination aus tiefen und sehr starken Überzeugungen, in die oft lebhafte Vorstellungsbilder und gewichtige sensorische Komponenten mit einfließen. Man ist stets gut beraten, wenn man es vermeidet, ohne Not zusätzliche Erklärungsprinzipien einzuführen.

Technischer Eklektizismus und experimentell validierte Behandlungsverfahren

Das Willkürliche an theoretischen Überzeugungen wurde mir um das Jahr 1964 bewußt, als ich in der Klinik der Kriegsveteranenfürsorge in Palo Alto zwei Patienten über einige Monate hinweg behandelte, und zwar vor einem Einwegspiegel, hinter dem Fachkollegen aus der Region der San Francisco Bay saßen. Damals war ich ein begeisterter Verhaltenstherapeut, der kognitive Vorgänge als unwesentlich abtat. Woche um Woche schauten mir meine Kollegen zu, wie ich Entspannungsverfahren, systematische Desensibilisierung, Selbstsicherheitstraining und verschiedene Visualisierungsverfahren anwandte und den Klienten Hausaufgaben gab. Im Anschluß an jede Sitzung diskutierte ich mit dem Publikum darüber, warum ich bestimmte Methoden eingesetzt oder nicht eingesetzt hatte. Nach acht bis zehn Sitzungen war deutlich, daß die Patienten erhebliche Fortschritte gemacht hatten. Es kam zu einer hitzigen Debatte über die Ursachen dieser konstruktiven Veränderungen. Das Publikum hing unterschiedlichen Theorien an, und jeder einzelne brachte lautstark seine Argumente dafür vor, daß sein jeweiliger Standpunkt der richtige war. Es wurden diametral entgegengesetzte Überzeugungen vertreten, so daß ich auf den Gedanken kam, daß sich, was auch die wahren oder genauen Gründe für die Fortschritte sein mochten, wohl die meisten von uns (ich eingeschlossen) im Irrtum befanden. Niemand bestritt, daß es Fortschritte gegeben hatte, aber es gab kein Einvernehmen darüber, *warum* sie eingetreten waren.

Dies war der Hauptimpuls, der mich veranlaßte, eine technisch eklektizistische Grundhaltung zu entwickeln (Lazarus, 1967, 1989a). Wie London (1964) unterstrichen hat, wenden wir bei unseren Patienten Techniken und nicht etwa Theorien an – auch wenn unser theoretischer Unterbau in sehr hohem Maße bestimmt, welche Techniken uns als zulässig erscheinen und welche nicht (siehe Davison & Lazarus, 1994, 1995). Es ist zweckmäßig, sich aus beliebigen Schulrichtungen Techniken auszuwählen, die einem wirkungsvoll erscheinen, ohne daß man sich deshalb unbedingt den Theorien anschließen müßte, aus denen sie hervorgegangen sind. So kann man Frankls (1967) Methode der „paradoxen Intention" einsetzen, ohne sich auch nur auf eine einzige These aus seinen existentialistischen Theorien zu stützen, und man kann sich ohne weiteres der „Technik des leeren Stuhls" bedienen, ohne irgendeines der Theoreme der Gestalttherapie oder des Psychodramas zu bejahen (siehe Lazarus, 1995). Wer sich für die Rolle der Theorie bei der Integration von Psychotherapien interessiert, sei auf den scharfsinnigen Artikel von Arkowitz (1989) verwiesen.

In der multimodalen Therapie erfolgen Auswahl und Entwicklung spezifischer Techniken keineswegs aus einer Laune heraus. Meine Grundposition läßt sich folgendermaßen umreißen: Eklektizismus ist nur gerechtfertigt, wenn es für eine bestimmte Störung keine gut belegten Methoden der Wahl gibt oder wenn anerkannte Verfahren nicht die gewünschten Resultate erbringen. Nehmen wir als Beispiel die Behandlung einer Agoraphobie, die mit Panikattacken gekoppelt sein kann oder auch nicht: Für dieses Störungsbild gibt es mehrere gut belegte, empirisch abgesicherte und nachdrücklich empfohlene Behandlungsverfahren (Barlow, 1988; Carter, Turovsky & Barlow, 1994). Barlow schreibt dazu: „Forscher auf der ganzen Welt haben eindeutig nachgewiesen, daß die Exposition in vivo bei der verhaltenstherapeutischen Behandlung der Agoraphobie der entscheidende Bestandteil ist und daß dieses Verfahren wesentlich effektiver ist als sämtliche anderen plausibel erscheinenden psychotherapeutischen Methoden" (S. 407).

Erzielt man allerdings mit diesen Methoden der Wahl, obwohl man sie richtig einsetzt, nicht die gewünschten Ergebnisse, kann man sich bei weniger gut verbürgten Verfahren umschauen oder sich bemühen, neue Strategien zu entwickeln (siehe Davison & Lazarus, 1995). Wie wirkungsvoll die Arbeit eines Therapeuten ist, steht vermutlich in direktem Zusammenhang damit, wie viele wirkungsvolle Taktiken, Strategien und Methoden er zur Verfügung hat. Trotzdem kann eine wahllose Übernahme von Techniken aus beliebigen Richtungen, das keinem soliden Grundprinzip folgt, nur in synkretistische Verwirrung münden (siehe Lazarus, 1989a, 1995). Ein systematischer und richtungweisender technischer Eklektizismus ist das Gegenteil eines Selbstbedienungs-Eklektizismus, bei dem Methoden nach unausgesprochenen und nicht replizierbaren Regeln ausgewählt werden (Lazarus & Beutler, 1993; Lazarus, Beutler & Norcross, 1992).

In der kaum überschaubaren Literatur zu Behandlungsstrategien wird in jüngster Zeit sowohl in Zeitschriftenartikeln als auch in Monographien den multidimensionalen, multifaktoriellen und multimethodalen Ansätzen großes Gewicht beigemessen. Manuale, die ausdrücklich für die Anwendung in der Praxis geschrieben sind, geben in aller Regel Kombinationen von Techniken vor. Beispielsweise empfehlen Barlow und seine Mitautoren (z. B. Barlow, 1988; Barlow & Cerny, 1988; Barlow & Craske), bei der Behandlung der Panikstörung mehrere Komponenten miteinander zu verbinden: Entspannungstraining, Training zur Verbesserung der Atmung, kognitive Umstrukturierung und Expositionsübungen mit den inneren Reizen, die die Panik auslösen. Als Verfahren der Wahl bei der Zwangsstörung gelten Expositionsübungen mit den angstauslösenden Reizen und Reaktionsverhinderung, oft in Verbindung mit einer medikamentösen Behandlung (beispielsweise Serotoninwiederaufnahmehemmern). Zur Behandlung der Schizophrenie sind im Rahmen des übergreifenden Fallmanagements neben antipsychotischen Medikamenten auch ein Training sozialer Fertigkeiten, berufliche Rehabilitation und beschützende Arbeitsplätze angezeigt (Mueser & Glynn, 1995). Und auch das Eye Movement Desensitization and Reprocessing (EMDR; Augenbewegungsdesensibilisierung und -verarbeitung) von Shapiro (1995) ist eine multifaktorielle, wenn nicht multimodale Methode, in der Impulse auf der Verhaltens-, Affekt-, Sinnes-, Vorstellungs-, Kognitions- und Beziehungsebene sorgfältig und systematisch miteinander kombiniert sind.

Die erwähnten Methodenkombinationen sind nicht durch ein eklektisches Vorgehen gewonnen, sondern entstammen durchweg dem anerkannten Repertoire kognitiv-verhaltenstherapeutischer Interventionen. Allenfalls ein paar wenige Daten oder kontrollierte Studien stützen die Vorstellung, man könne bessere therapeutische Resultate erzielen, indem man Standardmethoden der kognitiven Verhaltenstherapie durch tiefenpsychologische, gestalttherapeutische oder irgendwelche anderen nicht verhaltenstherapeutischen Techniken ergänzt. Dennoch besteht die Möglichkeit, daß die klinische Praxis auf diesem Wege bereichert wird. Ich muß noch einmal betonen, daß das willkürliche Mischen verschiedenartiger Techniken abzulehnen ist. Lambert (1992) warnt davor, daß bestimmte eklektische Praktiken „sogar Therapien hervorbringen können, die weniger wirksam sind als die auf die jeweilige Schulrichtung beschränkten Ansätze, aus denen man sie abgeleitet hat" (S. 122). Kazdin (1984) gelangt zu einem ähnlichen Schluß und betont, daß „die verfrühte Integration von spezifischen Betrachtungsweisen, die selbst nicht gut abgesichert sind, den Fortschritt in hohem Maße behindern kann" (S. 142). Er hat 1996 eine äußerst stichhaltige, umfassende und kenntnisreiche Abhandlung zum Für und Wider verschiedener Methodenkombinationen vorgelegt. Eine weitere scharfsichtige Kritik der psychotherapeutischen Integration stammt von Wilson (1995). Er hebt hervor, daß die Auswahl von Techniken auf ziemlich unberechenbaren, willkürlichen und subjektiven Kriterien beruhen kann, falls es keine geeigneten Richtlinien dafür gibt. Wer verschiedene Theorien miteinander zu mischen versucht und auf diesem Wege kraftvollere Techniken zu entwickeln hofft, landet gewöhnlich in einer Sackgasse, einfach weil sich die einzelnen Theorien aufgrund unüberwindlicher Differenzen letzten Endes nicht in sinnvoller Weise kombinieren lassen (siehe Anhang 5). So führt die verbreitete Neigung, verhaltenstherapeutische und tiefenpsychologische Theorien miteinander zu verschmelzen, nur zu einem oberflächlichen Mischmasch, das der phänotypischen Ebene verhaftet bleibt, weil (wie Franks [1984] glänzend darlegt) fundamentale Unvereinbarkeiten zwischen ihnen bestehen. Ausnahmen gibt es nur wenige. So ist zum Beispiel, wie auch Franks (1982) meint, die Verbindung aus allgemeiner Systemtheorie und den Grundsätzen der kognitiven Verhaltenstherapie durchaus vielversprechend (siehe Kwee & Lazarus, 1986). Wer auf der Suche nach einer übergreifenden Persönlichkeitstheorie ist, sei auf Staats (1996) verwiesen, der eine vereinheitlichte Theorie des psychologischen Behaviorismus vorstellt.

In der Literatur zur kognitiven Verhaltenstherapie finden sich Belege dafür, daß bei einem breiten Spektrum von Störungen bestimmte Verfahren der Wahl anzuwenden sind, unter anderem bei fehlangepaßten Angewohnheiten, Ängsten und Phobien, bei mit Streß zusammenhängenden Schwierigkeiten, sexuellen Dysfunktionen, Depression, Eßstörungen, Zwangsstörungen und posttraumatischen Belastungsstörungen (Seligman, 1994). In dem von Hersen und Ammerman (1994) herausgegebenen *Handbook of Prescriptive Treatments for Adults* [Handbuch der in der Erwachsenentherapie indizierten Behandlungsmethoden] geht es neben den erwähnten Störungen auch um Demenz, Mißbrauch von psychoaktiven Substanzen, Somatisierungsstörung, multiple Persönlichkeitsstörung und verschiedene andere Persönlichkeitsstörungen, psychophysiologische Störungen, Schmerzbewältigung und verschiedene Formen von Gewalt. Es gibt verhältnismäßig wenige empirisch validierte Behandlungsmethoden, die nicht der kognitiven Verhaltenstherapie entstammen (siehe Chambless, 1995). Zwei beachtenswerte Ausnahmen sind die interpersonale Psychotherapie der Depression (Klerman, Weissman, Rounsaville & Chevron, 1984) und der Bulimie (Fairburn, 1993). Wenn sich Patienten mit Problemen in einem der erwähnten Bereiche an einen gut unterrichteten und verantwortungsbewußten Therapeuten wenden, dann wird er die anerkannten Verfahren der Wahl einsetzen (oder die Patienten an einen Kollegen überweisen, der sich in den erforderlichen Methoden gut auskennt und von dem mit großer Sicherheit rasche und dauerhafte Therapieerfolge zu erwarten sind).

Wir kommen nun auf die speziellen Methoden zurück, die den Kern einer kurzen und dennoch umfassenden Therapie bilden – zum multimodalen Ansatz.

Kapitel 5

Multimodale Diagnoseverfahren: Bridging und Tracking

Alle innerhalb des multimodalen Ansatzes entwickelten Methoden sind auf ein Hauptziel ausgerichtet – die Beschleunigung und Bereicherung der Therapie. Mein Buch *Multimodale Verhaltenstherapie* (1976, dt. 1978) begann ich mit den folgenden Worten: „Viele Therapeuten vergeuden ihre Zeit." Heute, zwanzig Jahre später, nachdem ich viele weitere Therapieneulinge und -experten in Aktion gesehen habe, kann ich diese Ansicht nur bekräftigen. Ob ich nun in der Supervision Tonbandmitschnitte höre oder mir Therapiedemonstrationen von Koryphäen unseres Fachs anschaue: Oft bemerke ich, wie ich ungeduldig mit den Fingern auf den Tisch trommle und mir wünsche, sie möchten endlich auf den Punkt kommen oder etwas wirklich Hilfreiches tun. Allerdings wäre das, was ich „auf den Punkt kommen" nenne oder was mir besonders „hilfreich" vorkommt, für einen anderen Kliniker womöglich irrelevant. Lassen Sie uns also nicht im Allgemeinen bleiben, sondern konkrete Vorgänge diskutieren.

Ich sah mir ein Video an, in dem ein bekannter Therapeut stolz seine Methoden vorführte. Die einstündige Aufzeichnung enthielt eine Zusammenfassung der Highlights aus fünf aufeinanderfolgenden Sitzungen. Der 24jährige Klient, dessen Hauptproblem sich um seine unvorteilhafte berufliche Entwicklung drehte, war in sechs Monaten viermal wegen Aufsässigkeit entlassen worden. Da er sehr gut mit Computern umgehen konnte, war er eine begehrte Fachkraft, obwohl es in seiner Branche nicht viele freie Stellen gab. Seine Streitlust gegenüber Vorgesetzten aber hatte unliebsame Folgen. Das Video zeigte, wie der Therapeut eingehend die Reaktionen des Klienten auf seinen herrischen Vater explorierte, denn diese waren der mutmaßliche Ausgangspunkt der fehlangepaßten Reaktionen auf Autoritätsfiguren. Als es auf das letzte Drittel des Videobandes zuging (es waren vermutlich etwa vier Stunden realer Gesprächszeit vergangen), wurde nach wie vor immer wieder dasselbe Gebiet abgegrast. (Es war, als würde man einem Zimmermann zuschauen, wie er beharrlich, aber erfolglos auf einen Nagel einhämmert, anstatt ihn an die richtige Stelle zu setzen und Elektrowerkzeug zu benutzen.) Der Klient sagte bei mehreren Gelegenheiten: „Ich glaube, ich verstehe, warum ich so reagiere, aber vielleicht muß ich mir einen anderen Stil aneignen und einen Weg finden, wie ich mich besser ausdrücken kann." Aus meiner Sicht sprach sehr viel dafür, Verhaltensübungen oder ein Rollenspiel einzusetzen. Auf dem heutigen Therapiemarkt können wir uns schlecht den Luxus leisten, uns fünf Stunden lang mit demselben Material zu beschäftigen – manche Managed-Care-Unternehmen genehmigen vielleicht nur eine Therapie, die insgesamt nicht länger als fünf oder sechs Sitzungen dauern darf!

Wenn ich die Tonbandmitschnitte anhöre, die meine Studenten und Studentinnen von ihren therapeutischen Bemühungen machen, packt mich oft die Ungeduld. Vor kurzem wollte eine Studentin die Gefühle ergründen, die eine beleidigende Bemerkung bei ihrer Klientin ausgelöst hatte. Denn wenn sie wüßte, was ihre Klientin fühlte, würde sie diese Emotionen einordnen und ihr helfen können, mit ihnen umzugehen. Doch anstatt über ihre Gefühle zu reden, kam die Klientin immer wieder auf ihre Gedanken und Meinungen zurück und schweifte zu irrelevanten Dingen ab. Die angehende Therapeutin hakte immer wieder nach und versuchte die Klientin, wenn auch behutsam, dazu zu bewegen, die Situation nicht mehr analytisch zu betrachten, sondern statt dessen ihre Gefühle offenzulegen und zu erkunden. Beide drehten sich ständig im Kreis und vergeudeten schlicht und einfach Zeit. Es folgt ein (leicht bearbeitetes) Transkript des Wortwechsels:

STUDENTIN: Hat Sie das verletzt, als Ihre Mutter Sie vor Ihrem Onkel eine Lügnerin nannte? Was hat das in Ihnen ausgelöst?
KLIENTIN: Ich glaube, meine Mutter hat da eine Schau abgezogen. Das sollte ihren großen Bruder beeindrucken.
STUDENTIN: Auf Ihre Kosten also? Wie ging es Ihnen denn dabei?
KLIENTIN: Ich weiß, daß mein Onkel meine Mutter für zu nachsichtig hält und sich einmal darüber ausgelassen hat. Sie bewundert

	ihn und schaut wirklich zu ihm auf. Deshalb denke ich, daß sie ihm zu beweisen versuchte, wie hart sie durchgreifen kann.
STUDENTIN:	Sie drehte sich also um und nannte Sie eine Lügnerin. Hat Sie das nicht geärgert?
KLIENTIN:	Sie müssen die Beziehung zwischen meiner Mutter und meinem Onkel verstehen. Seine Meinung bedeutet ihr sehr viel.
STUDENTIN:	Das verstehe ich, aber Sie haben meine Frage nicht beantwortet.
KLIENTIN:	Sie hat noch einen Bruder, um bei dem ist sie völlig anders.
STUDENTIN:	Wir sollten beim Thema bleiben. Ich versuche Ihre Gefühle und Empfindungen zu begreifen. Sie wollen also sagen, daß die Bemerkung Ihrer Mutter Ihnen überhaupt nichts ausgemacht hat?
KLIENTIN:	Der Punkt ist, daß ich nicht gelogen, sondern wirklich die Wahrheit gesagt habe.
STUDENTIN:	Das glaube ich Ihnen – darum geht es ja. Ihnen wurde also zu Unrecht vorgeworfen, Sie hätten gelogen, und diese Worte fielen in Gegenwart von jemand anderem. Hat Sie das nicht irgendwie gekränkt?
KLIENTIN:	Meine Mutter ist wirklich sehr unsicher. Vielleicht sollten Sie sich mal mit ihr treffen.
STUDENTIN:	Wir kommen wieder vom Thema ab. Schauen Sie, man hat Sie eine Lügnerin genannt, obwohl Sie nicht gelogen haben. Außerdem hat Ihre Mutter das in Anwesenheit eines anderen gesagt. Das ist ja kein Einzelfall. Ihre Mutter beschimpft Sie oft und macht Ihnen unberechtigte Vorwürfe. Ich würde also gern wissen, ob Ihnen das sehr weh tut, ob Sie so richtig wütend oder eingeschüchtert oder deprimiert oder verwirrt oder sonstwas sind.
KLIENTIN:	Na ja, ich habe ja versucht, Ihnen die ganze Konstellation zu erklären.

An diesem Punkt schaltete ich das Band ab, erklärte meiner Studentin, daß ihre Klientin auf eine möglicherweise lohnende Strategie hingewiesen hatte (nämlich die Mutter zu treffen und vielleicht einige gemeinsame Sitzungen mit ihr und der Tochter zu arrangieren), und fragte sie, warum sich ihrer Meinung nach die junge Frau wohl so sträube, über ihre Gefühle zu sprechen. Es bestand offenbar ein guter Rapport, und der Vorfall, um den es ging, schien nicht so hochbedeutsam oder affektgeladen zu sein, daß er etwas besonders Bedrohliches gehabt hätte (dies wären zwei naheliegende Erklärungsmöglichkeiten dafür, daß ein Klient sich dagegen sträubt oder es ablehnt, Gefühle offenzulegen). Die Studentin sagte, ihre Klientin sei äußerst wißbegierig und neige dazu, sich eher mit verstandesmäßigen als mit emotionalen Aspekten zu beschäftigen. Daraufhin brachte ich der Studentin eine einfache Methode namens „Bridging" bei, die sich oft als nützlich erweist, wenn Klienten wichtige Gefühle für sich behalten oder nicht über sie reden wollen.

Bridging

Wenn Klienten nicht gewillt sind, über Gefühle zu sprechen, und statt dessen mit Rationalisierungen und Intellektualisierungen aufwarten, besteht mit eine der unproduktivsten Strategien darin, auf Konfrontationskurs zu gehen und die Klienten zu bedrängen, ihre Empfindungen zu äußern. Die Technik des *Bridging* [Brückenbauen, Überleiten] besteht darin, auf den bevorzugten Modus des Klienten (Kognitionen) einzusteigen und ihn einige Minuten später nach einer anderen (vermutlich weniger gefühlsbelasteten) Modalität zu fragen (etwa nach Vorstellungsbildern oder Sinnesempfindungen). Meine Studentin hätte also vielleicht nach dem fünften oder sechsten Versuch davon ablassen können, durch hartnäckiges Nachfassen affektives Material zutage fördern zu wollen, um sich statt dessen dem kognitiven Modus der Klientin anzuschließen. Hätte sie nicht gesagt: „Wir kommen vom Thema ab", dann hätte der Dialog zum Beispiel folgendermaßen weitergehen können:

STUDENTIN: Ihrer Mutter liegt also so viel daran – wie soll ich sagen? –, stark oder souverän zu wirken, daß sie völlig außer acht läßt, was in Ihnen vorgeht, nur weil sie auf ihren Bruder Eindruck machen will.

KLIENTIN: Ja. Er soll den Eindruck bekommen, daß sie keineswegs alles

mit sich machen läßt, daß sie weiß, wie sie ihre Kinder anzupacken hat, und sich nicht von ihnen unterbuttern läßt.
STUDENTIN: Es scheint also ratsam zu sein, sich von ihr fernzuhalten, wenn andere Leute wie dieser Bruder dabei sind. Das ist dann weder die richtige Zeit noch der richtige Ort, um mit ihr über irgendwelche heiklen Themen zu sprechen.
KLIENTIN: Stimmt genau!
STUDENTIN: Gibt es außer Ihrem Onkel noch andere Menschen, vor denen Ihre Mutter einen Kotau macht?

[Auf dieser Ebene könnte der Dialog einige Minuten weitergehen. Die Klientin dürfte sich dadurch bestätigt und verstanden fühlen und käme sich nicht unter Druck gesetzt vor. Die Therapeutin kann sodann zu einer Modalität übergehen, die vielleicht weniger bedrohlich ist, etwa zu den Sinnesempfindungen.]

STUDENTIN: Haben Sie übrigens, während wir über diese verschiedenen Punkte gesprochen haben, irgendwo in Ihrem Körper irgend etwas gespürt – zum Beispiel Anspannung, Wärme, Hitzewallungen, Durst, Zittern – irgend etwas in der Art?
KLIENTIN: Der Nacken fühlt sich verspannt an.
STUDENTIN: Bemerken Sie noch irgendwelche anderen Empfindungen?
KLIENTIN: Das Kinn ist ebenfalls angespannt, und die rechte Schulter tut mir ein bißchen weh.
STUDENTIN: Schauen wir uns diese Empfindungen mal einen Moment lang an – Nacken und Kinn sind verspannt, und die Schulter tut Ihnen weh. Können Sie mir das näher beschreiben?

[Die Gesprächspartner haben die kognitive Modalität verlassen, und im Mittelpunkt stehen nun Vorgänge auf der Sinnesebene. Mit anderen Worten, die Therapeutin hat ein *Bridging*, einen Brückenschlag von den Kognitionen hin zu den Sinnesempfindungen eingeleitet. Nachdem sich das Gespräch vielleicht nur 30 bis 60 Sekunden lang um verschiedene sensorische Reaktionen gedreht hat, könnte die Therapeutin ein Bridging hin zu den Affekten versuchen.]

KLIENTIN: ... und die Verspannung im Nacken scheint auch in die Schultern auszustrahlen, und ich kann sogar spüren, wie sich im Rücken etwas zusammenzieht.

STUDENTIN: Ich vermute mal, daß dieses ganze Thema, über das wir gesprochen haben, Anspannung auslöst. Macht sich diese Anspannung denn auch in Gefühlen bemerkbar? Was für Emotionen nehmen Sie bei sich wahr?

KLIENTIN: Da sind zwei Gefühle. Ich bin sauer, und ich bin traurig.

STUDENTIN: Und als Ihre Mutter Sie eine Lügnerin genannt hat, waren Sie da sauer und wütend, und waren Sie traurig und niedergeschlagen?

KLIENTIN: Ja. Ich bin enttäuscht von ihr.

STUDENTIN: Das ist ein wichtiger Punkt. Schauen wir uns das mal genauer an.

Kommentar: In vielen Fällen kann man auf fünfminütigen Umwegen, wie der vorangegangene hypothetische Wortwechsel sie illustrieren sollte, diverse Hindernisse umgehen und rasch an einen vielversprechenden Punkt gelangen, anstatt Zeit damit zu vergeuden, daß man dem Klienten lange Reden hält oder mit ihm streitet. Die Abfolge der Schritte ist ganz einfach:

1. Wenn der Klient anscheinend nicht gewillt ist, sich auf einen bestimmten Bereich einzulassen (meistens ist das die affektive Modalität), folgt man ihm auf das Terrain, auf dem er sich offenbar am liebsten bewegt.
2. Nach einigen Minuten versucht man, in eine andere Modalität überzuwechseln (indem man beispielsweise fragt: „Gibt es irgendwelche Sinnesempfindungen, die Ihnen auffallen?" oder „Sehen Sie vor Ihrem inneren Auge irgendwelche Bilder?").
3. In den meisten Fällen kommt es zum prompten Wechsel in die andere Modalität.[1] Man verweilt dort kurze Zeit (nicht länger als zwei Minuten), um dann ein Bridging in die affektive Modalität zu versuchen.

---

[1] Falls der Klient nicht zu einer anderen Modalität übergeht, bleibt man in der ersten und macht ein paar Minuten später erneut einen Überleitungsversuch. Bleibt auch dieser erfolglos, bricht man das Vorhaben ab und bietet dem Klienten

Es folgt das wortgetreue Transkript eines Bridging-Manövers, bei dem der Therapeut die Vorstellungsmodalität zum Ausgangspunkt nahm, ehe er kurz auf die Sinnesmodalität überwechselte, um schließlich die Gefühlsregungen des Klienten in den Mittelpunkt zu rücken:

KLIENT: Ich weiß nicht. Ich meine, denken Sie denn, daß sie das Recht hatte, äh, mich irgendwie – also, so einfach mir nichts, dir nichts mit mir Schluß zu machen?

THERAPEUT: Ja, ich weiß, was Sie meinen. Sowas tut weh.

KLIENT: Ich habe nicht den Eindruck, als – na ja, als hätte ich das verdient oder so.

THERAPEUT: Nein, auf keinen Fall, Sie haben sich korrekt verhalten.

KLIENT: Ja, da bin ich mir sicher. Es ist wie, ich weiß nicht, wie ich das sagen soll – als hätte sie mich hinterrücks angegriffen.

THERAPEUT: Und das ist ziemlich schmerzlich für Sie. Was für ein Gefühl hat das dann in erster Linie bei Ihnen hervorgerufen? Ist es Wut, ist es Trauer, oder ist es etwas anderes?

KLIENT: Na ja, in gewisser Weise kam das auch nicht ganz überraschend für mich. Ich will damit sagen, sie hat sowas nicht das erste Mal getan, und sie war irgendwie labil, wenn Sie wissen, was ich meine.

[Da sich der Klient offenbar dagegen sperrte, über seine Gefühle zu sprechen, begann der Therapeut nun mit dem Bridging.]

THERAPEUT: [folgt dem Klienten in die kognitive Modalität] Wann hat sie das schon einmal getan?

KLIENT: Wann? Ich weiß nur, daß sie davon geredet hat, die Freundschaft mit anderen aufzukündigen. Ich fragte sie, warum sie das denn nicht mit ihnen klären oder mit ihnen drüber reden

---

eine andere Möglichkeit an. „Wir können ein andermal auf dieses Thema zurückkommen. Würden Sie jetzt gerne eine neue Entspannungsübung ausprobieren?" Danach kann man, falls es die Zeit erlaubt, einen neuen Anlauf zu einem Bridging unternehmen.

Multimodale Diagnoseverfahren: Bridging und Tracking 87

	konnte, anstatt einfach auseinanderzugehen, aber ich habe nie eine Antwort bekommen. Ja, irgendwie war ich darauf gefaßt, daß es so kommen würde.
THERAPEUT:	Aber es war trotzdem ein Schock. Was bezweckt sie damit? Ich meine, warum tut sie so etwas Ihrer Meinung nach?
KLIENT:	Weiß nicht. Ich schätze, nach einer Weile wird ihr langweilig oder so. [Pause] Es ist nicht so, daß wir uns verkracht hätten. Wissen Sie noch – ich glaube, ich habe Ihnen davon erzählt, wie wir bei Kenny zum Abendessen eingeladen waren.
THERAPEUT:	War das der Abend, als Sie im Auto diese Meinungsverschiedenheit hatten?
KLIENT:	Genau. Ich würde Ihnen gern berichten, wie das weiterging. Ich glaube nicht, daß ich Ihnen das schon erzählt habe.

[In den folgenden ungefähr drei Minuten ging der Klient näher darauf ein, daß er in vielfacher Hinsicht seit langem unter der Beziehung gelitten habe und daß sie von Anfang an zum Scheitern verurteilt gewesen sei. Als er sagte: „Ich sehe es direkt vor mir, wie das alles passiert", lag die Entscheidung nahe, ein Bridging hin zur Vorstellungsmodalität zu versuchen.]

THERAPEUT:	Können Sie sich also die Szene vorstellen und sie mir beschreiben? Warum schließen Sie nicht die Augen, lassen sich Zeit und sagen mir, was Sie sehen?
KLIENT:	[schließt die Augen] Ich sehe ihre Gesten und das Kleid, das sie anhat. Ich kann ihren Gesichtsausdruck sehen, so eine Art Grinsen. Sie starrt mich irgendwie an. [Pause von etwa 20 Sekunden]
THERAPEUT:	Können Sie ein Zoomobjektiv nehmen, damit Sie die Augen ganz genau sehen und erforschen können, was sie Ihnen sagen wollen?
KLIENT:	[öffnet die Augen] Das ist seltsam. Als Sie das gerade gesagt haben, konnte ich irgendwie direkt in sie reinschauen. Wie hieß nochmal dieses Wort? Misogynie?
THERAPEUT:	Ja, das bedeutet Haß auf Frauen.

KLIENT: Gut, auf sie paßt dann das entsprechende Wort für „Männerhaß".
THERAPEUT: Sie reiben sich den Nacken. Haben Sie dort Schmerzen?
KLIENT: Ja, ich bin da verspannt.
THERAPEUT: Gibt es außer der Verspannung im Nacken noch irgendwelche anderen Körperempfindungen?
KLIENT: Ja. Genau hier [deutet auf die rechte Schläfe] habe ich Kopfschmerzen, und in der Brust habe ich so ein beengtes Gefühl. Ich glaube, ich verkrampfe mich, wenn ich über diese Sachen rede.
THERAPEUT: Es geht Ihnen irgendwie nahe.
KLIENT: Ich glaube schon.

[Dies schien ein geeigneter Moment, um zu prüfen, ob die affektive Modalität nun zugänglich war.]

THERAPEUT: Was ist also nach all dem für Sie das vorherrschende Gefühl?
KLIENT: Ich komme mir wie ein Vollidiot vor, wie ein verdammter Narr. Ich bin ein dermaßen vertrauensseliger ... ich bin so einfältig, daß ich mit offenen Augen in Situationen reintappe und die Augen genausogut zumachen könnte. Ich habe von Anfang an gewußt, mit was oder mit wem ich es zu tun hatte. Das kotzt mich einfach an!
THERAPEUT: Auf wen sind Sie so wütend?
KLIENT: Auf mich selbst!
THERAPEUT: Gut, schauen wir, ob wir ein Mittel gegen Ihre Neigung finden, sich derart in den Schlamassel hineinzumanövrieren. Mir scheint, wir können das als eine nützliche Lernerfahrung verbuchen.

Tracking

Die meisten Menschen scheinen sich an eine „Zündfolge" zu halten, die über verschiedene Situationen und Zeitpunkte hinweg ziemlich stabil

Multimodale Diagnoseverfahren: Bridging und Tracking

bleibt. Zum Beispiel wurde einer Frau Anfang Vierzig, die unter einer Agoraphobie litt, in der Therapie bewußt, daß sie dazu neigte, ihre Angst nach einem vorhersagbaren Ablaufschema zu erzeugen. Damit war klar, in welcher Reihenfolge die Behandlung am besten anzugehen war. Durch umsichtiges Nachfragen des Therapeuten stellte sich heraus, daß die Klientin zunächst immer mit unangenehmen *Bildern* beschäftigt war (und sich beispielsweise vorstellte, wie sie auf der Straße ohnmächtig wurde oder wie sie in der Öffentlichkeit unwillkürlich urinierte – obwohl ihr beides nie passiert war). Diese negativen Vorstellungsbilder stiegen in ihr auf, sobald sie darüber nachdachte, daß sie sich ohne Begleitung an einem öffentlichen Ort befand, insbesondere wenn sie in einem Supermarkt war oder sich in ein Einkaufszentrum gewagt hatte. Die beunruhigenden Bilder lösten nun ihrerseits unangenehme *körperliche Empfindungen* aus (wie Herzrasen, Zittern, Atemnot und Ohrenklingen), woraufhin sich der Gedanke einstellte, sie sei möglicherweise psychotisch *(Kognitionen)*. Diese I-S-C-Sequenz (Imagery-Sensations-Cognitions) oder „Zündfolge" aus Bildern, körperlichen Empfindungen und Kognitionen gipfelte gewöhnlich in einer alles beherrschenden Angst und mündete zuweilen in eine regelrechte Panikattacke.

Eine vorherige Therapeutin hatte Entspannungstechniken (das heißt eine Methode, die auf die sensorische Modalität zielte) und in-vivo-Desensibilisierung (also ein verhaltenszentriertes Verfahren) eingesetzt, aber es hatte nur wenig genützt. Da die Auslösepunkte der Klientin in der Vorstellungsmodalität lagen, bestand die wirkungsvollste Taktik vermutlich darin, in der ersten Interventionsphase mit „rechtshemisphärischen" Impulsen zu arbeiten. Andere Methoden würden wahrscheinlich einen weniger deutlichen Effekt haben. Die Klientin bestätigte diese Einschätzung. Im Verlauf der aus Entspannung plus Exposition bestehenden Behandlung sagte sie: „Ich wurde entspannter, als ich im Geiste die Straße vor meinem Haus entlangschlenderte. Wir leben in einer sehr ruhigen Gegend. Aber in dem Moment, als ich daran dachte, irgendeinen belebteren Ort aufzusuchen, bekam ich schreckliche Angst. Jetzt verstehe ich, warum das so war. Diese Bilder, wie ich ohnmächtig werde und die Kontrolle über meine Blase verliere, hatten irgendwo im Hintergrund gewartet und gewannen jetzt die Oberhand. Mir war nie bewußt, daß das so ablief, bis Sie mich aufforderten, nach konkreten inneren Bildern zu suchen."

Weil die Zündfolge der Klientin dem Schema I-S-C entsprach, begann die Behandlung in ihrem Fall mit einer Reihe von Bewältigungsbildern. In den Sitzungen und zu Hause übte sie, eine fortschreitende Serie von Ausflügen zu visualisieren, bei denen sie immer größere und belebtere öffentliche Orte und Plätze aufsuchte und dennoch ruhig blieb. Sie lernte auch eine Anti-Ohnmacht-Technik: „Wenn Ihnen schwach oder schwindelig wird, spannen Sie sofort den Körper an, damit der Blutdruck oben bleibt." Merkwürdigerweise überwand sie bald ihre Angst, ohnmächtig zu werden, während ihre Angst, in der Öffentlichkeit die Kontrolle über ihre Blase zu verlieren, sich als außerordentlich hartnäckig erwies. Der Therapeut schlug ihr daraufhin vor, sich zu überlegen, ob sie außer Haus nicht spezielle Kleidung mit Einlagen tragen könne, die für Menschen mit Inkontinenz gedacht ist. Durch die Erlaubnis, diese „therapeutische Krücke" zu benutzen, fiel es der Klientin leichter, Risiken einzugehen, und der Desensibilisierungsprozeß wurde zusätzlich beschleunigt. Sie arbeitete gut mit, und die Kombination aus in-vivo-Exposition und Entspannungstraining erwies sich nun als äußerst wirksam.

Das *Tracking* [Spurensuche, Nachspüren] kommt typischerweise dann zum Einsatz, wenn Klienten ratlos sind, weil sie sich ihre Gefühlsreaktionen nicht erklären können. Die üblichen Themen sind: „Diese Gefühle scheinen aus heiterem Himmel zu kommen." „Ich weiß nicht, warum ich so empfinde." „Ich weiß nicht, woher das kommt." Man bittet den Klienten, von der letzten entsprechenden Begebenheit zu erzählen. So konnte eine Klientin, die von wiederholten Panikattacken „ohne jeden erkennbaren Grund" berichtete, nach einer einfachen Befragung die folgende Ereigniskette rekonstruieren:

Die letzte Panikattacke hatte sich ereignet, als sie vor dem Fernseher saß. Es kam ihr vor, als schlage ihr Herz lauter als sonst (Aufmerksamwerden auf Sinnesempfindungen). Daraufhin fiel ihr ein, daß sie vor kurzem bei einer Party in Ohnmacht gefallen war. (Sie hatte zuviel Alkohol getrunken, und ihr war schwindelig gewesen.) Bei der Erinnerung an diesen Vorfall (also angesichts des entsprechenden inneren Bildes) empfand sie noch immer große Scham. Der verstärkte Herzschlag zusammen mit dem inneren Bild von der Blamage und außerdem von der Besorgnis, mit der ihre Freunde bei der Party reagiert hatten, ließen ihre mißlichen Körper-

Multimodale Diagnoseverfahren: Bridging und Tracking

empfindungen noch schärfer hervortreten. Bald regte sich in ihr die Befürchtung, sie könne wieder ohnmächtig werden, und infolgedessen verfiel sie in Panik. Es handelte sich um eine Zündfolge nach dem Muster S-I-C-A (Sensation, Imagery, Cognition, Affect – körperliche Empfindungen, Vorstellungsbilder, Kognitionen, Affekte). Die Behandlung richtete sich demzufolge auf die beiden auslösenden Modalitäten – auf körperliche Empfindungen und Vorstellungsbilder. Zunächst lernte sie eine Reihe von Beruhigungstechniken, die von der Muskelentspannung bis hin zum Gelassenheit fördernden Selbstgespräch reichten. Der nächste Schritt war die Desensibilisierung gegenüber den affektiven Konsequenzen, die sich an das Bild ihres alkoholisierten Zustandes bei der Party knüpften. Mit dieser bimodalen Intervention gelang es offenbar, die Paniksymptome zu löschen.

Manchmal erfordert das Tracking-Verfahren lediglich, daß man eine auslösende Modalität ermittelt, die eine ganze Palette von anderen Assoziationen und Reaktionen in Gang bringt. Das folgende Fallbeispiel illustriert dies. Es handelt sich um eine Tracking-Sequenz aus der Therapie mit einem Klienten, den seine Schamgefühle in sexuellen Situationen irritierten.

KLIENT: Also das ist doch verrückt, völlig verrückt. Also hier oben [zeigt auf seinen Kopf] weiß ich, daß eine Frau sich in einer intimen Situation doch wahrscheinlich geschmeichelt fühlt, wenn ein Mann eine Erektion hat. Aber wenn ich sehe, wie sie auf meine Erektion schaut, dann bin ich, wie soll ich sagen, irgendwie verschüchtert, ich komme mir irgendwie dumm vor, es ist mir peinlich. Wie gesagt, es ist verrückt. Also kann ich nur im Dunkeln mit einer Frau schlafen. Es ist in Ordnung, solange sie's nur *spürt*, aber *gucken* darf sie nicht. Das ist doch verrückt, oder nicht?

THERAPEUT: Es ist nicht verrückt, und Sie sind auch nicht verrückt. Normalerweise gibt es für solche Empfindungen eine einfache Erklärung.

KLIENT: Für mich jedenfalls ergibt das verdammt noch mal keinen Sinn. Als ich ungefähr zwanzig war, ging ich mit dieser Frau, und wir waren im Auto am Knutschen. Ich war erregt, und sie bemerkte die Ausbuchtung in meiner Hose. Sie fing an zu kichern und sagte etwas wie: „Uiii! Was haben wir denn da!" Ich fühlte mich schrecklich, so als ob mich jemand auf frischer Tat bei einem Verbrechen ertappt hätte. Die Erektion ging sofort weg. Als ich auf dem College war, habe ich das einem Psychiater erzählt, und er sagte, vielleicht sei meine Mutter ins Zimmer gekommen, als ich ein Junge war, und habe mich beim Masturbieren überrascht und mir dann die Hölle heiß gemacht. Aber ich kann mich an nichts dergleichen erinnern. Ich meine, wenn das wirklich passiert wäre, müßte ich mich denn dann nicht erinnern können?

THERAPEUT: Vermutlich ja. Lassen Sie uns eine Methode ausprobieren, die ich „Tracking" nenne. Fangen wir mit dem Gegenteil von dem an, was Sie in Ihrer Vorstellung erwarten. Stellen Sie sich vor, wie Sie eine Erektion haben und wie drei Frauen das sehen und ausrufen, daß sie Sie toll finden und sehr beeindruckt von Ihnen sind.

KLIENT: [bricht in Lachen aus] Nein, das kann ich nicht.

THERAPEUT: Warum nicht? Was würde geschehen?

KLIENT: [muß immer noch lachen] Das ist wirklich komisch.

THERAPEUT: Was ist es denn, was so komisch ist?

KLIENT: [atemlos vor Lachen] Das ist schwer auszudrücken.

THERAPEUT: Was würde geschehen? Würden die Frauen aus dem Raum rennen? Würden sie böse werden? Würden sie gierig über Sie herfallen?

KLIENT: [mit einem Grinsen] Sie würden wahrscheinlich denken, ich bin ein Triebtäter. Na ja, das ist nicht so ernst gemeint.

THERAPEUT: Aber da steckt doch vielleicht etwas dahinter. Ist denn jeder Typ mit einem Ständer ein Triebtäter?

KLIENT: [hört auf, in sich hineinzulachen, und wird nachdenklich] Mann, oh Mann! Mir ist da grade wieder was eingefallen. [Lange Pause]

THERAPEUT: Ihnen ist was eingefallen?

KLIENT: Ja. Komisch, wie das gerade wieder hochgekommen ist. [Pause]

THERAPEUT: Spannen Sie mich nicht auf die Folter.

KLIENT: Mann, oh Mann! Ich muß in die Zeit zurück, als ich etwa vierzehn war. Einer meiner Freunde war im Krankenhaus, weil ihm der Blinddarm rausgenommen wurde. Er war damals so um die sechzehn. Und er hat mir diese Geschichte erzählt, wie die Krankenschwester ihn vor der Operation rasierte, das heißt ihm die Schamhaare abrasierte. Sie hielt also seinen Penis und tat ihm Rasiercreme auf die Leistengegend, und er kriegte einen Ständer. Sie hatte aber einen Gummihammer zur Hand, und jedesmal, wenn er steif wurde, schlug sie gegen den Schaft seines Pimmels, so daß die Erektion zurückging. [fängt an zu lachen] Ich weiß nicht, ob er einfach nur flunkerte und mir einen Bären aufgebunden hat, aber ich weiß noch, daß ich dachte, wie unglaublich peinlich das gewesen sein muß. Mich schaudert sogar jetzt noch, wenn ich dran denke. Ich meine, was ist wohl in dieser Krankenschwester vorgegangen? Und sich vorzustellen, daß sie einen Gummihammer bereit hatte ... Also ich weiß nicht. [Pause]

THERAPEUT: Wenn er also keine Erektion bekommen hätte, was hätte das dann bedeutet? Ich meine, hätten Sie das gut gefunden?

KLIENT: Na ja, er hätte sich dann eben nicht blamiert. Sehen Sie's mal so: Da ist eine Krankenschwester, die einfach ihre Arbeit tut. Sie hat kein Interesse dran, mit dem Typen zu schlafen, und seine nervtötende Erektion ist einfach nur im Weg und muß beseitigt werden. Er wird behandelt wie ein böser Junge. Schließlich kriegt er ja eine gescheuert – zack, direkt auf den Pimmel!

THERAPEUT: Sie wollen also sagen, daß diese Geschichte bei Ihnen, durch irgendeine seltsame Verknüpfung von Vorstellungen, einen derart unauslöschlichen Eindruck hinterlassen hat, daß jede Frau zur Krankenschwester wird und Sie dann der Patient sind?

KLIENT: Es wird natürlich noch mehr dahinterstecken, aber das ist schon mal ein guter Anfang. Jedenfalls habe ich da bisher nie einen Zusammenhang gesehen.

THERAPEUT: Wenn Sie sich also dieses Bild vor Augen rufen – die Krankenschwester, die Schamhaare, die Rasiercreme, der Gummihammer [Pause] –, was geschieht dann? Was fühlen oder spüren oder sehen Sie?
KLIENT: Da muß ich überlegen.

Kommentar: Das therapeutische Ziel bestand in diesem Fall nicht in einer bestimmten Verhaltensänderung, sondern in einem Zuwachs an Einsicht. Das Fokussieren auf verschiedene Vorstellungsbilder löste ein „Flashback" aus (das heißt, eine „verschüttete Erinnerung" wurde wach). Beachten Sie bitte, daß dies alles nur etwa drei Minuten in Anspruch nahm. Durch den Einsatz von Bridging und Tracking spart man Zeit, denn die Therapie bleibt „auf Kurs", fokussiert und auf die wesentlichen Themen bezogen. Diese Verfahren erfassen oft sehr genau die zentralen auslösenden Ereignisse in der Problemmatrix. Wenn Klienten das Tracking als Hausaufgabe durchführen, haben sie dadurch zwischen den Sitzungen die Möglichkeit, wichtige Problemsequenzen ausfindig zu machen. Sie lernen, wie sie selbst Interventionen starten können, und werden in die Lage versetzt, ihre Bemühungen zur Selbsthilfe anhand der jeweils angesprochenen Modalitäten einzuordnen.

Kapitel 6

Multimodale Diagnoseverfahren: Sekundäres BASIC I. D. und Strukturprofile

Eine Therapie kann leicht ins Stocken geraten. Manchmal bleiben Fortschritte aus Gründen aus, die selbst höchst scharfsichtigen und kenntnisreichen Therapeuten verborgen bleiben. Oft kann in solchen Fällen das Zurückgehen zum Diagnoseschema des BASIC I. D. über den toten Punkt hinweghelfen.

Sekundäres BASIC I. D.

Bei einem äußerst selbstunsicheren 32jährigen Klienten setzte ich ein Training sozialer Kompetenz ein. Das Ziel war, daß er seine Meinung zu äußern lernte und fähig wurde, sich nötigenfalls in angemessener Weise mit anderen auseinanderzusetzen. Die üblichen Strategien mit Rollenspielen, gezielten Hilfestellungen, Appellen und Lernen am Modell blieben allesamt wirkungslos. Er war so passiv wie zuvor und stand weiterhin unter dem Pantoffel seiner Frau, ließ sich von seinen Geschwistern ausnutzen und kuschte vor seinem Arbeitgeber. Auf die Frage, warum es ihm seiner Ansicht nach so schwerfalle, selbstsichere Verhaltensweisen zu entwickeln, antwortete er: „Ich habe keine Ahnung. Ich fürchte, ich bin einfach ein hoffnungsloser Fall."

Wir erstellten ein sekundäres BASIC I. D. Wenn man ein hartnäckiges Problem unter die Lupe nimmt und es quer durch die sieben Modalitäten untersucht, kommen dabei oft wichtige Informationen ans Licht. Ich forderte den Klienten also auf, sich vorzustellen, daß eine Wunderpille ihn rundum selbstsicher gemacht habe, und zu schildern, wie er sich unter diesen Umständen *verhalten* würde. Er sagte, daß er einigen Leuten eine Standpauke halten würde, weil sie ihn seiner Meinung nach ungerecht oder rücksichtslos behandelt hatten. „Und wie würden Sie sich dann *füh-*

len?" Er gab an, daß er in erster Linie Groll und Wut empfinden würde. Auf der *Sinnesebene* würde er spüren, wie eine „Woge der Energie" durch seinen Körper pulsierte. Vor dem *inneren Auge* sah er eine Prozession von reuigen und respektvollen Verwandten und Freunden vorüberziehen, und zu seinen hypothetischen *Kognitionen* gehörten Gedanken wie: „Ich bin stark, selbstsicher und unabhängig."

In den ersten fünf Modalitäten ergab sich demnach wenig Bedeutsames. Dagegen trat bei der näheren Untersuchung des *zwischenmenschlichen* Bereiches ein unerwartetes und bis dahin unbemerkt gebliebenes Muster zutage. Als wir zu dieser Modalität kamen, war der Klient außerstande oder nicht willens, mit der Übung fortzufahren. Deshalb sagte ich zu ihm: „Sie haben gerade eine weitere Wunderpille genommen, und es bleibt Ihnen keine andere Wahl, als gegenüber jedem Menschen, dem Sie begegnen, selbstsicher aufzutreten." Der Klient wurde still und nachdenklich. Er brach das Schweigen mit den Worten: „Das würde einfach nicht funktionieren!" Er erklärte, beim Durchgehen der ersten fünf Modalitäten habe er nur zum Schein mitgespielt und das gesagt, was ich seiner Vermutung nach hören wollte. Trotzdem habe sich ein immer stärkeres Unbehagen in ihm breitgemacht. Wie sich nun herausstellte, war er der Auffassung, ein selbstsicheres Auftreten würde zwei unheilvolle Konsequenzen nach sich ziehen. Erstens würde es zur Aggressivität eskalieren und wahrscheinlich zu einer gewaltsamen Auseinandersetzung führen. Zweitens würde er sich mit selbstsicherem Verhalten unweigerlich das Wohlwollen verscherzen, das ihm seine wichtigsten Bezugspersonen entgegenbrachten. Wenn er bei Leuten beliebt sei, beruhe das darauf, daß ihnen seine entgegenkommende Art und das, was sie als seine Gutmütigkeit und Nachgiebigkeit empfänden (also sein Hang dazu, sich klein zu machen, anstatt sich geltend zu machen [to *assent* rather than to *assert*]), so gut gefielen.

Ich hatte dem Klienten die Unterschiede zwischen *selbstsicherem* und *aggressivem* Auftreten eingehend dargelegt, ehe wir uns den üblichen Techniken des Selbstsicherheitstrainings zuwandten. Trotzdem ging nun aus dem sekundären BASIC I. D. hervor, daß zwei Faktoren mehr Aufmerksamkeit erforderten: 1. seine aggressiv-gewaltsamen Tendenzen, 2. sein Mangel an Verständnis dafür, daß eine selbstsichere Haltung, falls sie mit einem angemessenen Verhaltensstil einherging, sicherlich die Liebe, Zu-

Multimodale Diagnoseverfahren: Sek. BASIC I. D.

wendung und Anhänglichkeit, die andere ihm entgegenbrachten, in keiner Weise erschüttern würde.

Auch hier vergingen nicht mehr als ein paar Minuten, bis im Interesse einer kurzen, zielorientierten und fokussierten Behandlung der tote Punkt überwunden war.

Kommen wir nun zu einem Beispiel für ein sekundäres BASIC-I. D.-Profil. Bei dem betreffenden Klienten lag eine Alkoholabhängigkeit vor, und in seinem Modalitätsprofil lautete einer der Punkte: „starker Drang, Alkohol zu trinken, oder Verlangen danach". Als er dazu befragt wurde, wie sich dieser Drang oder dieses Verlangen in den verschiedenen Dimensionen des BASIC I. D. niederschlug, ergab sich folgendes:

- *Verhalten:* beißt die Zähne zusammen
  fängt an, auf und ab zu gehen oder die Hände zu ringen
- *Affekte:* Ängstlichkeit
  Wut
- *körperliche Empfindungen:* muskuläre Anspannung
  trockener Mund
  diffuses Unbehagen in der Magengrube
- *Vorstellungsbilder:* sieht vor sich, wie er Alkohol trinkt
  stellt sich Geruch und Geschmack des Getränks vor
  stellt sich Gefühl des Berauschtseins vor
- *Kognitionen:* denkt, daß ihm Unrecht widerfährt
  glaubt, daß das Verlangen nach Alkohol nie nachlassen wird
  meint, daß er kontrolliert trinken könnte
  verschiedene andere Rationalisierungen
- *zwischenmenschlicher Bereich:* zieht sich aus sozialen Interaktionen zurück oder wird infolge seiner Gereiztheit ausfallend
- *Medikamente/Drogen/ Biologie:* raucht eine Zigarette oder trinkt einen Kaffee

Wenn man zentrale Probleme auf diese Weise thematisiert, erhöht sich die Wahrscheinlichkeit, daß eine konstruktive Veränderung eintritt. Beim Betrachten des obigen Profils wird deutlich, daß sich mehrere Ansatzpunkte für die therapeutische Intervention anbieten. Zu den naheliegendsten Strategien zählen: 1. stärkeres Gewicht auf tiefe Muskelentspannung legen, 2. mit Vorstellungsbildern arbeiten, in denen sich der Klient von alkoholischen Getränken abwendet, 3. den Klienten in einen kognitiven Disput verwickeln. Das typische Szenario in einem nicht multimodalen Kontext würde so aussehen, daß der Therapeut, wenn der Klient von einem starken Verlangen nach Alkohol berichtet, deutende Kommentare abgibt oder aus dem Stegreif Bewältigungstechniken vorschlägt. Das sekundäre BASIC I. D. dagegen läßt die wesentlichen, für den betreffenden Klienten typischen Variablen klar hervortreten, so daß nur wenig dem Zufall überlassen bleibt. Es trägt sowohl zur Präzision als auch zur Kürze therapeutischer Interventionen bei.

Strukturprofile

Menschen ziehen in der Regel bestimmte Modalitäten des BASIC I. D. den anderen vor. Wir können also beispielsweise von einem „visuellen", einem „kognitiven" oder einem „sensorischen Reaktionstyp" sprechen. Das bedeutet nicht, daß die Person zu jedem Zeitpunkt in der betreffenden Modalität reagiert oder sie bevorzugt, sondern daß sie dazu neigt, den Akzent auf bestimmte Reaktionsmuster zu legen. Steht für sie das visuelle Repräsentationssystem im Vordergrund, so wird sie die Neigung erkennen lassen, Ereignisse im Sinne innerer Bilder zu strukturieren und entsprechend zu reagieren. Überwiegt bei ihr dagegen das analytische (kognitive) Moment, dann bringt sie möglicherweise nur flüchtige innere Bilder zustande. Diese Art der Kategorisierung kann uns eine Hilfe sein, a) geeignete Techniken auszuwählen und b) zu ermitteln, an welchen Modalitäten man am besten ansetzt, um dem Klienten zu helfen, damit er besser zurechtkommt.

Strukturprofile sind etwas anderes als Modalitätsprofile (siehe Kapitel 3). In Modalitätsprofilen sind die Probleme aufgelistet, die in den einzelnen Dimensionen des BASIC I. D. vorliegen; aus Strukturprofilen ergibt sich dagegen eine quantitative Einschätzung, die mittels einer einfachen Bewertungsskala leicht zu erstellen ist.

Man gibt folgende Anweisung: „Vor sich sehen Sie sieben Fragenbereiche. Sie beziehen sich auf einige individuelle Tendenzen und Eigenschaften, mit denen sich Menschen charakterisieren lassen. Bitte stufen Sie sich in jedem der sieben Bereiche anhand einer von 0 bis 6 reichenden Skala ein. ‚6' bedeutet, daß die Eigenschaft sehr typisch oder sehr wichtig für Sie ist; ‚0' bedeutet, daß die Beschreibung überhaupt nicht auf Sie zutrifft oder daß die betreffende Tendenz bei Ihnen sehr selten zum Tragen kommt."

1. *Verhalten.* Wie aktiv sind Sie? Inwieweit würden Sie sich als einen Tatmenschen bezeichnen? Haben Sie es gern, wenn Sie immer etwas zu tun haben? Einstufung: 6 5 4 3 2 1 0
2. *Gefühle.* Wie gefühlsbetont sind Sie? Wie intensiv sind Ihre Gefühle? Neigen Sie zu leidenschaftlichen Reaktionen oder sind oft innerlich aufgewühlt? Einstufung: 6 5 4 3 2 1 0
3. *Körperliche Empfindungen.* In welchem Maße lassen Sie sich von den angenehmen und unangenehmen Erfahrungen leiten, die Ihnen Ihre fünf Sinne vermitteln? Wie stark sind Sie auf die körperlichen Empfindungen konzentriert, die Sie etwa durch Essen, Sexualität, Musik oder Kunst erleben? Einstufung: 6 5 4 3 2 1 0
4. *Vorstellungsbilder.* Haben Sie ein lebhaftes Vorstellungsvermögen? Wie sehr sind Sie mit Phantasien und Tagträumen beschäftigt? Denken Sie in Bildern? Einstufung: 6 5 4 3 2 1 0
5. *Denken.* Inwieweit sind Sie ein „Kopfmensch"? Gehen Sie gern analytisch vor, planen Sie voraus und überdenken Sie am liebsten alles genau? Einstufung: 6 5 4 3 2 1 0
6. *Zwischenmenschliche Beziehungen.* Inwieweit sehen Sie sich als ein geselliges Wesen? Wie wichtig sind andere Menschen für Sie? Zieht es Sie in die Gesellschaft anderer? Wie groß ist Ihr Verlangen nach Nähe und Vertrautheit? Einstufung: 6 5 4 3 2 1 0
7. *Chemische Substanzen und biologische Faktoren.* Sind Sie gesund und leben Sie gesundheitsbewußt? Geben Sie gut auf Ihren Körper und Ihre körperliche Verfassung acht? Meiden Sie überreichliches Essen, unnöti-

ge Medikamente, übermäßigen Alkoholkonsum und den Kontakt mit anderen potentiell schädlichen Substanzen? Einstufung: 6 5 4 3 2 1 0

Obwohl die Einstufungen willkürlich und subjektiv sind, lassen sich oft nützliche Informationen aus ihnen ableiten. Wenn man den Klienten zur Bedeutung und Relevanz jeder seiner Einschätzungen befragt, gelangt man häufig zu wichtigen Einsichten in seinen Persönlichkeitsstil, seine Denkweise und seine emotionalen Bedürfnisse. Die Punktwerte im Strukturprofil bieten oft auch Anhaltspunkte dafür, welche Techniken man am besten einsetzt. So werden Klienten, die sich in der Dimension „Vorstellungsbilder" einen hohen, in der Dimension „Denken" dagegen einen niedrigen Punktwert geben, wohl eher auf Visualisierungsverfahren ansprechen als auf die üblichen Methoden der kognitiven Umstrukturierung. Die typische Modalitäten-„Zündfolge" eines Klienten (siehe Kapitel 4) spiegelt sich meistens in seinem Strukturprofil wider. In der Paartherapie kann es für die Partner erhellend sein, ihre Profile zu vergleichen und außerdem zu raten, welche Punktwerte der oder die andere ihnen jeweils geben würde. Wir verfügen also über eine weitere zeitökonomische Methode, wie wir uns von Klienten ein Bild machen und therapeutische Fortschritte anstoßen können. Rudolph (1985) hat klar nachgewiesen, daß der Einsatz von Strukturprofilen dem Therapeuten hilft, Klarheit zu gewinnen, wann er sich vorwiegend mit dem einzelnen Klienten, dem Paar oder der Familie befassen sollte. Zum Beispiel sind, wenn zwischen dem Profil eines Klienten und seiner Partnerin erhebliche Diskrepanzen zu erkennen sind, in der Regel gemeinsame Sitzungen angezeigt, um die Bedeutung und Relevanz der jeweiligen Einstufungen durchzusprechen.

Wir haben einen 35 Aussagen umfassenden Strukturprofil-Fragebogen entwickelt (siehe Anhang 2). Zunächst stellten wir ein breites Spektrum von Fragen zusammen, die dem Augenschein nach wesentliche Elemente des BASIC I. D. wiedergaben. Aus faktorenanalytischen Untersuchungen entstanden nacheinander mehrere Versionen des Fragebogens, bis wir schließlich zu einer Fassung mit guter faktorieller Stabilität gelangten. Weitere Studien belegten die Reliabilität und Validität des Instruments (Herman, 1993; Landes, 1988, 1991). Wenn man Paaren den Strukturprofil-Fragebogen vorlegt, spart man oft Zeit. Denn in vielen Fällen entspinnt

Multimodale Diagnoseverfahren: Sek. BASIC I. D. 101

sich über die Punktwerte ein tiefergehendes Gespräch, das das gegenseitige Verständnis fördert und zugleich spezifische Unterschiede und Bereiche, in denen die Partner sich mißverstehen, genau erfaßt.

Das von C. N. Lazarus entwickelte Erweiterte Strukturprofil (siehe Anhang 3) hat sich als äußerst nützlich erwiesen. Klienten, die den umfangreichen Multimodalen Fragebogen zur Lebensgeschichte (siehe Anhang 1) nicht ausfüllen möchten, lassen sich gewöhnlich darauf ein, das Erweiterte Strukturprofil durchzugehen. Die Ergebnisse sind für viele Paare aufschlußreich, denn sie verdeutlichen Ähnlichkeiten sowie Unterschiede, die zu Konflikten führen können. Außerdem kann man das Erweiterte Strukturprofil dazu nutzen, therapeutische Techniken auf die jeweiligen Klienten abzustimmen.

Mit den in diesem und im vorangehenden Kapitel skizzierten Maßnahmen, Methoden und Verfahren erreicht man in den meisten Fällen, daß die Therapie zielorientiert, auf die relevanten Themen bezogen und klar fokussiert bleibt und daß die Kriterien einer kurzen, aber umfassenden und wirksamen Psychotherapie erfüllt werden.

Kapitel 7

Einige Elemente einer zeitökonomischen und effektiven Psychotherapie

Wenn eine Psychotherapie kurz und dennoch effektiv sein soll, kann man es sich nicht leisten, lange an einem toten Punkt zu verharren. Man braucht ein Repertoire an Werkzeugen, mit denen man die Therapie wieder in Gang bringen kann, wenn sie auf Abwege oder Nebengleise gerät. Bei Omer (1994) finden sich viele ausgezeichnete Strategien, die einem helfen können, aus einer Sackgasse herauszufinden und mit Fällen zurechtzukommen, in denen es nicht weitergehen will. Man muß unbedingt wissen, mit welchen Mitteln man den Motor wieder anwerfen kann, wenn die Therapie ins Stocken kommt. In vieler Hinsicht sind die in Kapitel 5 und 6 besprochenen Methoden – Bridging, Tracking und das Erstellen eines sekundären BASIC I. D. – dieser Kategorie zuzurechnen. Wenn man bei Bedarf auf diese Methoden zurückgreift, stehen die Chancen gut, daß die Therapie lösungszentriert bleibt. Am wichtigsten aber ist, daß man sehr rasch klar definierte Ziele festlegt und sobald wie möglich zu spezifischen Problemlösetaktiken übergeht. Budman (1994) rät Therapeuten, gleich in der ersten Sitzung das Beste einzusetzen, was sie auf Lager haben, denn der Klient wird vielleicht kein zweites Mal zu ihnen kommen. Interessierte Leserinnen und Leser seien auf die Publikationen von Nicholas Cummings verwiesen, der zweifellos zu den führenden Experten in Sachen Kostendämpfung im Gesundheitswesen und Kurztherapie zählt (z. B. Cummings, 1985, 1988, 1991; Cummings & Sayana, 1995).

Fax, E-Mail, Telefon und Briefe

Meiner Ansicht nach müssen sich Therapeuten, wenn die Behandlung kurz und dennoch wirksam sein soll, zwischen den Sitzungen über ihre

Klienten Gedanken machen. Es ist notwendig, die eigene „Spieltaktik" zu überprüfen und sich darüber klarzuwerden, ob es Indizien für Fortschritte gibt, ob man irgend etwas übersehen hat oder ob – um es mit einem anderen Bild zu sagen – „Kurskorrekturen" notwendig sind. Aus diesem Grund reagierte ich, als eine Kollegin erklärte, zu ihr kämen jede Woche fünfzig verschiedene Patienten in Therapie, nicht unbedingt taktvoll: „Das heißt für mich, Ihre Klienten werden übers Ohr gehauen." Ich halte die Zahl meiner Therapien seit eh und je so niedrig, daß sie gut zu bewältigen sind und mir Zeit zum Nachdenken und Überlegen und zur Selbstprüfung bleibt. Wenn ich meine Notizen durchgehe oder darüber nachsinne, wie ein oder zwei Tage zuvor eine Sitzung verlaufen ist, setze ich mich oft mit dem Klienten in Verbindung, falls mir etwas aufgefallen ist, auf das ich ihn aufmerksam machen möchte, falls ich den Verdacht habe, es könnte zwischen uns zu einem Mißverständnis gekommen sein, falls ich eine Hausaufgabe mittlerweile in einem anderen Licht sehe oder noch eine weitere hinzufügen will oder falls der Klient mitten in einer kritischen Phase steckt und es angebracht ist, mich mitfühlend nach seinem Befinden zu erkundigen. Zu diesem Zweck setze ich, den jeweiligen Umständen entsprechend, ausgiebig Telefonanrufe, Fax, Briefe und E-Mail ein. Falls der Inhalt stärkere Emotionen auslösen könnte oder ein wenig heikel ist, vergewissere ich mich bei einem Fax selbstverständlich, daß es direkt an den Klienten geht; weil ich glaube, daß Sicherheitsvorkehrungen im Internet leicht auszuhebeln sind, formuliere ich meine Briefe in diesem Medium so, daß die Diskretion gewahrt bleibt. Im Gegensatz zu einem Anwalt stelle ich diese Dienste nicht in Rechnung, sondern gehe davon aus, daß sie bereits durch das ursprünglich vereinbarte Honorar abgedeckt sind. Diese Bereitschaft zu „Extraleistungen" macht sich ungemein bezahlt, denn in der Regel beschleunigt sie den therapeutischen Fortschritt. Ich demonstriere damit eine Gewissenhaftigkeit, an der sich der Klient ein Beispiel nehmen kann, wecke Hoffnung in ihm und gebe zu erkennen, daß ich beim Umgang mit Problemen eine pragmatische Denkweise bevorzuge.

Meistens hat es auch seine potentiellen Schattenseiten, wenn man sich dergestalt ins Zeug legt. Eine Minderheit der Klienten versucht meine therapeutische Großzügigkeit auszunutzen; der eine oder andere legt es darauf an, mein Brieffreund zu werden, oder korrespondiert ausgiebig übers

Internet mit mir, anstatt sich zu Sitzungen einzufinden. Tendenzen dieser Art dienen mir als Material und Gesprächsstoff für die Therapie und sind somit leicht zu handhaben. Nach meiner Erfahrung überwiegen die Vorteile der Großzügigkeit die Nachteile eindeutig und heben die Therapie auf einen Qualitätsstandard, der sich in einer Beschleunigung des gesamten Behandlungsprozesses niederschlägt.

Verlieren Sie keine Zeit

Einige Vorsichtsmaßregeln, die man mir während meines Studiums einschärfte, ergaben schon damals keinen Sinn und kommen mir heute sogar noch unsinniger vor. Wir bekamen Warnungen zu hören wie: „Die Diagnose muß der Behandlung vorausgehen – hüten Sie sich vor verfrühten Interventionen!" oder „Sie müssen stets eine vollständige Anamnese erheben, bevor Sie irgendeine therapeutische Technik anwenden!" Das Gegenteil trifft zu! Wer so vorgeht, vergeudet nur Zeit. Zum Beispiel sage ich in manchem Erstgespräch schon nach zwei Minuten: „Sie wirken auf mich sehr angespannt. Ist mein Eindruck richtig?" Falls der Klient dies bejaht, sage ich vielleicht: „Darf ich Ihnen, ehe wir weiter über Ihre Anliegen sprechen, eine kurze, aber wirkungsvolle Atem- und Entspannungsübung zeigen?" Falls der Klient Interesse erkennen läßt, verwende ich ein paar Minuten darauf, ihm eine Einführung in Zwerchfellatmung und tiefe Muskelentspannung zu geben. Dies führt in der Regel dazu, daß er ruhiger und gelassener wird und dadurch in der verbleibenden Sitzungszeit aufnahmefähiger ist. Außerdem werden damit die Weichen für eine Kurztherapie gestellt: Erstens bekommt der Klient eine nützliche Strategie an die Hand, zweitens wird er zu einer lern- und lösungsorientierten Einstellung angeregt, und drittens erkennt er, daß sein Therapeut mit speziellen Methoden ausgerüstet ist, die leicht zu erlernen sind.

Als ein Klient bei einem Aufnahmegespräch erklärte: „Ich weiß nicht, ob ich das Recht habe, glücklich zu sein", verschwendete ich keine Zeit und wies ihn, ehe ich die Motive für dieses negative Urteil ergründete, auf folgendes hin: Falls es mir nicht gelingen werde, ihn hundertprozentig davon zu überzeugen, daß er ein unveräußerliches Recht auf Glück habe, einfach weil er ein Mensch sei, werde ihn das Endresultat der Therapie wohl kaum zufriedenstellen. Die Kurztherapie hat darunter zu leiden, daß die Erwartungen vieler Klienten durch den freudianischen Zeitgeist und durch Hollywoodfilme geprägt sind. Sie sind darauf eingestellt, daß man eingehende Ausgrabungen auf dem psychischen Terrain ihrer Vergangenheit vornimmt, während sie selbst nicht viel mehr tun, als frei zu assoziieren. In den Tagen, als noch fast unbegrenzte finanzielle Mittel zur Verfügung standen, überwies ich solche Klienten, die auf eine ausgedehnte introspektive Therapie aus waren, an einen Psychoanalytiker. Heute kann man, angesichts der Kostendämpfung im Gesundheitswesen, selten solchem Luxus frönen. Die Zeiten, in denen man nach dem Motto verfahren konnte: „Reden wir erstmal ein Jahr oder zwei und lernen wir einander kennen, ehe wir zur Sache kommen", sind längst Vergangenheit. (Auf diesen Punkt gehe ich in Kapitel 11 ausführlich ein.) Oft ist es deshalb absolut vorrangig, den Klienten darin zu unterweisen, wie er von einer Kurztherapie profitieren kann. Man kann nicht genug betonen, daß *das Ergebnis einer Therapie in erheblichem Maße davon abhängt, welche Erwartungen man im Klienten weckt.*

Der edukative Impetus

Bibliotherapie kann, so schulmeisterlich das klingen mag, von allergrößtem Nutzen sein. Ein Bild sagt mehr als tausend Worte, heißt es. Nun sagen bestimmte Bücher, an die ich hier denke, sicherlich nicht so viel wie tausend Sitzungen – aber dennoch können sie eine Therapie gewaltig voranbringen. So habe ich Klienten das Buch *I Can If I Want To* zu lesen gegeben, das ich in den siebziger Jahren zusammen mit Allen Fay schrieb und das noch immer erhältlich ist (Lazarus & Fay, 1992; dt. *Ich kann, wenn ich will,* zuletzt 1996). Darin heißt es:

Anders als alle anderen Lebewesen haben die Menschen die einzigartige Fähigkeit, sich in kürzester Zeit ändern zu können. Menschen sind in der Lage, unmittelbare und langwirkende Entscheidungen zu treffen, die einen starken, tiefgehenden Einfluß auf ihr gefühlsmäßiges Wohlergehen haben

> können. Mit anderen Worten: Sogar dann, wenn jemand sich jahrelang in irgendeiner ganz bestimmten Situation falsch oder „neurotisch" verhalten hat, kann eine systematische korrektive Übung das Problem häufig im Handumdrehen aus der Welt schaffen. (dt. S. 14)

Außerdem befassen wir uns in dem kleinen Buch auch mit irrigen Vorstellungen darüber, wie positive Veränderungen zustande kommen und ablaufen, mit der Psychotherapie als einem edukativen Prozeß oder damit, in welchem Maße Menschen ihr Unglück selbst erzeugen und warum manche es nicht schaffen, sich zu verändern (siehe auch Lazarus, Lazarus & Fay, 1993).

Bei einem didaktischen Therapieansatz, der Hausaufgaben mit einschließt, ist es am Anfang oft erforderlich, den Klienten entsprechend zu instruieren. Man kann ihn beispielsweise wie folgt darauf einstimmen, seinen Teil zum Heilungsprozeß beizutragen: „Wenn Sie den Wunsch hätten, Ihre körperliche Fitneß zu steigern, könnten Sie das nicht erreichen, indem Sie einfach nur Bücher zu dem Thema lesen, sich darüber unterhalten und darüber nachdenken – Sie müßten vielmehr bestimmte Dinge tun, zum Beispiel trainieren oder sich vernünftig ernähren. Wenn Sie maschineschreiben lernen wollen oder ein Musikinstrument beherrschen möchten, werden Sie mit einer Unterrichtsstunde pro Woche wenig erreichen, falls Sie in der Zwischenzeit nicht üben. Genauso ist es mit der Psychotherapie, die eigentlich eine Form der angewandten Psychologie ist und dem Ziel dient, gewissermaßen die Muskeln der Psyche aufzubauen und zu trainieren. Ob Sie aus der Therapie Nutzen ziehen oder einfach auf der Stelle treten, hängt davon ab, was Sie zwischen den Sitzungen tun und wie Sie aktiv werden."

Meiner Ansicht muß man Klienten dazu bringen, von der weitverbreiteten Überbewertung der Einsicht Abschied zu nehmen. Die Vorstellung, eine Therapie könne nur dann wirken, wenn man die Vergangenheit erkunde und Verbindungen zur Gegenwart herstelle, bleibt tief in unserer Kultur verwurzelt und wird von tiefenpsychologischen Kurzzeit-Therapeuten nach wie vor aufrechterhalten. Die Daten aber legen etwas anderes nahe: Die empirische Forschung zeigt, daß Methoden, die sich vor allem auf das aktive Anleiten des Klienten, das Einüben von Fertigkeiten und

Zeitökonomische und effektive Psychotherapie

auf Problemlösestrategien stützen, einer allein auf dem Gespräch aufbauenden Therapie an Wirksamkeit überlegen sind (Chambless, 1995).

Viele Therapeuten bleiben der irrigen Überzeugung verhaftet, sie müßten ungeheuer viel über einen Klienten wissen, ehe sie auf sinnvolle und wirksame Weise intervenieren könnten. Sie sträuben sich vehement gegen das Faktum, daß es nicht nötig ist, beinahe alles über den Klienten zu wissen, damit man ihm wirklich helfen kann. Diese Einstellung kann sich als besonders frustrierend erweisen, wenn ein Psychotherapeut in die Rolle des Klienten gerät. Ich habe kürzlich eine praktizierende Psychologin behandelt. Ihre Krankenversicherung hatte ihr neun Therapiesitzungen bewilligt. Nach dem ersten Treffen hatte ich Eindruck, daß wir nur drei oder vier brauchen würden. Meine diagnostischen Daten wiesen recht eindeutig darauf hin, daß sie sich im Umgang mit ihrem Ehemann und ihren Kindern, die sie oft ausnutzten, einige selbstsichere Verhaltensstrategien aneignen mußte. Aufgrund ihrer psychologischen Ausbildung war sie allerdings nicht davon abzubringen, daß sie mir in überflüssiger Ausführlichkeit erzählte, welche besonderen Rahmenbedingungen in ihrer Herkunftsfamilie zu ihrer Selbstunsicherheit beigetragen hatten. Sie vereitelte meine taktvollen Versuche, auf eine andere Ebene überzuwechseln und das Hier und Jetzt in den Mittelpunkt zu rücken.

Am Beginn der fünften Sitzung hielt ich ihr einen konzentrierten Vortrag. Zunächst zog ich die Vorstellung in Zweifel, man müsse die Gründe des eigenen Verhaltens kennen, um sich zu ändern. Anschließend setzte ich mich mit der Auffassung auseinander, Veränderungen nähmen viel Zeit in Anspruch, und ging energisch gegen die Legende an, eine rasche Veränderung müsse notwendig an der Oberfläche bleiben und könne nicht von Dauer sein. Schließlich hob ich hervor, daß eine Veränderung auf der psychischen und der Verhaltensebene voraussetzt, daß man sich auf Problemlösungen konzentriert und im Hier und Jetzt neue Verhaltensstrategien erlernt, anstatt sich mit dem Dort und Damals zu beschäftigen. „Wenn Sie diese Prämissen akzeptieren", fügte ich hinzu, „können wir fortfahren und unsere Ziele erreichen. Wenn Sie dem, was ich gesagt habe, nicht zustimmen können, dann werden sich neun Sitzungen als völlig unzureichend erweisen." Sie schien zu verstehen, und wir konzentrierten uns nun auf ihre aktuelle Passivität in der Familie. (Außerhalb dieses Kontextes war sie genügend selbstsicher.) Als sie zu ihrer neunten und letzten Sitzung kam, sagte sie: „Volltreffer! Ich hab's geschafft!" Sie berichtete davon, wie sie sich zu ihrer eigenen Zufriedenheit verändert hatte und wie außer ihr selbst auch ihr Mann und ihre Kinder davon profitierten.

Eine Therapie kann wahrscheinlich nur dann kurz oder wirkungsvoll sein, wenn man bestimmte Strategien einsetzt: Man stellt klar definierte Ziele auf, ermittelt rasch die Schlüsselprobleme und formuliert einen effektiven Behandlungsplan. Wenn man die Therapie als einen edukativen Prozeß betrachtet, dann bekommt in der Klinik oder in der Privatpraxis die gute Unterrichtsplanung einen ebenso großen Stellenwert wie in explizit didaktischen oder pädagogischen Kontexten.

Viele Therapeuten vertreten den Standpunkt, die Arzt-Patient-Beziehung sei so zentral, daß man unbedingt zunächst einen Rapport mit dem Klienten aufbauen müsse, denn sonst könne er nicht das nötige Vertrauen entwickeln, um Äußerungen des Therapeuten zu akzeptieren oder gar Hausaufgaben auszuführen. Nach meiner Erfahrung läßt sich ein Arbeitsbündnis sehr rasch herstellen. Oft kann man, indem man sich Halo- und Plazebo-Effekte in vollem Umfang zunutze macht, die Voraussetzungen dafür schaffen, daß der Rapport sofort und ohne Mühe zustande kommt. Wenn ich also Klienten an einen Kollegen überweise, mache ich meistens kräftig Werbung für ihn. Ich lüge nicht und verdrehe die Fakten nicht, aber ich streiche seine besten Qualitäten heraus. „Dr. Frank ist sowohl Schulpsychologe als auch klinischer Psychologe, und deshalb ist er hervorragend dafür geeignet, Sie in bezug auf die Aufmerksamkeitsdefizitstörung Ihres Sohnes zu beraten. Er ist auch ein ausgezeichneter Paartherapeut und wird Ihnen, was die Schwierigkeiten in Ihrer Ehe angeht, sehr gut helfen können. Außerdem er hat im Laufe der Jahre sehr viele Menschen behandelt und konnte vielen weiterhelfen, bei denen andere Ärzte keinen Erfolg gehabt hatten." „Ich überweise Sie an Frau Dr. Prince, die vor kurzem an der Rutgers University promoviert hat. Sie war eine meiner besten Studentinnen und ist sehr intelligent und außerordentlich gut ausgebildet. Bitte machen Sie sich klar, daß wir jedes Jahr von über 400 Bewerbern nur etwa acht in unser therapeutisches Ausbildungsprogramm aufnehmen. Sie können sich denken, daß diese handverlesenen acht die Crème de la crème sind. Wenn ich Ihnen also sage, daß Dr. Prince meiner Ansicht nach die beste ihres Jahrgangs war, hat das wirklich etwas zu bedeuten." Im Grunde ist ein langwieriger Aufbau des Rapports oft nicht mehr vonnöten, wenn man die Überweisung auf diese Weise handhabt.

Freilich kann, auch wenn man eindrucksvoll die Werbetrommel gerührt, den Halo-Effekt geschickt gefördert und sich eifrigst bemüht hat, auf ein positives Arbeitsbündnis hinzuarbeiten, trotzdem Haß auf den ersten Blick den Sieg davontragen. Ich habe Klienten an Kollegen überwiesen, die ich für erstklassig und hochqualifiziert halte, nur um später zu hören: „Schon beim ersten Blick auf Dr. E. war mir sofort klar, daß ich ihm am liebsten nicht einmal guten Tag sagen, geschweige denn die intimen Einzelheiten meiner Lebensgeschichte erzählen würde." Ich bin sicher, wir alle haben derartige Erfahrungen gemacht. Früher hat man oft die Auffassung vertreten, die Auflösung dieser sogenannten „negativen Übertragungen" sei ein lohnendes Unterfangen und gereiche allen Beteiligten sehr zum Vorteil. Ich hatte da immer meine Zweifel, denn manche Menschen passen einfach zu schlecht zueinander, als daß sie eine fruchtbare Allianz aufbauen und erfolgreich miteinander arbeiten könnten. Durch Hermans (1991, 1992) Befunde fand ich mich in dieser Auffassung durchaus bestätigt. Er stellte fest, daß die Ähnlichkeit zwischen Klient und Therapeut im multimodalen Strukturprofil-Fragebogen (siehe Anhang 2) eine sehr gute Vorhersage des Therapieergebnisses erlaubt. Wenn Klient und Therapeut in einer Kurz- oder Kurzzeittherapie nicht innerhalb der ersten zwei Sitzungen „gut miteinander klarkommen", ist es höchst ratsam, eine gut durchdachte Überweisung vorzunehmen.

Elegante Lösungen

Albert Ellis hat in zahlreichen Veröffentlichungen betont, daß es ein wesentlicher Unterschied ist, ob man *sich besser fühlt* (was oft nur heißt, daß die eigene Situation in einem milderen Licht erscheint) oder ob es einem *besser geht* und *auf Dauer besser geht*. Letzteres setzt zuallermindest voraus, daß man von dogmatischen Forderungen an sich selbst und andere abläßt – also von Aussagen mit „muß", „müßte" und „sollte". Erforderlich ist außerdem, daß man eine *bedingungslose Selbstakzeptanz* entwickelt und im

Falle einer *niedrigen Frustrationstoleranz* die Toleranzschwelle heraufsetzt. Was Ellis mittlerweile als rational-emotive Verhaltenstherapie bezeichnet, ist Ergebnis und Gipfelpunkt von mehr als einem halben Jahrhundert Forschung und Praxis und stellt einen der bedeutendsten Beiträge zum Gebiet der Psychotherapie dar. Sein Buch über Kurztherapie (Ellis, 1996) ist eine Glanzleistung und legt in brillanter Weise seine Sicht auf das Leben und die Psychotherapie dar. Ellis hat einen beträchtlichen Einfluß auf mein Denken ausgeübt und meine Erfahrung sehr bereichert. Folglich wird jeder Klient, der eine multimodale Therapie macht, mit vielen der Ideen von Ellis konfrontiert – besonders wenn in der kognitiven Modalität gearbeitet wird.

Als mir zum Beispiel eine Klientin erklärte, wie absolut dringend sie Urlaub brauche, und vieles andere Drum und Dran als für ihr Glück unabdingbar hinstellte, machte ich sie darauf aufmerksam, daß sie ihre elementaren Bedürfnisse mit ihren Wünschen verwechsle, und hielt ihr folgenden Vortrag:

Reden wir also über einige Ihrer Grundbedürfnisse. Vielleicht das größte Bedürfnis eines jeden Menschen ist das Sauerstoffbedürfnis. Wenn Ihnen jemand die Luftzufuhr abdreht, dann werden Sie rasch in Verzweiflung geraten, und wenn die Zufuhr nicht rasch wiederhergestellt wird, sterben Sie. Das ist also ein echtes Bedürfnis! Außerdem brauchen Sie zweifellos Wasser oder Flüssigkeit. Wenn das fehlt, sterben Sie ebenfalls. Dasselbe gilt für Nahrung. Sie sind freilich nicht absolut darauf angewiesen, daß Ihre Kinder Ihnen Liebe und Respekt entgegenbringen – Sie wünschen sich das, sehnen sich danach und wollen es, aber Sie können auch ohne das leben. Sie brauchen es auch nicht, daß Ihr Mann Ihnen im Haus zur Hand geht. Das wäre Ihnen lieber, es würde Ihnen gefallen, Sie möchten es, und wahrscheinlich würden Sie es sehr zu schätzen wissen. Es handelt sich aber, ich sage es noch einmal, nicht um eines Ihrer Grundbedürfnisse. Sie brauchen auch keinen Urlaub. Sie haben vielmehr den großen Wunsch danach. Solange Sie Ihre Wünsche in Grundbedürfnisse umdefinieren, werden Sie verzweifelt sein, wenn sie nicht erfüllt werden. Wenn man Ihnen einen Luxusurlaub vorenthält, und Sie stellen das auf eine Stufe damit, daß Ihnen Sauerstoff, Nahrung oder Wasser vorenthalten würde, sind Sie folg-

lich niedergeschlagen, traurig, wütend, beunruhigt und deprimiert. Wenn Sie es aber schaffen zu sagen: „Ich brauche das nicht, ich komme ohne das aus, ich kann auch ohne das leben – aber falls die Möglichkeit besteht, hätte ich es gern", dann geraten Sie nicht in Verzweiflung und sind in der Lage, gelassen und vernünftig an die Sache heranzugehen. Dadurch werden Sie am Ende höchstwahrscheinlich bekommen, was Sie wollen. (Lazarus, 1995a, S. 85)

Diese Intervention bewirkte im Leben der Klientin eine bedeutsame Wendung. Nach meiner Erfahrung ist eine solche didaktische Vorgehensweise in den meisten Fällen dem sokratischen Ansatz überlegen, den Ellis und seine Anhänger zu bevorzugen scheinen. Bei Klienten, die eine REVT beziehungsweise eine MMT erfolgreich durchlaufen haben, könnte man wahrscheinlich sehr viele Gemeinsamkeiten feststellen. Trotzdem behaupte ich, daß ein Klient nach einer MMT ein größeres Repertoire an Bewältigungsstrategien zur Verfügung hätte, einfach weil man ihm wahrscheinlich ein breiteres Spektrum an sensorischen und Visualisierungstechniken beigebracht und den feinen und den augenfälligen Nuancen zwischenmenschlicher Beziehungen mehr Aufmerksamkeit gewidmet hätte. Zum Beispiel wenden multimodale Therapeuten in der Sinnesmodalität nicht nur die üblichen Methoden wie Entspannungstraining, Biofeedback und sensate-focus-Übungen[1] an, sondern geben dem Klienten oft auch Hausaufgaben mit, die ihn dazu anregen, intensivere Befriedigung aus anderen taktilen, olfaktorischen, auditiven, gustatorischen und visuellen Reizen zu ziehen. Jedenfalls bietet die MMT einen vielseitigen und flexiblen Modus operandi, mit dem man weitreichende Veränderungen in Gang setzen kann, und sorgt dafür, daß angehende und erfahrene Therapeuten sich jederzeit anhand eines „Rasters" darüber orientieren können, welche Techniken und Verhaltensstile bei dem jeweiligen Klienten am besten geeignet sind. Wenn Sie Ellis und seinen Anhängern bei der Arbeit zuschau-

---

[1] Reihe aufeinanderfolgender Streichelübungen; auf Masters & Johnson zurückgehende sexualtherapeutische Technik, im Deutschen als „Empfindungsfokussieren", „sensorische Fokussierung" oder „Sensualitätstraining" bezeichnet. A. d. Ü.

en, werden Sie ähnliche Grundelemente in ihrem Verhalten feststellen, die sich durch verschiedene Sitzungen, Situationen und Therapien ziehen. Wenn Sie einem multimodalen Therapeuten zuschauen, sehen Sie eine Vielzahl von Stilen, die auf den individuellen Klienten und die besonderen klinischen Erfordernisse der Situation ausgerichtet sind.

Auf dem Weg zu einer ego-losen Existenz

Albert Ellis hat mich dazu inspiriert, eine Strategie zu entwickeln, um den globalen Selbsteinschätzungen von Klienten gegenzusteuern, die sich mit übergeneralisierten Selbstbewertungen, Selbstvorwürfen und Selbstverdammungen das Leben schwer machen (Lazarus, 1977). Das Problem besteht darin, daß Klienten ihr „Ich" aufs Spiel setzen und dadurch jene Übergeneralisierungen ausbilden, auf denen der Großteil der Angst-, Schuld- und depressiven Reaktionen beruht, unter denen so viele Menschen leiden. Anstatt davon auszugehen, daß wir ein einheitliches „Selbst" hätten, das mit unserem *gesamten Sein* gleichzusetzen wäre, stellen wir uns besser auf eine Pluralität von „Selbsten" ein, die jeweils in unterschiedlichen Situationen hervortreten. Wenn ein Klient von sich sagt: „Ich bin nichts wert!", heißt das implizit, er habe in keinem Bereich seines Lebens den geringsten Wert – er tauge weder als Bruder etwas noch als Sohn, Ehemann, Vater, Freund, Bekannter, Kollege, Kinogänger, Tennisspieler, Austernesser, Fernsehzuschauer, Musikliebhaber und in zahllosen anderen Rollen, die das „Selbst" ausmachen.

Mit einer einfachen Technik läßt sich diese weitverbreitete und unglückselige Tendenz, sein gesamtes Sein aufs Spiel zu setzen, in vielen Fällen ausgleichen. Zu einem Klienten, der wegen einer Rede, die er bald halten mußte, von extremen Ängsten geplagt war, sagte ich folgendes:

THERAPEUT: Sagen Sie sich morgen nicht: „Ich halte eine Rede", setzen Sie Ihr „Selbst" nicht mit einem einzigen „Ich" gleich, sondern denken Sie es sich als einen ganzen Komplex von „Ichs", als „Ich_1, Ich_2, Ich_3, Ich_4 ..." Jedes „Ich_n" entspricht einem kleinen Teil Ihres Wesens. Sagen Sie sich also morgen nicht: „*Ich* halte eine Rede", sondern bedenken Sie, daß nicht *Sie* es sind, der auf dem Spiel steht. Es ist nicht Ihr ganzes Ich. Denken Sie statt dessen: „*Ich*₁ hält eine Rede".

KLIENT: Wenn es also nicht berühmt war, dann sage ich mir nicht: „Ich habe eine schlechte Rede gehalten", sondern: „Ich₁ hat eine schlechte Rede gehalten", nicht *Ich*, sondern ein kleiner Teil von mir.

THERAPEUT: Richtig! Und wenn Sie es noch besser machen wollen, dann versuchen Sie, das Wörtchen „Ich" vollkommen aus Ihrem Wortschatz zu streichen. Sie können sich dann sagen: „Eine schlechte Rede ist gehalten worden", oder: „Die Rede war nicht sehr gut". Sehen Sie nur die Aufgabe, bringen Sie Ihr „Selbst" damit überhaupt nicht in Verbindung. Das Lebensziel besteht darin, so viele positive verstärkende „Ichs" wie möglich zu haben. (Lazarus, 1977/dt. 1979, S. 83 f.)

Sobald diesem Klienten klar wurde, daß in seiner Vorstellung *alles* – seine Selbstakzeptanz, die Wertschätzung durch seine Freunde und Bekannten, seine Arbeitsstelle, seine gesamte Zukunft – davon abhing, wie gut ihm ein öffentlicher Vortrag gelingen würde, waren wir in der Lage, Fortschritte zu erzielen.

Kleine „Kunstgriffe" können eine große Hilfe sein, den Verlauf einer Therapie zu beschleunigen.

Kapitel 8

Aktive Grundhaltung und glückliche Zufälle

Die Kurztherapie erfordert gewöhnlich eine aktive, direktive therapeutische Haltung. In der psychotherapeutischen Literatur ist eine der gängigsten und größten Legenden die, daß Therapeuten keine Ratschläge erteilen sollen. Karasu (1992) besteht in seinem Buch, das ein großes Terrain abdeckt und, auch wenn der Blickwinkel tiefenpsychologisch ist, zahlreiche kluge Einsichten enthält, nachdrücklich auf diesem Punkt:

> *Anders als der Internist oder der Chirurg interveniert der Therapeut ganz bewußt nicht, um die Probleme des Patienten zu lösen, ja nicht einmal, um dem Patienten zu einem Schritt in eine bestimmte Richtung zu raten. Er vermeidet es, dem Patienten Empfehlungen für sein Handeln zu geben, so groß auch die Versuchung sein mag, ihn etwa davon zu überzeugen, daß an seiner zerrütteten Ehe nichts mehr zu kitten ist, ihn zum Aufgeben einer Arbeitsstelle zu ermutigen oder ihn zu mehr Selbstsicherheit oder sexueller Offenheit anzuleiten. (S. 211)*

In direktem Gegensatz zu Karasus Auffassung hat London (1964), ein wahrer Visionär, seinerzeit darauf hingewiesen, daß Therapeuten, die bereit sind, Verantwortung für das Behandlungsergebnis zu übernehmen, in einer „handlungsorientierten Therapie" oft nicht umhin können, mit dem Klienten zu diskutieren, ihn zu ermahnen und ihm Vorschläge zu machen:

> *Entweder können Therapeuten Verhalten erfolgreich beeinflussen oder sie können es nicht, und sie haben kaum eine Wahl, welchen der beiden Standpunkt sie einnehmen sollen. Wenn sie sagen, sie seien dazu nicht in der Lage oder dürften es in eben den Bereichen nicht, die einem Menschen am meisten zu schaffen machen, und sie seien somit für das Verhalten ihrer*

Aktive Grundhaltung und glückliche Zufälle 115

Klienten nicht im geringsten verantwortlich, dann muß man fragen, woher sie eigentlich das Recht nehmen, ihren Beruf auszuüben. (S. 14f.)

Ebenso wie viele andere Theoretiker läßt auch Karasu die Tatsache außer acht, daß psychisches Leiden in vielen Fällen nicht ausschließlich von Konflikten herrührt, sondern auch auf *Defiziten* und dem Fehlen von Informationen beruht (siehe Kapitel 1). Falls solche Lücken und Mankos fehlangepaßte psychische Grundmuster nach sich ziehen, kann keine auch noch so tiefgehende Einsicht die Situation bessern – notwendig ist vielmehr eine systematische Schulung, bei der der Therapeut als Trainer, Verhaltensmodell und Lehrer fungiert.

Die Hauptfrage ist, ob eine bestimmte Methode dem Klienten wahrscheinlich helfen oder aber schaden wird. Bei wem und unter welchen Umständen ist es ratsam, aktiv und direktiv vorzugehen, und bei wem empfiehlt es sich nicht, Ratschläge zu geben oder eine direktive Haltung einzunehmen? Laut Karasu soll man niemals aktiv intervenieren, denn „in dem Augenblick, in dem der Therapeut gegenüber dem Patienten Stellung bezieht, stört er das intrapsychische Gleichgewicht seines Konfliktes" (1992, S. 212). Dies ist genau die Art von Denken, die die Anmeldungszahlen in analytischen Ausbildungsinstituten zurückgehen ließ und zum Aufkommen der tiefenpsychologischen Kurztherapie führte. In ihrem kenntnisreichen wissenschaftlichen Kommentar zu diesem Thema schreiben Messer und Warren (1995):

Die meisten Formen tiefenpsychologischer Kurztherapie verlangen vom Therapeuten eine aktivere Haltung als die psychoanalytische Langzeittherapie, damit die Behandlung auf den Bereich des dynamischen Fokus ausgerichtet bleibt. [Dies kann unter anderem bedeuten, daß man] der psychischen Abwehr des Patienten direkt entgegentritt; dazu ist es notwendig, ziemlich unumwunden die eigene Autorität als Therapeut geltend zu machen und mit einiger Bestimmtheit aufzutreten. (S. 46)

Es bekümmert mich, wenn Therapeuten sich einer Philosophie des „Immer oder nie" verschreiben, anstatt zu prüfen, wann es sinnvoll ist, sich gegenüber einem anderen auf eine bestimmte Weise zu verhalten, und wann nicht. Wie ich in meinem Aufsatz „Tailoring the therapeutic relationship, or being an authentic chameleon" (Lazarus, 1993; Die therapeutische Beziehung auf den Klienten zuschneiden oder Die Kunst, ein glaubwürdiges Chamäleon zu sein) berichtet habe, suchte mich ein 42jähriger Börsenmakler wegen beruflicher Entscheidungsnöte, Konflikten mit seiner Frau und Selbstunsicherheit auf. Meine aktiven Interventionen – zum Beispiel unternahm ich Anläufe zu einer kognitiven Umstrukturierung, schlug ein Rollenspiel vor und wollte ihm Hausaufgaben mitgeben – hatten ausnahmslos den Effekt, daß er verdutzt dreinblickte und eine alles andere als enthusiastische Kooperationsbereitschaft an den Tag legte. Selbst empathisches Spiegeln schien bei diesem Klienten nur Ungeduld auszulösen. Mir dämmerte, daß er einen guten Zuhörer wollte – und damit basta! Also hörte ich mir seine Leidensgeschichte an, nickte dann und wann mit dem Kopf und zwang mich, keinerlei Beobachtungen, Reflexionen, Empfehlungen oder Vorschläge zu äußern. Ich war fasziniert, als er betonte, wie sehr ihm eine vorherige Sitzung, in der ich praktisch nichts gesagt hatte, weitergeholfen habe: „Sie haben mir wirklich geholfen, die Dinge klarer zu sehen. Ich bin zu dem Schluß gekommen, daß ich am besten nicht mehr dagegenhalte, wenn mich meine Frau kritisiert, sondern mich entschuldige, wenn ich meine, daß sie recht hat, und einfach nach konkreten Einzelheiten frage, wenn ich meine, daß sie unrecht hat." Auch in anderen Problembereichen fand er zu eigenen Lösungen. Sollen wir nun daraus den Schluß ziehen, daß wir mit *allen* Klienten so verfahren und uns durchweg aktiver Interventionen enthalten sollten? Wohl kaum! Als eines der ersten Dinge im Psychologie-Grundstudium lernt man, daß jeder Mensch einzigartig ist. Wie kommt es also, daß bestimmte Psychotherapeuten, sobald es um die Praxis geht, auf die Idee verfallen, wir seien alle aus dem gleichen Holz geschnitzt?

Gute Therapeuten gehen gewisse kalkulierte Risiken ein. Zwei Fallbeispiele sollen dies veranschaulichen.

Aktive Grundhaltung und glückliche Zufälle 117

Fall 1: Der Katzenkniff

Lassen Sie mich noch einmal feststellen, daß Therapeuten, die davor zurückscheuen, Ratschläge und Anregungen zu geben, wahrscheinlich viele Gelegenheiten auslassen, ihren Klienten wirklich zu helfen. Denn manchmal können einfache Lösungen von weitreichendem Nutzen sein.

Eine 49jährige Frau berichtete, daß sie mit ihrem Mann kürzlich nach New Jersey umgezogen sei. Sie finde es „sehr deprimierend", keine Freundinnen und Freunde um sich zu haben, und fühle sich einsam. Sie arbeitete vier oder fünf Stunden am Tag in einem Kindergarten, aber ihr vielbeschäftigter Ehemann war beruflich derart eingespannt, daß sie die meiste Zeit des Tages voneinander getrennt verbrachten. Sie hatten spät geheiratet und waren kinderlos, obwohl sie sich in den letzten zehn Jahren zahlreichen medizinischen Maßnahmen unterzogen hatten, die die Fruchtbarkeit hatten fördern sollen. „Jetzt bin ich zu alt, um noch ans Kinderkriegen zu denken", sagte sie, „und eine Adoption wollen wir beide nicht."

Ich kann mir vorstellen, daß viele Therapeuten dieser Frau ihre Empathie anbieten würden und sonst nichts und daß sie, nachdem sie ihr gut zugehört hätten, ihre therapeutische Pflicht als erfüllt betrachten würden. Ich schlug einen anderen Kurs ein. „Warum legen Sie sich nicht ein Haustier zu?" fragte ich. „Wir haben überlegt, ob wir uns einen Hund anschaffen sollen", erwiderte sie, „aber wir finden, das würde einfach zuviel Umstände machen. Ehrlich gesagt behagt mir die Vorstellung nicht, zu den merkwürdigsten Tages- und Nachtzeiten mit einem Hund Gassi zu gehen." „Wie wäre es dann mit einer Katze?" fragte ich.

Gleich am nächsten Tag ging sie in ein nahegelegenes Tierheim. „Als ich hineinkam", erzählte sie, „da hat mich, ich schwöre es, diese Katze angelächelt. Ich weiß, Katzen lächeln nicht, aber Mimi und ich haben eindeutig Blickkontakt aufgenommen. Ich tätschelte sie, und sie leckte mir die Hand und schnurrte. Die Verbindung zwischen uns war sofort hergestellt. Ich nahm sie mit nach Hause, und in der Nacht kuschelte sie sich zwischen meinem Mann und mir aufs Bett, und seitdem ist das ein allnächtliches Ritual. Auch mein Mann liebt diese kleine Person im Körper einer Katze über alles. Ich kann es nicht erwarten, von der Arbeit nach

Hause zu kommen und mit ihr zu spielen und zu schmusen. Mimi mag es sehr gern, auf meinem Schoß zu liegen oder sich an meine Seite zu kuscheln. Wenn ich in der Küche zugange bin, leistet sie mir Gesellschaft – sie sitzt sehr gern auf dem Küchentisch, und es sieht dann so aus, als würde sie über mich wachen." Ich achtete sorgsam darauf, keinerlei Skepsis an den Tag zu legen, als sie der Katze anthropomorphe Eigenschaften andichtete.

Durch einen glücklichen Zufall kam es zu einem therapeutischen Durchbruch. Sie ging mit der Katze zu einem Tierarzt, um sie untersuchen zu lassen. In der Praxis traf sie zwei Frauen, die ebenfalls Katzenliebhaberinnen waren. Sie kamen miteinander ins Gespräch, und meine Klientin erinnerte sich an einige meiner Bemerkungen zum Thema Risikofreude und schlug den Frauen vor, sich einmal zum Kaffee zu treffen. Sie schrieb sich ihre Telefonnummern auf, und innerhalb eines Monats waren sie gute Freundinnen geworden. Als die drei Frauen dann zusammen mit ihren Männern zum Essen ausgingen, fügte es sich, daß alle sich großartig amüsierten und weitere Freundschaften entstanden.

Bis zu diesem Punkt hatten wir drei Sitzungen hinter uns. „Ich glaube, ich brauche nicht mehr zu Ihnen zu kommen", sagte sie. Sie war in der Tat nicht mehr einsam oder deprimiert. Ich bat sie, mir einen Monat später zu erzählen, wie es ihr seit der Therapie ergangen war. Sie rief an und erstattete begeistert Bericht. Mimi war zu einem vollgültigen Familienmitglied geworden und eine beständige Quelle der Freude. Durch ihren Ehemann war die Klientin mit einem weiteren „reizenden Paar" in Kontakt gekommen. Er hatte die beiden durch seine Arbeit kennengelernt. „Wir sind jetzt mit drei Paaren befreundet, mit denen wir sehr gerne Zeit verbringen, also haben wir immer Leute, die wir besuchen oder mit denen wir am Wochenende ausgehen können. Ich würde also sagen, wir fühlen uns hier schon sehr zu Hause." Ungefähr ein Jahr später begegneten wir uns in einem Supermarkt und plauderten kurz miteinander. „Sie haben bei mir ein Wunder vollbracht", sagte sie zum Schluß.

Nach dieser Begegnung regten sich bei mir wieder gewisse Zweifel, die ich die ganze Zeit über gehegt hatte. Was würde geschehen, wenn Mimi starb? Hatten unsere drei Therapiesitzungen nur dazu gedient, die eigentliche Situation zu beschönigen? Hatte die Klientin irgend etwas von bleibendem Wert gelernt? Ich schlug meine Bedenken in den Wind, rief sie an und stellte ihr die obigen Fragen. Einer ihrer Sätze hat mich besonders beeindruckt: „Ich sage Ihnen was: Ob Mimi oder keine Mimi – ich werde von nun an immer ein Tier um mich haben, und ich habe damit auch eine todsichere Methode, neue Freunde zu finden."

Fall 2: Gesichtszüge

Eine völlig andere Situation ergab sich, als sich um das Jahr 1970 herum eine Frau Anfang Zwanzig an mich wandte. Sie war schon bei verschiedenen Therapeuten gewesen, ohne irgend etwas zu erreichen. Als ihr Grundproblem bezeichnete sie eine „alles beherrschende Depression" und gab an, daß sie seit einem Monat täglich 150 Milligramm Tofranil nehme, aber keine Besserung festgestellt habe. Ich fragte sie, ob sie sich an eine Zeit erinnern könne, als sie noch nicht depressiv gewesen sei. Sie sagte, das sei wohl vor ihrem fünften oder sechsten Lebensjahr gewesen. Sie war einsam, empfand sich als lebensuntüchtig, litt unter sozialen Ängsten und lebte zurückgezogen. Sie erzählte, daß sie bei Gleichaltrigen immer wieder auf Ablehnung stoße. Ich fragte: „Gibt es irgend etwas, das Ihnen Freude macht?" Sie erwiderte: „Ich bin Marathonläuferin, und innerlich komme ich eigentlich nur dann so richtig zur Ruhe, wenn ich laufe, und ich laufe fast jeden Tag." Sie bot von sich aus die Deutung an, daß sie wahrscheinlich versuche, vor der Welt und vor sich selbst davonzulaufen.

Während ich mir ihre Leidensgeschichte anhörte, konnte ich nicht umhin, festzustellen, daß die junge Frau vorstehende und verfärbte Zähne, eine viel zu große, knollige Nase und praktisch kein oder bestenfalls ein fliehendes Kinn hatte. Ich erkundigte mich taktvoll, ob sie jemals gehänselt worden sei, und sie machte mir die Sache leichter, indem sie sagte, sie habe immer als häßlich gegolten. Viele Menschen können wenig oder nichts an ihrem unattraktiven Gesicht ändern (nicht einmal mit Hilfe massiver plastischer Operationen), aber bei einem überdimensionierten Gesichtserker, mißgestalteten Zähnen und einem fliehenden Kinn läßt sich auf jeden Fall etwas ausrichten. Soll man es wagen, solche Dinge in einem Erstgespräch zu thematisieren?

Ich fuhr fort, mit ihr über die seit langem bestehende Depression, über ihre Herkunftsfamilie, ihren Mangel an Selbstakzeptanz und ihren einzelgängerischen Lebensstil zu sprechen. Wir befaßten uns auch mit ihrer Einstellung zu ihrem jüngeren Bruder, der im Kontakt mit anderen Menschen keinerlei Schwierigkeiten hatte. Mir ging die Frage nicht aus dem Kopf, wie sie wohl damit zurechtkäme, wenn ich das Gespräch auf ihre Nase, ihre Zähne und ihr Kinn brächte. Würde sie das als oberflächlich, sexistisch oder beleidigend empfinden? (Übrigens gehe ich in solchen Dingen nicht geschlechtspezifisch vor – ich habe viele männliche Klienten auf behebbare Mängel ihrer Kleidung oder ihres Aussehens aufmerksam gemacht.)

Ich fragte sie nach ihren vorherigen Therapeuten. Sie hatten sich auf folgende Punkte konzentriert: Geschwisterrivalität; die ziemlich narzißtische Mutter; den abwesenden Vater; Träume und Phantasien. Anscheinend hatte kein einziger etwas zu ihrer äußeren Erscheinung gesagt. Ich beschloß, den Sprung zu wagen. Zunächst sprach ich kurz über gesellschaftliche Ungerechtigkeiten und wies darauf hin, daß weit mehr Frauen als Männer unter einer unangebrachten Betonung von gutem Aussehen und körperlicher Attraktivität zu leiden hätten. Zu meiner Rechtfertigung sagte ich: „Wir alle wissen ja, daß der äußere Schein trügen kann, aber gutaussehende Frauen sind trotzdem entschieden im Vorteil." Hätte sie nun losgeschimpft und mir vorgeworfen, ich würde rückständige und oberflächliche Ansichten vertreten, oder hätte sie mir ein „Schön ist, was gefällt!" entgegengehalten, dann hätte ich möglicherweise einen Rückzieher gemacht. Als sie aber etwas nachdenklich sagte: „Ja, das sehe ich auch so. Den hübschen Mädchen fliegt alles zu, selbst wenn sie nur Stroh im Kopf haben", wagte ich den entscheidenden Schritt.

„Es gibt an Ihnen, wenn ich das sagen darf, drei Dinge, die Ihr Leben radikal verändern könnten, wenn Sie sie korrigieren ließen. Eine plastische Operation an Nase und Kinn und eine kosmetische Zahnkorrektur könnten ungeheuer viel ausmachen." Ich war äußerst angespannt, als ich dies sagte, doch als sie nur entgegnete: „Wer kann sich das schon leisten?", war ich sehr erleichtert und schöpfte Mut. Und so traute ich mich, sie auf folgende Möglichkeit hinzuweisen: Ein Psychiater und ich könnten in einem Brief bestätigen, daß dies keine reine Schönheitsoperation aus Grün-

Aktive Grundhaltung und glückliche Zufälle 121

den der Eitelkeit, sondern aus psychiatrischer Sicht erforderlich sei, und ihre Krankenversicherung werde sich daraufhin wohl genötigt sehen, die Kosten zu übernehmen.

Doch auch hier kam ein glücklicher Zufall zu Hilfe. Als ich in einem meiner Seminare über den Fall sprach, sagte eine Studentin, ihr Onkel sei ein sehr begabter Schönheitschirurg, der in der Gegend praktiziere und wahrscheinlich bereit sei, die Operation für ein drastisch reduziertes Honorar durchzuführen. Einige Wochen später teilte man mir mit, daß alle nötigen Vorbereitungen abgeschlossen seien. Danach war ich etwa für einen Monat in Übersee. Kurz nach meiner Rückkehr rief ich die Klientin an. Sie hatte die Gesichtsoperation hinter sich und mußte in jenen Tagen gerade das Überkronen der Zähne über sich ergehen lassen. „Ich melde mich wieder bei Ihnen", sagte sie.

Etwa einen Monat später sagte man mir, im Wartezimmer sei eine junge Frau, die mich für ein paar Minuten sprechen wolle. Als ich in den Wartebereich ging, lächelte mich eine elegant gekleidete und attraktive junge Frau an. Ich stellte mich ihr vor und sagte etwas wie: „Sie wollten mich sprechen?" Das schien sie zu belustigen, und sie fragte, ob ich sie denn nicht mehr kenne. Ich fragte, ob wir uns denn schon einmal begegnet seien, und dann wurde mir klar, wen ich vor mir hatte. Ich glaube, in meiner Überraschung rutschte mir ein Kraftwort heraus! Es war kaum zu fassen. Welche Verwandlung der menschlichen Physiognomie ein paar veränderte Zentimeter doch bewirken können! Ich sagte ihr, wie erstaunt ich sei, und wir plauderten eine Weile. „Ich brauche demnächst vielleicht ein paar Therapiesitzungen, denn von den Spielregeln, die für Verabredungen mit Männern wichtig sind, habe ich noch zu wenig Ahnung", sagte sie. „Es ist alles so neu für mich."

Ich ging noch einmal ein Wagnis ein und fragte sie, wie sie denn damit zurechtkomme, daß sie dieselbe wie vorher sei, nur mit dem Unterschied, daß sie nun ein hübsches Gesicht habe. Ihre Antwort weiß ich noch genau: „Ich will es einmal so sagen: Ich bin nicht mehr depressiv oder einsam, und man muß das Leben eben so akzeptieren, wie es ist." Meiner Ansicht nach war uns hier, um den Titel von Talmons Buch (*Single Session Solutions*, 1993) zu zitieren, eine Lösung innerhalb einer einzigen Sitzung gelungen.

Der geschilderte Fall gibt mir Anlaß, noch einmal zu betonen, daß in der Therapie artikulierte Probleme sich häufig noch verschlimmern, wenn der Therapeut zwar die besten Absichten hegt, sich aber scheut, irgendeinen Punkt zur Sprache zu bringen, mit dem sich der Klient längst abgefunden hat. Eine Therapie wird nur schleppend vorankommen, wenn man davon ausgeht, daß man einem ohnehin angeschlagenen Klienten durch das pointierte und direkte Ansprechen bestimmter Punkte weitere Verletzungen zufügen werde. Ich glaube, daß hartnäckige Vermeidungsmuster, Gehemmtheit, Argwohn gegen andere und ein Mangel an Selbstakzeptanz oft auf dem Boden von Beziehungsstrukturen entstehen, die von Unaufrichtigkeit und Oberflächlichkeit gekennzeichnet sind und deshalb der Selbstakzeptanz des Klienten im Wege stehen. Um diese Muster aufzubrechen, muß der Therapeut dem Klienten in ebenden Punkten Hilfestellung leisten, auf die es ankommt.

Die Quintessenz dieses Kapitels ist, daß Ausflüge in die Existenzphilosophie, rogerianisches Spiegeln, freudianisches Deuten und ähnliches sich sehr wenig dazu eignen, rasche Veränderungen bei Klienten herbeizuführen. Vor vielen Jahren schrieb Karl Menninger (1958/dt. 1977) im Vorwort zu seinem Buch *Theory of Psychoanalytic Technique*, man werde in der Zukunft „sicherlich schnellere und weniger kostspielige Möglichkeiten" finden, „um Symptome aus der Welt zu schaffen und verirrte Wanderer auf den richtigen Weg zu führen" (dt. S. 15). Ohne Widerspruch befürchten zu müssen, können wir feststellen, daß wir mittlerweile in dieser Zukunft angekommen sind.

Kapitel 9

Zwei spezifische Anwendungen: Störungen der sexuellen Appetenz und Dysthymie

Nach dem Vorangegangenen ist es nun wohl am Platze, zu zeigen, wie sich die multimodale Kurztherapie auf spezifische Störungen zuschneiden und anwenden läßt. Ich habe zwei Problembereiche ausgewählt, mit denen Therapeuten oft konfrontiert sind: Störungen der sexuellen Appetenz und Dysthymie.

Rosen und Leiblum (1995) weisen darauf hin, daß die typischen Probleme, mit denen sich Sexualtherapeuten heute auseinanderzusetzen haben, ganz anders geartet sind als zu der Zeit, als Masters und Johnson ihr Buch *Human Sexual Inadequacy* (1970; dt. 1973) veröffentlichten. Damals waren die in therapeutischen Praxen in den USA und in anderen Ländern am häufigsten behandelten Störungen Anorgasmie bei Frauen und vorzeitige Ejakulation bei Männern. Heute haben wir es, vielleicht weil es eine Unmenge an Ratgebern und allgemein zugänglichen Informationen zur Sexualität gibt, viel seltener mit sexuell naiven oder unerfahrenen Klienten zu tun, wohingegen Störungen der sexuellen Appetenz in den letzten Jahren an Häufigkeit und Bedeutung zugenommen haben. So schreiben Rosen und Leiblum (1995), daß „hypoaktive sexuelle Appetenz [hypoactive sexual desire (HSD)] einen für [...] den gesamten Bereich der Sexualtherapie zentralen Aspekt darstellt" (S. 4). Aufgrund der Erfahrungen in meiner Privatpraxis kann ich diese Einschätzung nur bestätigen, und ich möchte deshalb meinen Ansatz einer Breitband-Kurztherapie an dem Störungsbild veranschaulichen, das Lief (1977) als „Hemmung der sexuellen Appetenz" [inhibited sexual desire] bezeichnet hat.

Auch mit dem Beschwerdebild, das einst „neurotische Depression" hieß, im *DSM-IV* aber nun unter der Kategorie Dysthyme Störung subsumiert wird, müssen Therapeuten aller Schulrichtungen sich häufig auseinandersetzen, und ich werde darlegen, wie sich diese Störung meiner Auffassung nach ebenso schnell wie gründlich behandeln läßt.

Hemmung der sexuellen Appetenz

Viele Klienten berichten von einem Verlust ihres sexuellen Interesses, nachdem sexuelles Verlangen und sexuelle Aktivität zuvor in geringerem oder auch höherem Maße durchaus vorhanden waren. Die sogenannte „Hemmung der sexuellen Appetenz" kann auf zahlreiche Ursachenfaktoren zurückgehen. Zum Beispiel können somatische und insbesondere urologische oder gynäkologische Beschwerden dazu führen, daß das sexuelle Interesse abnimmt. Auch andere Faktoren können eine Rolle spielen, etwa hormonelle Defizite, Medikamente (beispielsweise bestimmte Mittel gegen Bluthochdruck), übermäßiger Konsum von Alkohol, Sedativa oder Narkotika und die Nebeneffekte einiger psychotroper Drogen. Auch eine Depression untergräbt oft das sexuelle Verlangen, und es gibt darüber hinaus ein breites Spektrum möglicher psychologischer Störfaktoren. Zu den häufigsten zählen Wut und Aggressivität, Schuldgefühle, innere Konflikte, religiöse Verbote, Ängste vor Intimität sowie Probleme, die mit den Themen Verantwortung, Abgelehntwerden, Lust und Bindungsfähigkeit zusammenhängen. Auch massiver Streß und situationsbezogene Ängste können sich in einer Dämpfung des Verlangens niederschlagen.

Störungen der sexuellen Appetenz: Problemaspekte

Bei der multimodalen Erfassung eines beliebigen Problems häuft man in der Regel rasch eine Fülle von Daten an und gelangt zu einem umfassenderen und gründlicheren Ergebnis als mit den meisten anderen Diagnoseverfahren. Wenn man das BASIC I. D. auf Störungen der sexuellen Appetenz anwendet, geht man die folgenden Problemaspekte durch:

- *Verhalten.* Lassen sich spezifische Verhaltensdefizite oder -exzesse feststellen? Gibt es Schwierigkeiten im Hinblick auf sexuelle Fertigkeiten und Sexualverhalten (z. B. Küssen, Streicheln, Massage und andere For-

men der Stimulation)? Gibt es relevante Details in bezug auf Masturbation, oral-genitalen Kontakt und den Einfluß situativer Variablen?
- *Affekte.* Gibt es Anhaltspunkte für Ängste, Schuldgefühle, Depression oder Wut? Bestehen Aversionen gegen bestimmte Körperteile oder Körperfunktionen? Sind Liebe, Zuneigung und Interesse am anderen vorhanden? Gibt es Anzeichen dafür, daß Affekte, die ursprünglich auf einen Elternteil gerichtet sind, auf den Partner oder die Partnerin umgelenkt werden? Gibt es irgendwelche speziellen Ängste vor Intimität?
- *Sinnesempfindungen.* Treten Schmerzen auf (z. B. in Form von Dyspareunie oder postkoitalen Beschwerden), oder ist ein Ausbleiben von Lustempfindungen festzustellen (z. B. Anorgasmie, Ejakulation ohne begleitende Lustgefühle)? Wird Selbst-Stimulation als angenehm, indifferent oder unangenehm empfunden oder gar nicht ausgeübt? Stellt sich eine physiologische Erregung [arousal] ein, die aber mit geringem oder gar keinem Lustempfinden verbunden ist?
- *Vorstellungsbilder.* Ruft der Gedanke an sexuelle Begegnungen positive, negative oder bedrängende Vorstellungsbilder wach? Gibt es spontan auftretende erotische oder aufreizende innere Bilder? Steigern oder drosseln bestimmte Phantasien das sexuelle Verlangen? Wie häufig sind erotische Träume (wenn sie überhaupt vorkommen), und was ist ihr Inhalt? Stacheln Bücher, Bilder oder erotische Filme die physiologische Erregung oder das Verlangen an?
- *Kognitionen.* Wie hängen die ethischen, moralischen und religiösen Überzeugungen des Klienten mit seiner Sexualität zusammen? Welche grundsätzliche Einstellung hat er zur Sexualität? Vertritt er dabei klar konturierte Auffassungen, und hat er ganz bestimmte sexuelle Rollenerwartungen? Von welchen dogmatischen Geboten und Verboten ist sein Denken bestimmt, und inwieweit engt er sich selbst und die Partnerin durch Forderungen mit „müssen" und „sollen" ein? Ist er über bestimmte Aspekte der Sexualität falsch oder gar nicht informiert?
- *Zwischenmenschliche Beziehungen.* Wie selbstsicher und kommunikationsfähig ist der Klient? Ist ein spezifisches Beziehungsproblem festzustellen (z. B. daß die Partnerin keine Anziehungskraft auf ihn ausübt), und/oder gibt es Hinweise darauf, daß er im zwischenmenschlichen Bereich generell Schwierigkeiten hat? Spielt der Machtaspekt in seinen

Sexualbeziehungen eine wesentliche Rolle? Wer waren seine sexuellen Rollenvorbilder? Gibt es bedeutsame Details im Hinblick auf seine sexuelle Initiation oder die Unterbindung sexueller Aktivität? Gibt es irgendwelche sexuellen Traumata – Vergewaltigung, Nötigung zum Inzest, massive Strafmaßnahmen der Eltern?
- *Biologische Faktoren.* Nimmt der Klient oder die Klientin ärztlich verordnete Medikamente ein? Konsumiert er oder sie Drogen oder Alkohol? Liegen Dysfunktionen im urologischen oder gynäkologischen Bereich vor? Wären endokrinologische Tests sinnvoll? Wurden andere organische Faktoren bereits ausgeschlossen?

Die obigen Fragen bilden die Grundlage für eine eingehendere Erkundung spezieller Teilbereiche, die unter Umständen eine Klärung und differenzierte Beschreibung erfordern.

Wenn man sich mit der menschlichen Sexualität befaßt, scheint es therapeutisch gesehen von Vorteil zu sein, sie unter dem Gesichtspunkt der Abfolge von Verlangen, physiologischer Erregung, Stimulation, Orgasmus, Entspannung und Befriedigung zu betrachten, denn in jeder dieser Phasen können ganz bestimmte Probleme auftreten:

1. *Verlangen.* Die häufigste Störung in diesem Bereich ist die „Hemmung der sexuellen Appetenz", das heißt, daß ein Interesse an jeglicher Form von sexueller Aktivität nur in geringem Maße oder gar nicht vorhanden ist.
2. *Physiologische Erregung.* Als Defizite in diesem Bereich sind zu nennen, daß es überhaupt nicht oder nur in geringem Maße zu der für den Koitus notwendigen Tumeszenz des Penis (Erektion) beziehungsweise Lubrikation und Weitung der Vagina kommt.
3. *Stimulation.* Typische Probleme in der Stimulationsphase sind: Ausbleiben oder Verlust der Erektion, frühe Ejakulation, unzureichende vaginale Lubrikation, Schwinden des sexuellen Interesses oder Verlangens vor dem Orgasmus.
4. *Orgasmus.* Zu den Orgasmusschwierigkeiten gehören Anorgasmie, Schmerzen, verringerte Empfindungsfähigkeit sowie Ejakulation ohne Lustempfinden.

5. *Entspannung.* Zu den Schwierigkeiten in diesem Bereich zählen extreme postorgasmische Mattigkeit oder Erschöpfung, depressive Zustände, Kopfschmerzen, Schmerzen oder unangenehme Empfindungen in den Genitalien.
6. *Befriedigung.* Als Probleme dieser Phase sind zu nennen: negative subjektive Bewertung des sexuellen Erlebnisses; Defizite in bezug auf das allgemeine Gefühl der Befriedigung oder Erfüllung, das sich normalerweise aus dem sexuellen Erlebnis ergeben würde.

Fallbeispiel: Hemmung der sexuellen Appetenz

Das folgende Fallbeispiel veranschaulicht, wie sich die Verfahrensweisen und Methoden einer kurzen, aber umfassenden Therapie auf die Diagnostik und Behandlung verminderten sexuellen Verlangens anwenden lassen.

Lisa und Al. Die 35jährige Lisa und der 37jährige Al waren zur Zeit der Aufnahme seit acht Jahren verheiratet. Lisa gab an (und Al bestätigte), daß ihre voreheliche sexuelle Beziehung leidenschaftlich gewesen war und daß sie während dieser (etwa achtmonatigen) Phase oft miteinander geschlafen hatten. Als sie verheiratet waren, bemerkte Lisa, daß bei Al das Interesse nachließ. Die Häufigkeit und die Art ihrer sexuellen Begegnungen blieb dennoch etwa zwei Jahre lang befriedigend. Seitdem traten bei Al Erektionsprobleme auf. Er wandte sich an einen Psychiater, der die Schwierigkeiten auf übermäßige berufliche Belastung zurückführte. (Man hatte Al am Arbeitsplatz mehr Verantwortung aufgebürdet, und er fühlte sich sehr oft ausgelaugt.) Bald darauf wechselte er innerhalb des Betriebs in eine neue Position, so daß viele der vorherigen Anforderungen wegfielen, und seine Potenz kehrte zurück – ohne aber je ganz wiederhergestellt zu sein. Im Lauf der folgenden vier Jahre wurde sein sexuelles Interesse und Verlangen durch immer wieder auftretende Probleme (Erektionsschwierigkeiten, vorzeitige Ejakulation, unspezifische Prostatitis) zunehmend untergraben. Er gab an, daß er seit einem Jahr kein spontanes sexuelles Verlangen mehr verspürt habe, und Lisa berichtete, während dieser Zeit hätten sie „allerhöchstens drei- oder viermal" miteinander geschlafen.

Al war Elektroingenieur und in einem großen Unternehmen sowohl mit Leitungs- als auch mit technischen Aufgaben betraut. Lisa war Bibliothekarin mit akademischem Abschluß, arbeitete aber in der Werbebranche als Vertreterin und freiberufliche Texterin. Sie hatten keine Kinder, wobei Lisa seit zwei Jahren das Empfinden hatte, daß sie zu einer endgültigen Entscheidung kommen müßten, weil ihre „biologische Uhr" bald abgelaufen sei. Al schien dieses Thema mit sehr zwiespältigen Gefühlen zu betrachten.

Als Vorgeschichte. Al hatte eine drei Jahre jüngere Schwester. Sie hätten sich oft gestritten und seien „wie Hund und Katze" gewesen. Er habe „keinen Draht zu ihr". Den Vater beschrieb er als „passiv", die Mutter nannte er einen „Drachen": „Sie war oft auf dem Kriegspfad, und schon in jungen Jahren lernte ich, ihr aus dem Weg zu gehen." Auf die Frage, ob er sich als Kind geliebt gefühlt und ob er Zuneigung und Geborgenheit erfahren habe, erwiderte er, trotz der Passivität des Vaters und der Aggressivität der Mutter habe er von beiden genügend Liebe und Aufmerksamkeit bekommen. Er hielt sie für sexuell gehemmt – über das Thema Sexualität war zu Hause nie gesprochen worden. Im Alter von elf Jahren war er durch Gleichaltrige aufgeklärt worden, und in dieser Zeit fing er auch an zu masturbieren. Mit sechzehn fing er an, mit Mädchen auszugehen; dabei kam es zwar zu intensivem Petting, doch den ersten Geschlechtsverkehr hatte er mit einer Prostituierten, als er zwanzig war. In den folgenden acht Jahren hatte er einige „ernsthafte Beziehungen", Gedanken übers Heiraten machte er sich aber erst, als er (mit knapp 29 Jahren) Lisa kennenlernte. „Ein solches Einvernehmen mit einem anderen Menschen hatte ich nie zuvor erlebt ... Wir lachten über dieselben Dinge und waren uns in allem einig, angefangen vom Agnostizismus bis hin zu unserem Kunstgeschmack."

Lisas Vorgeschichte. Lisa hatte eine neun Jahre ältere Schwester, zu der die Beziehung immer sehr eng gewesen war. Lisa war eine glänzende Schülerin und Studentin und der Liebling des Vaters. Die Eltern tolerierten einander, und die Atmosphäre in der Familie war „gelassen, aber ohne wirkliche Freude". Die Mutter äußerte oft die Ansicht, eine Frau müsse ihren Ehemann „berechnen" können und darauf achten, daß sie die Kontrolle nicht aus der Hand gebe. Als Lisa etwa 14 war, machte die Mutter eine kleine Erbschaft, und „mit Pfiffigkeit und einigem Glück gelang es ihr, das Geld auf eine große Summe anwachsen zu lassen". Die finanzielle Unabhängigkeit der Mutter schien einen Keil zwischen die Eltern zu treiben. Als Lisa 19 war, vertraute ihr die Mutter an, daß der Vater eine heimliche Liebesaffäre habe – was die Mutter eher amüsant als bedrohlich oder ärgerlich zu finden schien. „Während meines ersten Jahres am College ließen sich meine Eltern scheiden, und in meinem letzten Collegejahr ging er eine neue Ehe ein, und sie genauso."

Am College war Lisa recht begehrt und hatte viele Rendezvous, „aber entjungfern ließ ich mich erst am Ende meines letzten Collegejahres." Bald nach ihrem Abschluß, mit 21, heiratete sie einen zehn Jahre älteren Mann. „Er war wahnsinnig geistreich, und sein Intellekt zog mich sehr an." Trotzdem hatten sie nur wenige gemeinsame Interessen. Lisa fand ihn nie körperlich attraktiv, und nach zwei Jahren hatten sie sich so weit auseinandergelebt, daß sie „einfach in die Scheidung hineinschlitterten". Danach ging sie zwar noch mit einigen Männern, doch erst als sie Al kennenlernte, war sie „verliebt". Sie sagte, er sei „genauso brillant wie mein erster Ehemann, aber unendlich attraktiver und mit viel mehr Sex-Appeal."

Multimodale Diagnostik. Die obigen Informationen sind eine Zusammenfassung der wesentlichsten Ergebnisse aus zwei Aufnahmegesprächen mit dem Paar. Am Ende des ersten Gesprächs wurden Lisa und Al gebeten, einen Multimodalen Fragebogen zur Lebensgeschichte (Lazarus & Lazarus, 1991) auszufüllen und zum zweiten Termin wieder mitzubringen. (Manche Klienten wollen den Fragebogen nicht im Detail ausfüllen, weil sie befürchten, damit potentiell belastende Informationen über sich preiszugeben. Wir empfehlen ihnen deshalb, Namen, Adresse und andere Informationen, anhand deren man sie identifizieren könnte, einfach wegzulassen.)

Aufgrund seiner Vorgeschichte war Al offenbar besonders empfindlich gegenüber Aggression, die (tatsächlich oder nur in seiner Einbildung) von Frauen ausging. Auf Lisa, die nach eigener Einschätzung ein „selbstsicherer" Mensch war, reagierte er so, als sei sie äußerst „kontrollierend und aggressiv". Im Multimodalen Fragen zur Lebensgeschichte hatte er Lisa wie folgt beschrieben: „Sie behandelt mich wie einen Trottel. Man könnte meinen, ich sei nicht intelligent genug, um einen Geschäftsbrief zu schreiben oder einfache Alltagsdinge im Kopf zu behalten." Umgekehrt hatte Lisa geschrieben: „Al nimmt die Dinge manchmal einfach zu locker, und ich glaube, er faßt jeden liebevollen Stups gleich als aggressive Kritik auf." Im Verlauf der vierten gemeinsamen Sitzung sagte Lisa: „Hört mal her, ihr zwei, ich will Antworten haben, und ich will sie jetzt haben. Ich glaube, ich habe viel zu lange Geduld gehabt!" Ich fragte Lisa, ob das ein Beispiel für ihr „liebevolles Stupsen" sei. Auch gab ich ihr zu bedenken, daß dies vielleicht ihr üblicher Stil sei, wenn etwas sie frustrierte. Am Ende der Sitzung hatten wir in folgenden Punkten Übereinstimmung erzielt: 1. Lisa neigte im allgemeinen dazu, andere „hart anzupacken". 2. Al reagierte bei realen oder eingebildeten Kränkungen, besonders wenn sie von Frauen und vor allem von Lisa kamen, eher übertrieben. 3. Wenn Al sich angegriffen fühlte, zog er sich fast immer zurück, anstatt sich zu behaupten (womit er an einer Taktik festhielt, die in seiner Kindheit eine sinnvolle Funktion erfüllt hatte, ihm als Erwachsenem aber nun keine Vorteile mehr einbrachte).

Laut Al hatte Lisa unverhohlen spöttisch und überkritisch auf seine sexuellen Unzulänglichkeiten reagiert. „Als ich vor sechs Jahren dieses Problem mit der Impotenz zum erstenmal hatte, da hätten Sie mal hören sollen, was sie alles zu mir gesagt hat!" Lisa erwiderte scharf: „Das war vor über sechs Jahren! Habe ich denn seitdem irgend etwas gesagt?" Al konterte: „Das ist auch gar nicht nötig! An deinem Verhalten sieht man mehr als deutlich, was du denkst." Lisa wandte sich an mich und sagte: „Das ist sein Hauptproblem: Er sieht die Dinge so verdammt negativ. Al liest ständig Geringschätzung und Verachtung in so ziemlich alles hinein, was ich sage oder tue." Daraufhin sagte Al: „Lisa, ich mag ja überempfindlich sein, aber ich bin keineswegs der einzige, der dich als sehr penetrant und wirklich furchtbar dominant erlebt. Deine eigene Schwester hat gesagt, daß du schon als Kind gern über andere bestimmt hast und daß es dir gefiel, wenn du das Sagen hattest und anderen Kommandos erteilen konntest. Nennen dich Sue und Phyllis und deine ganze Tennisgruppe nicht ‚die große Diktatorin'? Und wie viele Male war Gordon [Lisas Chef] nahe daran, dich wegen deiner Widersetzlichkeit hinauszuwerfen? Das existiert nicht alles nur in meiner Einbildung. Sicher, ich bin vielleicht zu dünnhäutig, aber du bist auch ein verdammt harter Brocken." Ich warf ein: „So wie Ihre Mutter?" Al antwortete: „Ja, aber der konnte ich mich wenigstens entziehen." Ich sagte: „Al, ich glaube, wir beide sollten uns ein paarmal allein treffen und von Mann zu Mann reden, damit wir Ihre Rückzugstendenzen näher unter die Lupe nehmen können und ebenso Ihren Wunsch, aus stressigen Situationen zu entkommen, damit Sie sich nicht mit ihnen auseinandersetzen und sie bewältigen müssen. Und mit Ihnen, Lisa, würde ich mich gern ein paarmal zusammensetzen, um herauszufinden, ob es für Sie von Vorteil wäre, sich einen anderen Umgangsstil anzueignen. Was meinen Sie beide zu dieser Idee, uns jeweils unter vier Augen zu treffen?" Sie erwiderten: „Einverstanden."

Ehe wir zu den Einzelsitzungen übergingen, trug ich dem Paar auf, zweimal in der Woche eine sensate-focus-Übung durchzuführen. Wie ich ihnen mit Nachdruck einschärfte, sollten sie einander in entspannter, zärtlicher, geruhsamer und sinnlicher Atmosphäre massieren, dabei Brüste und Genitalien nicht mit einbeziehen und keinesfalls auf Koitus oder Orgasmus hinsteuern. Ich brachte in Erfahrung, daß Lisa es besonders genoß, die Füße massiert zu bekommen, während Al eine Rückenmassage bevorzugte, und traf eine klare Vereinbarung mit ihnen, daß sie einander zweimal pro Woche auf diese Weise eine Freude machen würden. Für die folgende Woche machte ich mit Al und Lisa je einen Termin für eine Einzelsitzung aus.

Einzelsitzungen mit Al. Bevor Al zu seiner Einzelsitzung kam, hatte ich das folgende Modalitätsprofil erstellt:

- *Verhalten:*   Rückzugstendenzen
- *Affekte:*   Ängste (keine Erektion zuwege zu bringen)
  Wut (größtenteils nicht artikuliert)
- *Sinnesempfindungen:*   Verspannungen (hauptsächlich in Kiefer, Schultern, Nacken)
  unangenehme Empfindungen im Skrotum (wenn Prostatitis akut wird)
- *Vorstellungsbilder:*   Bilder (lebhafte Erinnerungen) von negativen sexuellen Erlebnissen

- *Kognitionen:* perfektionistische Tendenzen
  „Ich kann keine Kritik ertragen"
  Sorgen und Erwartungen in bezug auf seine sexuelle Leistungsfähigkeit
  im Zwiespalt mit sich, ob er Vater werden möchte
- *Zwischenmenschliche Beziehungen* defiziente Kommunikation (bringt seine sexuellen Vorlieben nicht deutlich zum Ausdruck)
  selbstunsicher (besonders beim Äußern von Wut)
  reagiert in übertriebener Weise auf Aggression, besonders wenn sie von Frauen ausgeht
- *Biologische Faktoren:* remittierende unspezifische Prostatitis

Al las das Profil durch und bestätigte, daß es seine hauptsächlichen Problembereiche auf den Punkt brachte. Nachdem wir darüber geredet hatten, womit wir sinnvollerweise beginnen sollten, einigten wir uns auf folgendes: 1. Al würde das erste Kapitel von Zilbergelds *Male Sexuality* (1978; dt. 1983) sehr gründlich durchlesen. Das Buch handelt unter anderem von zentralen Mythen über die Sexualität und hilft Männern, sich von unrealistischen Erwartungen zu lösen. (Die Behandlung von Lisa und Al fand statt, ehe Zilbergelds *The New Male Sexuality* herauskam [1992; dt. 1994].) 2. Wir würden uns mit seinen Rückzugstendenzen und seinem grundlegenden Mangel an Selbstsicherheit beschäftigen. 3. Ich würde ihm bestimmte Entspannungstechniken beibringen und ihm entsprechende Cassetten für das Üben zu Hause mitgeben.

Am Anfang des Selbstsicherheitstrainings standen die üblichen Verhaltensübungen und Rollenspiele; dabei stellte sich allerdings bald heraus, daß in Als subjektiver Sicht das Einnehmen einer selbstsicheren Haltung mit einer Vielzahl von Gefahren verbunden war. Er hielt es für sicherer, sich zurückzuziehen, nichts zu sagen und (nur falls es ihm unbedingt notwendig erschien) mit passiv-aggressiven Mitteln zurückzuschlagen, wenn er kritisiert wurde oder in irgendeine gefährliche Lage geriet. Die

Wurzeln dieses Verhaltensmusters schienen in der Kindheit zu liegen, als er mit seiner aggressiven Mutter zurechtkommen mußte und sich dabei mit seinem passiven Vater identifizierte.

Aus diesem Grund setzte ich Zeitreise-Bilder ein: Ich gab Al, der auf einem bequemen Stuhl saß, die üblichen Entspannungsanweisungen und bat ihn dann, die Augen zu schließen und sich vorzustellen, wie er als Erwachsener in eine „Zeitmaschine" stieg, in der Zeit zurückreiste und wichtige Begegnungen mit seiner Mutter noch einmal durchlebte. Es entspann sich folgender Dialog (der einem leicht bearbeiteten Transkript der Sitzung entnommen ist):

THERAPEUT: Sie können die Zeitmaschine an jedem Punkt der Vergangenheit anhalten und in Ihr damaliges Leben hineingehen. Können Sie sich das gut vorstellen?

KLIENT: Ja. [Pause] Ich erinnere mich an eine Zeit, hm, ich war ungefähr fünf oder sechs, und ich hatte etwas getan, das meine Mutter wütend machte. Ich weiß nicht mehr, was es war, aber ich spielte im Wohnzimmer mit ein paar Spielsachen, und sie kam herein, kickte die Spielsachen weg, so daß sie quer durchs ganze Zimmer flogen, und brüllte mich an.

THERAPEUT: Gut, jetzt gehen Sie mit Ihren 37 Jahren in die Szene hinein. Sie steigen aus der Zeitmaschine und gehen ins Wohnzimmer. Schauen Sie zu und hören Sie zu, wie Ihre Mutter herumschreit. [Pause] Sehen Sie sich den fünf- oder sechsjährigen Al an. [Pause] Was geschieht da?

KLIENT: Meine Mutter und der kleine Al scheinen nicht mitzubekommen, daß ich da bin – sie nehmen mich nicht wahr.

THERAPEUT: Können Sie sich bemerkbar machen? Wie möchten Sie ihre Aufmerksamkeit auf sich ziehen?

KLIENT: Indem ich meine Mutter erwürge! [lacht leise]

THERAPEUT: Können Sie sich ein Bild davon machen, wie Sie die Situation selbstsicher angehen? Sie sind 37. Der kleine Al ist fünf oder sechs. Wie alt ist Ihre Mutter?

KLIENT: Sie ist etwa 28 oder 29.

THERAPEUT: Gut. Es hat jetzt keinen Zweck, ihr zu sagen, daß Sie der

	37jährige Al aus der Zukunft sind, der sie besuchen kommt. Wie wäre es, wenn Sie ihr statt dessen einfach sagen, daß es nicht richtig ist, wie sie den fünfjährigen Al behandelt?
KLIENT:	[Pause von 30 bis 40 Sekunden] Ja, es gelingt mir, sie in ihre Schranken zu weisen.
THERAPEUT:	Gut. Lassen Sie uns anschließend darüber reden, was da geschehen ist. Könnten Sie aber, bevor Sie die Szene verlassen, etwas zu dem kleinen Al sagen?
KLIENT:	[Pause] Ich weiß wirklich nicht, was ich ihm sagen soll.
THERAPEUT:	Könnten Sie ihm nicht etwas Beruhigendes sagen? Sagen Sie ihm, daß er ein guter Junge ist, und erklären Sie ihm, daß seine Mutter ein wenig unausgeglichen ist und daß er es sich nicht zu Herzen nehmen soll, wenn sie an die Decke geht.
KLIENT:	[Pause] Okay. Wenn ich so auf diese Situation zurückschaue, dann kann ich dem kleinen Al sagen: „Der Drachen meint es eigentlich nicht böse."
THERAPEUT:	Ausgezeichnet. Sind Sie jetzt bereit, in die Zeitmaschine zu steigen und hierher zurückzukehren?

(Weitere Beispiele und Anwendungen der „Zeitreise"-Technik finden Sie am Ende des Kapitels.)

Nun besprachen wir den imaginären Ausflug in die Vergangenheit, und ich forderte Al auf, sich mehrmals am Tag Zeit für ähnliche Übungen zu nehmen, in denen er in der Zeit zurückging, um sein junges Alter ego zu trösten und seine Mutter (nicht auf aggressive, sondern auf selbstsichere Art) zurechtzuweisen. In darauffolgenden Sitzungen wandte ich erneut die Zeitreise-Technik an. Meine Idee dabei war, daß Al seinen passiven Vater dazu ermutigen könnte, der Mutter Paroli zu bieten. Al indes versuchte nicht, das Verhalten seines Vaters zu modifizieren, sondern zog es statt dessen vor, ihm mitzuteilen, daß sein Sohn von jetzt an ein anderer Mensch (mit mehr Selbstvertrauen) sein werde. (Anscheinend ging es ihm darum, die Einwilligung des Vaters dafür zu erlangen, daß er sich nun nicht länger mit ihm identifizieren und daß er ein eigenständiges Individuum werden wollte.) Wenn Klienten solche Visualisierungstechniken gewissenhaft üben, stellen sich meiner Erfahrung nach meist günstige Wirkungen ein. Al war einer von den Klienten, die Visualisierungsübungen als „ich-synton" erleben und deren Fortschritte in der Therapie mit dem Üben parallel gehen. Über die Visualisierungsübungen hinaus sprach ich jeden einzelnen Punkt in Als Modalitätsprofil an: Ich betonte eine nicht auf Leistung zentrierte Einstellung zur Sexualität, hielt ihn dazu an, Vermeidungs- durch Annäherungsverhalten zu ersetzen, zeigte ihm, wie er Wut, anstatt sie zu unterdrücken, in angemessener Weise abreagieren konnte, vermittelte ihm Entspannungsstrategien, mit denen er seiner Anspannung entgegenwirken konnte, leitete ihn zu Übungen an, die positive erotische und sexuelle Phantasien an die Stelle seiner negativen Vorstellungsbilder setzten, plädierte für eine dezidiert antiperfektionistische Lebensphilosophie, setzte Rollenspiele ein, um seine Kommunikationsfähigkeit zu fördern (und ihm z. B. zu helfen, seine sexuellen Wünsche klar zu äußern), und zog Verhaltensübungen heran, damit er mit Kritik und Aggression besser umgehen lernte. Für all dies wurden acht Sitzungen in wöchentlichem Abstand benötigt, und am Ende der zwei Monate war es zu einer ganzen Reihe bedeutsamer Veränderungen gekommen. (So berichtete Al in der fünften Sitzung, daß die sensate-focus-Übungen in der vorangegangenen Woche zweimal in „leidenschaftlichen Sex" gemündet waren. Auf diese Weise wurden die sensate-focus-Übungen zu ihrem „neuen Vorspiel", und von da an schliefen sie zwei- oder dreimal in der Woche miteinander.) Weil Al nach wie vor bestimmten Mythen über Sexualität und Ehe anhing, trug ich ihm auf, das Buch von Zilbergeld (1978) noch einmal zu lesen und insbesondere auf die dort geschilderten Mythen zu achten. Außerdem gab ich ihm ein Exemplar meines Buches *Marital Myths* (Lazarus, 1985/dt. 1988) mit und deutete an, daß es von Nutzen sein könnte, in der nächsten Sitzung darüber zu sprechen, was die Lektüre bei ihm an Reaktionen ausgelöst habe. Mit Als Ambivalenz gegenüber dem Thema Vaterschaft hatten wir uns bis dahin noch nicht näher befaßt; ich schlug ihm vor, wir könnten uns in einigen weiteren Sitzungen zusammen mit Lisa auf diesen Punkt konzentrieren.

Einzelsitzungen mit Lisa. Zu den Hauptmerkmalen des multimodalen Ansatzes gehört seine Flexibilität. Lisa hatte eine Abneigung gegen jede Form von systematischer Exploration im Sinne des BASIC I. D. und wollte lieber die Themen „Selbstvorwürfe" und „geringe Selbstachtung" angehen. Ihre Neigung zur Selbstabwertung hatte anscheinend zur Folge, daß sie in extreme Abwehrreaktionen und Überkompensationen (in Form von Aggression und überzogenem Kritisieren) verfiel. Wo der Ursprung ihrer Selbstvorwürfe lag, blieb uns ein Rätsel. (Sie hatte nicht die typischen mißbilligenden, überkritischen Eltern, auf die man in derartigen Fällen so oft stößt.) Verschiedene Versuche, mit Hilfe von Visualisierungstechniken subtilere Auslöser von Lisas Verletzlichkeit ausfindig zu machen, blieben erfolglos. Im Gegensatz zu Al war Lisa wenig empfänglich für Ausflüge in die Welt innerer Bilder. Den Grundpfeiler der Therapie bildete folglich die Modifikation ihrer dysfunktionalen Überzeugungen durch „kognitive Umstrukturierung".

Lisa kam in einem Zeitraum von neun Wochen zu sechs Sitzungen. Abgesehen von der kognitiven Therapie bildete auch Lisas zwischenmenschlicher Umgangsstil einen Schwerpunkt jeder Sitzung. Ich wies sie mit Nachdruck darauf hin, daß Als Neigung, auf tatsächliche oder unterstellte Kritik überempfindlich zu reagieren und sich persönlich angegriffen zu fühlen, wahrscheinlich immer bestehen bleiben würde: „Ich versuche diese empfindliche Stelle einzugrenzen, aber ich kenne keine Methode, mit der sie zu beseitigen wäre." Mit Hilfe von Rollenspielen zeigte ich Lisa, wie sie in einer entgegenkommenden anstatt abwertenden und überkritischen Haltung mit anderen reden, ihnen widersprechen, mit ihnen streiten, Zweifel anmelden und Wünsche äußern konnte. Ich unterstrich die Vorzüge positiver Verstärkung und riet ihr, auf das Prinzip der positiven Konnotierung zurückzugreifen, falls sie sich über die Beweggründe anderer nicht im klaren sei (also zu versuchen, das Handeln der anderen mit mitmenschlichen, uneigennützigen und prosozialen Motiven zu erklären). „Falls Sie es jemals darauf anlegen sollten, Ihre Ehe zu sabotieren, dann müssen Sie nur harsche Kritik an Al üben, ihn in seiner Männlichkeit demütigen und abfällige Bemerkungen über seine Eignung als Sexualpartner machen."

Der Sexualität an sich mußten wir sehr wenig Aufmerksamkeit widmen. Lisa sagte, sie komme leicht zum Orgasmus, und beschrieb sich als „sinnlich und frei von Hemmungen". In diesem Bereich habe sie „keinen Knacks". Ich warnte sie erneut davor, andere „hart anzupacken", harsche

Kritik an ihnen zu üben oder Forderungen an sie zu stellen, anstatt nur die eigenen Präferenzen kundzutun. Ich fragte sie: „Ist das jetzt unfair? Ich lege Ihnen ja nahe, bestimmte Dinge zu tun oder sein zu lassen. Wäre es auf lange Sicht ganz einfach unmöglich für Sie, diese Bedingungen zu erfüllen?" „Nicht, wenn ich will, daß diese Ehe gutgeht", erwiderte sie.

Gemeinsame Sitzungen. Drei weitere Sitzungen, zu denen beide Ehepartner kamen, erbrachten eine Konsolidierung der bis dahin erzielten Fortschritte. Außerdem sprachen wir über die Frage, ob sie nicht doch ein Kind wollten. Al faßte seinen Standpunkt folgendermaßen zusammen: „Ich bin nach wie vor unsicher, aber ich glaube, das liegt daran, daß ich gern eine Garantie dafür hätte, daß es mit uns gutgeht. Ich lasse mich aber darauf ein, daß wir in den nächsten Monaten keine Verhütungsmittel mehr benutzen und abwarten, was sich ergibt."

Follow-up. Elf Monate später fragte ich bei Al und Lisa nach und erfuhr, daß ihre Fortschritte von Bestand waren und Lisa sich in den letzten Wochen der Schwangerschaft befand. Zwei Jahre später bekam ich eine Weihnachtskarte mit einem Foto, das den lächelnden Al und Lisa mit der Tochter zeigte. Mit ein paar Zeilen brachten sie ihren Dank zum Ausdruck und teilten mir mit, daß sie in den Mittleren Westen gezogen waren. Sie fügten hinzu: „Uns geht's wirklich prima."

Kommentar. Die Behandlung von Al und Lisa machte zwar keine heroischen, außerordentlich innovativen oder besonders faszinierenden Taktiken notwendig, aber sie veranschaulicht trotzdem sehr gut, daß der multimodale Ansatz relativ wenig Zeit erfordert, ohne deshalb schmalspurig zu sein. Wir erfaßten insgesamt ein großes Spektrum. Die zwei gemeinsamen Aufnahmegespräche, die acht Einzelsitzungen mit Al, die sechs Einzelsitzungen mit Lisa und die drei abschließenden gemeinsamen Sitzungen ergeben in der Summe 19 Sitzungen. Die Akzentuierung des aktiven und edukativen Aspekts (auf die ich in Kapitel 10 noch einmal näher eingehen werde) ist deutlich zu erkennen, ebenso wie die Abstimmung der Techniken auf die Präferenzen des Klienten und der Klientin. Al sprach auf Visualisierungsmethoden an und zog aus der Zeitreise-Technik größten

Nutzen; Lisa war eher „linkshemisphärisch" ausgerichtet, so daß ich einen Versuch mit Visualisierungsübungen abbrach. Ein zentrales Moment der Beziehungsdynamik schien darin zu liegen, wie Lisa durch ihren recht scharfen Umgangston Als Überempfindlichkeit gegenüber realer oder phantasierter Kritik immer wieder von neuem anfachte. Um in diesem wichtigen Konfliktpunkt zu einer Lösung zu gelangen, durchkämmten wir im Laufe der 19 Sitzungen ein weites Terrain. Daran wird deutlich, daß eine Breitband-Kurztherapie kein Widerspruch in sich ist.

Die Ausführungen über Hemmung der sexuellen Appetenz und das Fallbeispiel von Lisa und Al sind Auszüge aus meinem Kapitel über Störungen der sexuellen Appetenz in *Sexual Desire Disorders* von Leiblum und Rosen (1988).

Multimodale Behandlung der Dysthymie

Dysthyme Störung

Laut dem *DSM-IV* besteht bei Menschen, die an einer dysthymen Störung leiden, nach eigenen Angaben oder laut den Beobachtungen anderer seit mindestens zwei Jahren die meiste Zeit des Tages und an mehr als der Hälfte der Tage eine chronische depressive Verstimmung. Die depressiven Symptome sind nie länger als zwei Monate verschwunden. Für eine entsprechende Diagnose müssen in den depressiven Phasen zwei (oder mehr) der folgenden Kriterien zutreffen:

1. Appetitlosigkeit oder übermäßiges Bedürfnis zu essen
2. Schlaflosigkeit oder übermäßiges Schlafbedürfnis
3. Energiemangel oder Erschöpfung
4. geringes Selbstwertgefühl
5. Konzentrationsstörungen oder Schwierigkeiten, Entscheidungen zu treffen
6. Gefühl der Hilflosigkeit

Dysthyme Menschen haben in der zwischenmenschlichen Sphäre, im Berufsleben oder in anderen wichtigen Funktionsbereichen mit klinisch be-

Zwei spezifische Anwendungen

deutsamen Beschwerden oder Beeinträchtigungen zu kämpfen. Wie im *DSM-IV* betont wird, ist es wichtig auszuschließen, daß die Symptome auf die direkten physiologischen Wirkungen einer Substanz (z. B. eines Medikaments oder einer Droge) oder auf eine allgemeine organische Erkrankung (z. B. Hypothyreose) zurückgehen.

Der typische Ansatzpunkt bei einem Patienten mit dysthymer Störung ist die *affektive* Modalität (d. h. seine Klage darüber, daß er bedrückt und unglücklich ist) in Verbindung mit der *kognitiven* Modalität (typisch wären hier Pessimismus, negative Selbstinstruktionen, Schuldgefühle oder eine vom Patienten geschilderte Minderung des Interesses an Aktivitäten, die ihm früher wichtig waren und ihm Freude machten). Die Reihenfolge des Vorgehens ist natürlich nicht von vornherein festgelegt, und bei manchen Patienten steigt man am besten über die *sensorische Modalität* ein (wenn sie vor allem über somatische Beschwerden wie Mißempfindungen, Schmerzen und Unwohlsein klagen). Andere berichten von einem Nachlassen der Libido, Schlaflosigkeit, Appetitmangel oder einem verminderten Aktivitätsgrad. Unabhängig davon, wie die spezifischen Symptome aussehen, versucht der multimodale Therapeut, nachdem er den Rapport hergestellt hat, genügend Informationen zu bekommen, damit er eine Liste der im gesamten BASIC I. D. vorliegenden Kernprobleme zusammenstellen kann. Das folgende Beispiel ist den Notizen zum Fall eines 36jährigen Mannes entnommen:

- *Verhalten:* reduzierte berufliche Leistungsfähigkeit, verminderte Aktivität, selbstabwertende Äußerungen
- *Affekte:* traurig, „trübsinnig", periodisch auftretende Ängste
- *Sinnesempfindungen:* Essen und Sex machen ihm weniger Freude; leicht erschöpfbar
- *Vorstellungsbilder:* Schreckbilder von Einsamkeit und Versagen; stellt sich vor, wie wichtige Menschen in seinem Leben ihn zurückweisen
- *Kognitionen:* negative Selbstbewertung, Schuldgedanken; überzeichnet seine realen Schwächen und phantasiert weitere Schwächen hinzu
- *zwischenmenschlicher Bereich:* nimmt weniger am Leben um ihn herum teil als früher
- *biologische Faktoren:* periodisch auftretende Schlaflosigkeit

Zu einem solchen Zustand können viele Einflüsse beitragen. Naheliegende Faktoren sind finanzielle und gesundheitliche Probleme, Statusverlust oder Verlust von Freunden und geliebten Menschen. Weniger augenfällige Einflüsse sind beispielsweise, daß jemand nicht mit dem Älterwerden zurechtkommt, zu wenig Entfaltungsmöglichkeiten hat, unter Monotonie leidet oder keine lohnenden Ziele in seinem Leben sieht. Es ist wichtig, spezifische Verstärkerdefizite zu ermitteln.

Behandlung

Eine erfolgreiche Behandlung besteht im wesentlichen darin, daß Menschen in die Lage versetzt werden, verschiedene positive Verstärker, die ihnen zur Verfügung stehen, zu erkennen und zu nutzen. Der multimodale Ansatz gründet auf der Annahme, daß ein Rückfall wahrscheinlich ist, wenn man nur ein oder zwei bedeutsame Probleme behandelt. So wird ein depressiver oder dysthymer Mensch, dem man lediglich beibringt, irrationale Ideen anzufechten und herauszufinden, wie er negative automatische Gedanken verändern kann, für künftige depressive Verstimmungen anfällig bleiben, falls Verhaltensdefizite, sensorische Überbelastungen oder negative Vorstellungsbilder übergangen wurden und nicht ausgeräumt sind. Andererseits braucht man unter Umständen, sobald man diese Aspekte als irrelevant ausgeschlossen hat, die Aufmerksamkeit nur noch auf kognitive Dysfunktionen zu richten, wie ich weiter unten in diesem Kapitel darlegen werde. In der zwischenmenschlichen Modalität muß der Therapeut oft gezielt darauf achten, ob es dem Klient an sozialer Kompetenz mangelt und ob seine Bemühungen von Familienmitgliedern „sabotiert" werden. Erwähnenswert ist in diesem Zusammenhang, daß die „kognitive Therapie" im Lauf der Jahre erheblich breiter gefächert und eklektischer geworden ist (Beck, 1991).

C. N. Lazarus (1991) hat Standardkategorien der psychiatrischen Diagnostik (z. B. aus dem *Diagnostischen und Statistischen Manual Psychischer Störungen*) mit der Ermittlung und Definition von Problemen im Sinne des multimodalen Modells (also mit Hilfe des BASIC I. D.) verglichen. Er weist darauf hin, daß depressive Symptome ein heterogenes Spektrum bilden, das in manchen Bereichen unverkennbare Gegensatzpaare einschließt (z. B. Schlaflosigkeit vs. gesteigertes Schlafbedürfnis, psychomotorische Verlangsamung vs. Agitiertheit, Gewichtszunahme vs. Gewichtsverlust). Er beschreibt zwei Patienten, deren Symptomkonstellationen völlig unterschiedlich waren, obwohl beide den *DSM*-Kriterien einer Depression vollauf genügten. Therapeutisch gesehen war es offensichtlich, daß bei den zwei Depressiven höchst unterschiedliche Vorgehensweisen notwendig waren und daß sich dem bloßen *DSM*-Etikett nur wenige praktisch verwertbare Informationen entnehmen ließen. Aus der Diagnostik im Sinne des multimodalen Ansatzes dagegen leiten sich klar umrissene Problemkonstellationen, fundierte Empfehlungen für die Behandlung und präzise therapeutische Entscheidungsstrategien ab.

Bei dysthymen und anderen depressiven Störungen ist folgendes siebenschichtiges Vorgehen zu empfehlen:

1. *Verhalten*. Viele Autoren haben eine Korrelation zwischen hohem Aktivitätsniveau und der Verminderung depressiver Affekte festgestellt. Dabei handelt es sich selbstverständlich nicht um einen eindimensionalen Zusammenhang, denn Menschen können sich mit sinnlosen und stumpfsinnigen Tätigkeiten abplagen und dabei noch depressiver werden, obwohl ihr Aktivitätsniveau an sich ansteigt. Der Betonung liegt daher auf einer Zusammenstellung derjenigen Aktivitäten, die eine belohnende Wirkung haben. Man erkundet, welche Aktivitäten in der Vergangenheit verstärkend wirkten, und erstellt mittels eines „Fragebogens zu angenehmen Ereignissen" eine Liste. Es geht darum, möglichst viele Verhaltensweisen, Sinnesempfindungen, Vorstellungsbilder, Gedanken, Menschen und Orte zu bestimmen, die der Klient seinerzeit als verstärkend erlebt hat. Man sollte mindestens zwanzig Punkte ermitteln, mit denen man dann weiterarbeiten kann. Gesucht sind ganz einfache, gewöhnliche, alltägliche Freuden (z. B. Tennis spielen, Kleider kaufen, Comics lesen, Karten spielen, Videos anschauen, Witze erzählen, heiß duschen, Sex, sich an schöne Erlebnisse erinnern, Musik hören, sich eine Massage gönnen, in einem guten Restaurant essen, telefonieren, spazierengehen, über Religion debattieren, Freunde besuchen, sich in einer Diskussion hervortun, zu Auktionen gehen, mit Haustieren spielen). Sobald der Therapeut eine Liste von Aktivitäten vor sich hat, die einmal eine verstärkende Wirkung hatten und wahr-

scheinlich auch noch haben, kann er den Klienten dazu anregen, sich potentiell verstärkende Erfahrungen zu verschaffen. Falls sich bei einem Klienten trotz einer breiten Palette von Verstärkern nichts tut, muß der Therapeut unter Umständen recht viel Aufmerksamkeit und Interesse aufwenden und sich eingehend mit den Besonderheiten des Falls auseinandersetzen, ehe es durch positive Aktivitäten gelingen kann, den Abwärtstrend umzukehren, aufgrund dessen so viele Klienten Hilfe suchen. Auch die Angewohnheit, sich täglich ein gewisses Quantum an angenehmen Aktivitäten zu gönnen, ist ein wichtiges Mittel, um einen Rückfall zu verhindern. Ich empfehle meinen Klienten, in jeden Tag mindestens zwei einfache „wohltuende Dinge" einzubauen.

2. *Affekte.* Viele depressive Patienten fühlen sich nicht nur mehr oder weniger elend und bedrückt, sondern sind auch von Angst und Wut geplagt. Während manche tiefenpsychologischen Theoretiker die Depression als „nach innen gekehrte Wut" auffassen, stellt sich bei einer genauen Überprüfung oft heraus, daß die Auslöser der verschiedenen Wutreaktionen im Verhältnis zur Depression nur sekundäre Phänomene sind. Im Umgang mit einem Depressiven geraten seine Bezugspersonen in ein schwieriges Dilemma. Denn wenn sie Wärme oder Mitgefühl zeigen oder auf irgendeine Weise versuchen, ihn aufzuheitern, verschärfen sie damit möglicherweise die depressive Reaktion. Das gegenteilige Verhalten (Rückzug oder Nicht-Verstärkung) vertieft jedoch unter Umständen das allgemeine Gefühl des Patienten, nicht viel wert zu sein, und löst Wut aus, die er in der Regel nicht äußert und auf die dann wiederum Schuldgefühle folgen. Durch eine nichtwertende, akzeptierende Haltung gelingt es dem Therapeuten oft, die geschilderte Zwickmühle zu umgehen und so die Voraussetzungen dafür zu schaffen, daß er Standardmethoden zur Angstverminderung (z. B. Entspannung, Meditation, beruhigende Selbstinstruktionen) in Verbindung mit einem Selbstsicherheitstraining (das meistens sowohl die Angst- als auch die Wutkomponenten anspricht) einsetzen kann. Endergebnis ist, daß der Patient über ein Repertoire an selbstsicheren und ungehemmten Verhaltensweisen verfügt. Dies wiederum hat zum einen antidepressive Effekte und verringert zum anderen die Wahrscheinlichkeit eines Rückfalls.

Zwei spezifische Anwendungen 143

3. *Sinnesempfindungen.* In der sensorischen Modalität ergänzt man den oben erwähnten „Fragebogen zu angenehmen Ereignissen" durch eine spezielle Liste von angenehmen visuellen, auditiven, taktilen, olfaktorischen und gustatorischen Reizen. Außerdem kann man Übungen zur Förderung des Muskeltonus mit in den Behandlungsplan aufnehmen. In dieser Modalität ist es oft nicht leicht, die Compliance oder Mitarbeit des dysthymen Patienten zu gewinnen, und man muß dazu in der Regel für einen ausgesprochen guten Rapport sorgen und einige therapeutische Kunstfertigkeit aufwenden. Wenn er aber für ein „Empfindungsfokussieren" [sensate focus] in bezug auf angenehme Ereignisse zugänglich wird, gibt das der Behandlung meist großen Auftrieb.

4. *Vorstellungsbilder.* Wenn Patienten über die Fähigkeit verfügen, sich lebhafte Bilder vor Augen zu rufen (wenn sie also z. B. im Strukturprofil-Fragebogen einen hohen Punktwert in der Vorstellungsmodalität erzielen), kann man bei ihnen ein breites Spektrum wirkungsvoller Techniken einsetzen. Zu den wertvollsten Techniken zur Überwindung einer Depression zählen: „sich frühere Erfolge vergegenwärtigen", „sich kleine, aber ermutigende Erfolge vorstellen", „positive Bewältigungsbilder", „Zeitprojektion". Bei der Zeitprojektion stellt sich der Patient vor, wie er sich Schritt für Schritt in eine Zukunft vorwagt, die von positiven Affekten und angenehmen Aktivitäten bestimmt ist. (Auf diese Technik werde ich am Ende des Kapitels ausführlicher eingehen.) Ich hoffe übrigens, daß für die Leserin oder den Leser erkennbar ist, wie sehr die Modalitäten und die entsprechenden Techniken ineinander verzahnt sind. Das Timing und die Abfolge der verschiedenen multimodalen Verfahren unterliegen keinen speziellen Regeln, und in der konkreten Therapiesituation orientiert man sich bei der Auswahl und Durchführung von Techniken gewöhnlich auch an entsprechenden Signalen des Patienten.

5. *Kognitionen.* Eines der Hauptziele in dieser Modalität besteht darin, den Trugschluß „... und deshalb bin ich nichts wert" ad absurdum zu führen. Man analysiert irrationale Selbstgespräche, stellt dogmatische Gebote und Verbote und daraus abgeleitete, unerreichbar hohe Maßstäbe in Frage und geht gegen weitere depressive Denkfehler wie Schwarzweißma-

lerei, Übergeneralisierung, negative Erwartungen und die Neigung zum Katastrophisieren an. Bei den meisten Patienten mit einer *bipolaren Depression* ist es erforderlich, als erstes an der biologischen Modalität anzusetzen (das heißt Lithium zu verschreiben). Bei der Dysthymie aber steigt man gewöhnlich über die kognitive Modalität in die Behandlung ein, um dann alsbald geeignete Techniken einzusetzen, die auf eine oder mehrere der sechs übrigen Modalitäten zielen. Falls Klienten bereit sind, vom Therapeuten empfohlene „populärwissenschaftliche" Bücher zu lesen, stellen sie oft fest, daß dies eine wertvolle Ergänzung zur eigentlichen Therapie ist.

6. *Zwischenmenschliche Beziehungen.* In dieser Modalität zielt die Behandlung vor allem auf die Fähigkeit des Patienten, mit den Anforderungen zurechtzukommen, die sein unmittelbares soziales Umfeld an ihn stellt. Man ermittelt Defizite in sozialen Fertigkeiten und versucht sie zu beheben; es werden einerseits selbstunsichere, andererseits aggressive Reaktionen des Patienten herausgearbeitet und dann (soweit das möglich ist) durch selbstsichere Verhaltensweisen ersetzt. Man greift dabei in recht großem Umfang auf Rollenspiele zurück.

Im wesentlichen bringt man dem Patienten vier Fertigkeiten bei: 1. „Nein" sagen, wenn eine Bitte oder Forderung unzumutbar ist, 2. andere um einen Gefallen bitten, 3. positive Gefühle zum Ausdruck bringen, 4. Kritik und Mißbilligung „mit Stil" artikulieren. Therapeuten, die die Techniken des Selbstsicherheitstrainings gut beherrschen, können oft beobachten, daß sich beeindruckende therapeutische Fortschritte einstellen, sobald ihre Patienten lernen, um das zu bitten, was sie möchten, auf unwillkommene Bitten anderer nicht einzugehen, sich nicht ausnutzen zu lassen, Gespräche anzuknüpfen und Beziehungen zu vertiefen. Trotzdem ist aus multimodaler Sicht festzustellen: Falls nicht bedeutsame Probleme im gesamten Spektrum des BASIC I. D. angegangen werden, ist die Wahrscheinlichkeit recht groß, daß die Besserung nicht lange anhalten wird. Je mehr zwischenmenschliche Auslösereize man ermittelt (z. B. kritische Bemerkungen des Ehepartners), desto besser kann man den Patienten mit Desensibilisierung, Rollenspiel und anderen verhaltenstherapeutischen Strategien behandeln.

7. *Medikamente/Biologische Faktoren.* Bei bipolaren Störungen oder einer Major Depression ist eine biologische Intervention oft sehr ratsam, und selbst bei dysthymen Störungen haben Therapeuten festgestellt, daß viele dieser Patienten von Antidepressiva zu profitieren scheinen. Wenn ein Patient von sich aus fragt, ob Medikamente für ihn von Nutzen sein könnten, überweise ich ihn in der Regel an einen kompetenten Psychopharmakologen, nachdem ich mich vergewissert habe, daß der Patient keine „Wunderpille" erwartet. Darüber hinaus spreche ich direkt und ohne Umschweife die Themen vermehrte körperliche Bewegung, Entspannung, angemessene Schlafgewohnheiten und allgemeine „körperliche Fitneß" an.

Anwendung

Bei der Behandlung des 36jährigen Klienten, dessen Modalitätsprofil ich auf Seite 1 skizziert habe, entschied ich mich für drei umgehende Interventionen: 1. Erster Ansatzpunkt waren seine *verminderte Aktivität* und die *verringerte Teilhabe am sozialen Leben um ihn herum.* Wir sprachen darüber, mit welchen Zerstreuungen, Vergnügungen, Hobbys, Freizeitangeboten und anderen angenehmen Ereignissen er seine Zeit ausfüllen könnte, anstatt nur herumzusitzen und vor sich hinzubrüten. 2. Ich ging auch unverzüglich auf seine *selbstabwertenden Aussagen* und seine *negative Selbstbewertung* ein. Immer wieder wies ich ihn darauf hin, daß er sich mit Hilfe eines „psychischen Filters" nur negative Details heraussuchte, um über sie nachzugrübeln, und sämtliche positiven Erfahrungen völlig ausblendete. Ich ermunterte ihn, „die Waage neu zu justieren" und eine ausgewogenere Sicht der Dinge zu entwickeln. 3. Seinen *Vorstellungsbildern von Einsamkeit, Versagen und Zurückweisung* setzte ich Hausaufgaben entgegen, bei denen er sich auf Erfolgsbilder konzentrieren sollte. Notwendig waren auch drei Sitzungen, in denen ich nach dem üblichen Muster eine Desensibilisierung gegen Kritik und Zurückweisung durchführte.

In der siebten und letzten Sitzung berichtete er nicht nur, daß es ihm erheblich besser gehe, sondern verkündete auch: „Sie werden es nicht glauben, aber ich trete nächsten Donnerstag eine neue Arbeitsstelle an!" Bis dahin hatte ihn eine allesbeherrschende Angst vor Zurückweisungen und Fehlschlägen davon abgehalten, irgendwelche emotionalen Risiken einzugehen. Dank unserer Sitzungen, so sagte er, sei er nun relativ unempfindlich gegen sein früheres „Schreckgespenst – die mit Grauen erwartete Zurückweisung!" Er betonte, daß Zurückweisungen durch eine Frau, durch seine Eltern oder durch einen Arbeitgeber ihn von nun an nicht mehr „völlig vernichten und aus der Bahn werfen" würden.

Dieser Fall war zwar recht banal, aber zu erwähnen bleibt doch, daß ein *trimodales*, auf Verhalten, Kognitionen und Vorstellungsbilder zielendes Vorgehen rasch einige grundlegende Veränderungen in Gang setzte, die wahrscheinlich von Bestand sein werden. Am Ende einer Therapie überlege ich stets, ob ich, wie es in dem geflügelten Wort heißt, meinen Klienten nur einen Fisch gegeben oder ob ich ihnen beigebracht habe, selbst Fische zu fangen.

Ein vorwiegend kognitiv akzentuierter Fall von Dysthymie

Der Vorteil des multimodalen Diagnoseprozesses besteht darin, daß er rasch die korrekturbedürftigen Dimensionen aufzeigt, auf die es ankommt. Wie bereits erwähnt, sind bei manchen Menschen, die an dysthymen Störungen leiden, erhebliche Verhaltensdefizite festzustellen, und bei ihnen müssen Rollenspiele, Modellernen, gezielte Hilfestellung und Verhaltensübungen einen großen Teil der Behandlung ausmachen. Ist das klinische Bild von sensorischen Defiziten, bedrängenden Vorstellungsbildern, düsteren Tagträumen und einer Vielzahl beunruhigender Erinnerungen bestimmt, so empfiehlt es sich sehr, auf diese Problempunkte und die zugehörigen Modalitäten einzugehen. Falls freilich der Multimodale Fragebogen zur Lebensgeschichte (Lazarus & Lazarus, 1991) in bestimmten Bereichen keine relevanten Probleme erkennen läßt, hat es keinen Sinn, sich länger mit ihnen aufzuhalten; es spricht aber alles dafür, daß man die Punkte, die statt dessen zum Vorschein gekommen sind, genauer unter die Lupe nimmt.

In Drydens Buch *Brief Rational Emotive Behavior Therapy* (1995) findet sich eine Fülle kognitiver und anderer Techniken, die sowohl innerhalb als auch außerhalb von Therapiesitzungen anwendbar sind. Äußerst hilfreich sind der Abschnitt über Hausaufgabenprogramme für Klienten und die Checkliste möglicher Gründe dafür, daß sie Aufgaben zur Selbsthilfe nicht erledigt haben. Inwieweit glaubt ein Klient beispielsweise, er werde in seinen eigenen Problemlöse-Fähigkeiten behindert, wenn er sich an die Vorschläge des Therapeuten hält? Wie viele Klienten haben das Gefühl, daß der Therapeut sie zu bevormunden versucht, indem er ihnen gezielte Hausaufgaben aufträgt? Und wie viele Klienten arbeiten einfach nur deshalb gut mit, weil sie auf die Anerkennung des Therapeuten aus sind, und nicht, weil sie etwas lernen wollen, das ihnen nützt? Wenn sich derartige Komplikationen andeuten, muß man ihnen seine Aufmerksamkeit widmen, und erst im Anschluß daran kann man irgendwelche spezifischen Methoden anwenden. Sind solche Komplikationen aber ganz offensichtlich nicht gegeben, dann ist der Weg für eine rasche und wirksame Behandlung frei.

Martin. Am Ende des Erstgesprächs war klar, daß der 40jährige Martin praktisch sämtliche gängigen Muster irrationalen Denkens aufwies, die so viele Fachleute aufgelistet haben. Erstens spielte er den *Gedankenleser* und gelangte auf diese Weise zu negativ getönten Annahmen über die Motive und Gedanken seiner Mitmenschen. Er neigte zu *Übergeneralisierungen*, das heißt, er zog aus kleinen oder unbedeutenden Ereignissen ungerechtfertigte (negative) Schlußfolgerungen. Er dachte fast ständig in *Alles-oder-nichts*-Kategorien und nahm alles in polaren Gegensätzen wahr: „Ich bin entweder erfolgreich, oder ich bin ein völliger Versager." Martin ließ sich auch von einer Vielzahl von *Imperativen mit „sollen" und „müssen"* bestimmen, also von dogmatischen Forderungen an sich selbst und andere, die ihn anfällig für Ärger und Schuldgefühle machten. Aus seinen *negativen Prognosen* sprach ein tiefer Pessimismus, der ihn bei allen neuartigen Situationen und Geschehnissen Fehlschläge erwarten ließ. Er hatte die Tendenz, *Situationen und Geschehnisse auf sich zu beziehen* und sie so zu deuten, daß seine negative Selbstbewertung bestätigt wurde. Er neigte zu *Etikettierungen*, das heißt, er legte unerfreuliche Verhaltensweisen als Ergebnis von unveränderlichen Persönlichkeitseigenschaften aus; anstatt zu sagen: „Da habe ich egoistisch gehandelt", erklärte er: „Ich bin ein Egoist." Er spielte positive Ereignisse herunter und entwertete oder ignorierte sie; lieber grübelte er über reale oder eingebildete negative Vorfälle nach.

Angesichts derart zahlreicher dysfunktionaler Kognitionen schien es folgerichtig, keine Zeit mit dem Erstellen von Modalitätsprofilen oder dem Durchführen von Tests zu verschwenden, sondern ohne Umschweife zur Sache zu kommen und die dysfunktionalen Denkgewohnheiten in Angriff zu nehmen. Drydens Vorbehalte schienen hier nicht zu greifen, so daß ich Martin sogleich auf seine irrationalen Denkmuster aufmerksam machte und ihn fragte, ob auch er der Meinung sei, daß sie seine Lebensauffassung prägten. „Ich verstehe, worauf Sie hinauswollen", sagte er, „aber vielleicht sind meine Gedanken über mich selbst ja nicht irrational, sondern ganz realistisch." Ich antwortete: „Vielleicht haben Sie recht. Und genau das müssen wir herausfinden."

Ich bat Martin, mir von einigen relevanten Situationen zu erzählen, was er dann auch in seiner typischen verzagten Art tat. Bei jedem einzelnen Fall wies ich ihn auf die Notwendigkeit hin, alternative Sichtweisen in Betracht zu ziehen. So berichtete er beispielsweise, daß am vorhergehenden Abend ein Rendezvous unglücklich geendet habe.

MARTIN: Ich kam mir wie ein Idiot vor. Auf dem Weg zurück zu ihrer Wohnung ging dann alles in die Binsen. Wir waren, ich kann's zwar irgendwie nicht mit Sicherheit sagen, aber – irgendwie bin ich mir eigentlich ziemlich sicher – ich, äh, wir sind wohl so zehn Minuten lang schweigend nebeneinander gesessen. Ja, ich glaube, das könnte ungefähr hinkommen, und das ist, äh, na ja, schon eine sehr lange Zeit. Und schließlich gingen wir auseinander. Oh Mann!

THERAPEUT: Sie wollen also sagen, daß Ihre Freundin am Ende ein schlechtes Bild von Ihnen hatte, weil Sie nicht wußten, was Sie sagen sollten?

MARTIN: Ja! Ich habe kein Wort – ich meine, mir ist einfach die Puste ausgegangen. Verstehen Sie, was ich meine?

THERAPEUT: Sie hatten sich bis zu dem Zeitpunkt also recht angeregt unterhalten?

MARTIN: Ja, aber als es dann darauf ankam, war ich irgendwie nur noch konfus. Ich habe immer wieder wie wild – ich dachte verzweifelt, ich muß doch etwas sagen, Konversation machen oder so.

THERAPEUT: Was halten Sie von der Vorstellung, daß da zwei Leute eine angenehme Heimfahrt haben und einfach entspannt nebeneinander sitzen, während beide im stillen den Abend Revue passieren lassen oder einfach ihren eigenen Gedanken nachhängen?

MARTIN: Das ist ja schön und gut, wenn man seit zehn Jahren verheiratet ist, aber nicht beim ersten Rendezvous!

THERAPEUT: Dann kann man das Ihrer Ansicht nach einfach als einen weiteren Ihrer Fehlschläge verbuchen?

MARTIN: [zuckt mit den Schultern] Mhm.

THERAPEUT: Sie ist also ins Haus gegangen und hat was gedacht? „Junge, Junge, dieser Martin ist wirklich ein Trottel!"

MARTIN: Na ja, Maryann hat das Rendezvous arrangiert. „Warum hast du mich bloß mit diesem Schafskopf zusammengebracht?" Ja, sowas in der Art hat sie wohl zu Maryann gesagt. „Er ist eine echte Niete."

THERAPEUT: Könnten Sie diese Hypothese überprüfen? Könnten Sie Maryann anrufen und sie fragen, was – wie heißt sie nochmal?

MARTIN: Julie.

THERAPEUT: Können Sie sie fragen, was Julie wirklich erzählt hat?

Zunächst widerstrebte es Martin, sich einer Situation auszusetzen, in der er sich seiner Meinung nach nur noch mehr blamieren würde. Ich machte ihm klar, daß wir ein für allemal feststellen mußten, ob seine Wahrnehmungen zutreffend seien. Falls sie es tatsächlich waren, würden wir die Therapie darauf ausrichten, diejenigen dysfunktionalen Verhaltensmuster zu korrigieren, die anscheinend der Grund für seine Misere waren. „Dann würde ich Ihnen beibringen, wie Sie es schaffen, kein Schafskopf mehr zu sein." Falls er sich aber irrte und die anderen ihn nicht so negativ sahen, wie er sich das dachte, würde die Therapie darauf abzielen, seine Wahrnehmungen neu zu strukturieren. „Ich würde Ihnen dann beibringen, daß Sie gar kein Schafskopf sind."

Laut Maryann hatte Julie Martin gut leiden können und den gemeinsamen Abend genossen. Ich drängte ihn, bei Maryann nachzufragen, wie der Abend nach Julies Dafürhalten ausgeklungen war. Heraus kam, daß Julie nach einem eher hektischen Abend mit Essengehen, Tanzen und Gesprächen die ruhige Heimfahrt und das Musikhören dabei als angenehm empfunden hatte.

Es gelang mir also, Martin dazu zu bringen, die Realitätsnähe seiner negativ getönten Wahrnehmungen zu überprüfen, indem er stets, soweit immer das möglich war, das unabhängige Urteil anderer einholte. „Ich möchte, daß Sie aufhören, aus dem Silberstreif am Horizont eine dunkle Wolke zu machen", sagte ich zu ihm. Außerdem instruierte ich ihn, sich in solchen Fällen eine Auswahl an Alternativszenarien [Range of Alternatives, ROA] auszudenken. Als zum Beispiel drei Kollegen von ihm zum Mittagessen gingen, ohne ihn zu fragen, ob er sich ihnen anschließen wolle, mutmaßte er, der Grund sei eine starke Antipathie gegen ihn. Er entwickelte die folgenden Alternativszenarien:

1. Die drei hatten über etwas Privates reden wollen, das ihn nicht betraf.
2. Sie hatten ihn einfach aus Gedankenlosigkeit nicht zum Mitkommen aufgefordert.
3. Sie gehörten einem Planungskomitee an und hatten gewissermaßen ein Arbeitsessen vor sich.

(Es stellte sich dann heraus, daß sie beschlossen hatten, das Mittagessen ausfallen zu lassen und joggen zu gehen.)

Manchmal setzte ich paradoxe Bemerkungen ein, um Martin einen Spiegel vorzuhalten und ihm zu zeigen, wie er sich selbst den Mut nahm:

MARTIN: Mein Chef hat es nicht gut aufgenommen, daß ich die – wie heißt das nochmal – die, äh, Absatzzahlen von Merrill Lynch nicht finden konnte.
ICH: Was genau hat er zu Ihnen gesagt?
MARTIN: Ach, gar nichts. Hm. Er hat mich nur so angeschaut.
ICH: Sie lesen also wieder Gedanken. Gut, geben Sie mir drei Alternativerklärungen.
MARTIN: [Pause] Mir fallen keine ein.
ICH: Gut, dann gebe ich Ihnen eine zum Aufwärmen: Die Merrill-Lynch-Statistik war nicht so wichtig, denn andernfalls hätte Ihr Chef darauf bestanden, daß Sie sie auftreiben.

Zwei spezifische Anwendungen 151

MARTIN: Ach so, nein, das war anders – eine der Sekretärinnen sagte mir dann, in welchem Ordner die Statistik war, und ich hatte sie gleich zur Hand.

ICH: Ah, ich verstehe. Es geht also wieder darum, daß Sie perfekt sein wollen. Sie konnten den Merrill-Lynch-Bericht leider nicht ruck, zuck aus der Tasche ziehen und mußten einen kurzen Moment lang überlegen. Eine der Sekretärinnen gab Ihnen den richtigen Ordner, und Sie gingen damit gleich zu Ihrem Chef – so in der Art?

MARTIN: So in der Art.

ICH: [ironisch] Ich kenne Leute, die wegen geringerer Vergehen vor die Tür gesetzt wurden!

MARTIN: [lächelt] Seh ich ein, ja.

ICH: Wie kommt es, daß die einen begriffsstutzigen Schafskopf wie Sie nicht schon vor Ewigkeiten gefeuert haben?

MARTIN: [mit einem breiten Grinsen] Ist angekommen.

ICH: Wie kann ich Sie dazu bewegen, daß Sie diese Perspektivwechsel direkt in Ihrem Kopf vornehmen, also dort, wo sie wichtig sind?

MARTIN: Ich komme allmählich dahinter, wie das geht.

Martin kam innerhalb von sieben Monaten 15mal zu mir. Bald war er in der Lage, seine irrationalen Überzeugungen aufzuspüren und sich einzugestehen, daß sie widersinnig waren. Ihm wurde klar, was diese verdrehten Vorstellungen in seinem Selbstbild und in seinen Beziehungen zu anderen anrichteten. Nach und nach ging ihm in vollem Umfang auf, wie er durch seine fehlangepaßten Überzeugungen unglückselige Einschränkungen, die ihn im Umgang mit anderen behinderten, verfestigte und quälende Emotionen in Gang setzte. Er entwickelte eine risikofreudige Einstellung und machte es sich zur Gewohnheit, seine negativen Kognitionen zu entkräften, indem er seine Wahrnehmungen überprüfte. Besonders ermutigend war, was er bei einem Follow-up-Gespräch berichtete (ein Jahr nach Abschluß der Therapie):

MARTIN: Also habe ich mir gedacht, na ja, vielleicht verhält Pete sich ja so, weil er irgendwie – weil er denkt, daß ich zu verklemmt bin, um zu seinem engeren Freundeskreis zu gehören. Ich überlegte mir zwei oder drei Alternativerklärungen und fragte dann bei ihm nach, um mir Klarheit zu verschaffen. Und wissen Sie was? Ich lag tatsächlich von Anfang an richtig, es war, als würde sich alles irgendwie ins Bild fügen. Er sagte, ich würde nicht dazupassen. Genau das hat er gesagt: „Also du paßt da einfach nicht dazu." Und er hatte recht. Es fing schon damit an, daß sie in der Zeit, als ich ein Glas Bier trank, drei hinunterkippten ... Es ist also in Ordnung, wenn mich manche Leute mögen und manche nicht mögen.

ICH: Ja, ich glaube, wenn einer den Kasper spielt, haben ihn alle gern, denn ein Clown hat keinen Standpunkt und wird keinem gefährlich. Wenn Sie aber ein echter Mensch von Fleisch und Blut sind und Ihre eigenen Ideen, Meinungen, Angewohnheiten und Wertvorstellungen haben, dann können und wollen Sie gar nicht alle für sich einnehmen.

Die Therapie mit Martin ist eine gute Illustration dessen, was Bemporad (1995) sagt: „Die Form der Psychotherapie sollte auf den Schweregrad und den Typ der jeweiligen Depression zugeschnitten sein [...], denn letzten Endes wirkt die Psychotherapie auf den Menschen, nicht auf die Krankheit" (S. 120).

Anmerkungen zum „Zeitreisen"

Wie bereits angedeutet, kann die Technik der „Zeitreise" von größtem Nutzen sein. Zum Beispiel erwies sich eine Methode, die ich zunächst „Zeitprojektion mit positiver Verstärkung" (Lazarus, 1968) nannte, bei vielen Menschen als wirksam, die auf einen ärgerlichen oder betrüblichen Vorfall hin depressiv geworden waren. Oft kann man ein Ereignis, das einen zunächst völlig aus der Fassung gebracht oder sehr bekümmert hat, nach einer Zeitspanne von, sagen wir, sechs Monaten oder einem Jahr mit Gelassenheit oder innerer Distanz betrachten. Dies liegt wahrscheinlich daran, daß sich mit der Zeit neue oder konkurrierende Reaktionen her-

Zwei spezifische Anwendungen

ausbilden können (deshalb heißt es: „Die Zeit heilt alle Wunden"). Was würde also geschehen, wenn ein Patient sich im Laufe einer einzigen Sitzung lebhaft vorstellt, wie er Tag um Tag und Woche um Woche in der Zeit vorwärtsreist, während er klar und deutlich vor sich sieht, wie er angenehmen Aktivitäten nachgeht? Würden sich seine negativen Affekte abschwächen, wenn er von einem imaginären, mindestens sechs Monate in der Zukunft liegenden Punkt auf das mißliche Ereignis zurückblickt? Ebendiese Wirkung haben mir viele Klienten bestätigt, die imstande waren, sich aktiv in eine Sequenz von visualisierten positiven Ereignissen zu vertiefen.

Einer der ersten derartigen Fälle, die ich publizierte, war der einer 23jährigen Frau, die akut depressiv wurde, als ihr Freund sich von ihr trennte. Durch eine einzige Zeitprojektionssitzung kam bei ihr eine tiefgreifende Veränderung in Gang. Ich wies sie an, im Geiste Dinge zu tun, die sie als besonders angenehm empfand – Reiten, Gitarrespielen, Malen, Bildhauerei, Konzerte besuchen und aufs Land fahren. Ich bat sie, nacheinander auf jedem dieser angenehmen Ereignisse zu verweilen und sich vorzustellen, wie sie es wirklich genoß. Bald würde die Zeit immer rascher verfliegen, aus Tagen würden Wochen, aus Wochen Monate werden. Ich forderte sie auf, mir von den vielen angenehmen Aktivitäten zu erzählen, die sie ausgekostet hatte. Wir befaßten uns eine Weile mit ihnen, bis ich zu ihr sagte: „Stellen Sie sich jetzt vor, daß wirklich sechs Monate vorüber sind. [Pause] Was empfinden Sie, wenn Sie jetzt an diesen Vorfall zurückdenken, der Ihnen so zugesetzt hat? Er liegt jetzt mehr als sechs Monate zurück." Sie sagte: „Wie soll ich das ausdrücken? Lassen Sie mich einfach drei Dinge dazu sagen. Erstens komme ich mir irgendwie töricht vor, zweitens gibt es auch noch andere Männer auf der Welt, und drittens ist da etwas in mir drin, das wirklich gemalt werden will und den Weg auf die Leinwand sucht. Klingt das einigermaßen nachvollziehbar?" Eine Woche später berichtete sie, daß sie wieder Appetit hatte, gut schlief und viele schöpferische Stunden erlebt hatte. Danach machte sie weiterhin zufriedenstellende Fortschritte.

Bei einer schweren Depression allerdings vermag Zeitprojektion in die Zukunft mit visualisierten positiven Verstärkungen nichts auszurichten. Sie hat sich aber als ein rasch und dauerhaft wirksames Mittel erwiesen, um Menschen mit leichteren Depressionen zu helfen, die ansonsten noch unnötig lange in ihrem Unglück und ihrer Verzweiflung hätten verharren müssen. Auf diese Weise konnte Hunderten von Menschen, bei denen ganz bestimmte Ereignisse eine depressive Verstimmung ausgelöst hatten, geholfen werden.

Auch Reisen in die Vergangenheit sind in vielen Fällen zweckdienlich, etwa bei Klienten, die einen anhaltenden Groll gegen jemanden hegen oder in irgendeiner anderen Form unter dem Einfluß weit zurückliegender Kränkungen und Demütigungen leiden. Wenn sie nicht auf die üblichen therapeutischen Verfahren ansprechen – z. B. auf kognitiven Disput und Reframing, eingehende Diskussion und Erörterung, reguläre Desensibilisierung –, kann man durch eine Zeitreise in die Vergangenheit oft doch noch etwas bewegen (allerdings auch hier nur bei Klienten, die für Visualisierungsverfahren empfänglich sind).

Einem 25jährigen Mann machte ein Ereignis, das sich bei der Party zu seinem achten Geburtstag zugetragen hatte, sehr schwer zu schaffen. Ich leitete ihn folgendermaßen zur Zeitreise an: „Versuchen Sie sich vorzustellen, daß wir über eine Zeitmaschine verfügen und daß Sie in die Vergangenheit zurückkreisen können. Sie steigen in die Zeitmaschine, und nach wenigen Augenblicken sind Sie bei jenem Vorfall angelangt, als Sie vor den Augen fremder Leute zu Unrecht bestraft wurden. Wenn Sie aus der Zeitmaschine aussteigen, sind Sie so alt wie jetzt, und Sie begegnen Ihrem Alter ego, also sich selbst mit acht Jahren. Können Sie das vor sich sehen?" Der Klient nickte, und ich fuhr mit der Zeitreise fort: „Der achtjährige Junge spürt, daß dieser erwachsene Mann, der gerade die Szene betreten hat, etwas Besonderes an sich hat. Natürlich erkennt er nicht, daß Sie derselbe kleine Junge sind, der mittlerweile erwachsen ist und jetzt aus der Zukunft kommt. Trotzdem wird er Ihnen mit großer Aufmerksamkeit begegnen. Es ist wirklich möglich, einen intensiven Kontakt zu ihm herzustellen."

Ich hielt den Klienten dazu an, sein Alter ego zu beruhigen, ihm beizustehen, Verständnis zu zeigen und ihm zu erklären, welche Absichten dem unangebrachten Verhalten des Täters (seines Vaters) eigentlich zugrunde lagen. Dann forderte ich ihn auf, wieder in die Zeitmaschine zu steigen und in die Gegenwart zurückzukehren, damit wir die Wirkungen seiner Exkursion analysieren und begutachten konnten. Diese Methode führt oft

Zwei spezifische Anwendungen 155

zu einem raschen kognitiven Reframing und zu einer Desensibilisierung gegen die unangenehmen Erinnerungen.

Ich habe auch den Fall einer 32jährigen Frau beschrieben, bei dem ich zunächst den Eindruck hatte, er sei sehr schwer zu handhaben. Sie rief sich Bild um Bild vor Augen, holte „verlorene Erinnerungen" zurück, malte sich eine Reihe von „Gerichtsszenen" aus, in denen diejenigen, die ihr etwas angetan hatten, sich verantworten mußten, und ersann noch einige weitere überraschende Methoden, um über quälende Wunden aus der Vergangenheit hinwegzukommen – insgesamt nahm dies sieben Monate mit wöchentlichen Sitzungen in Anspruch –, bis sie schließlich erklärte: „Jetzt habe ich mir das alles von der Seele geschafft" (Lazarus, 1989b). Das Zeitreisen, ob nun in die Zukunft oder in die Vergangenheit, ist eine Methode, mit der sich verschiedenste Formen psychischer Not rasch beheben lassen.

Kapitel 10

Paartherapie

In Kapitel 9 habe ich eine Paartherapie vorgestellt, bei der es in erster Linie um Störungen der sexuellen Appetenz ging. In diesem Kapitel werde ich mich nun einem breiteren Spektrum von Fragen zuwenden, die die Paartherapie betreffen.

Die Paartherapie ist keine einheitliche Behandlungsform, sondern stützt sich auf ein heterogenes Repertoire von Interventionsstrategien. Falls die Grundmuster eines einzelnen Partners, ob sie nun latent sind oder offen zutage liegen, die Beziehung untergraben, ist oft eine Einzeltherapie erforderlich, ehe das Paar von einer gemeinsamen Therapie profitieren kann. Ist dagegen ein krisengeplagtes Paar relativ stabil und hat ein echtes Interesse, zu einer harmonischen Beziehung zu finden, kann man mit sechs oder sieben Sitzungen „methodischer Anleitung" („didactic instruction"; Lazarus, 1992) gewöhnlich recht befriedigende Resultate erzielen. In solchen Fällen liegt der Hauptakzent darauf, das Paar dazu anzuhalten, auf Nötigungstaktiken zu verzichten, sich von unerreichbaren romantischen Idealvorstellungen zu lösen, sich über den Wert echter Gegenseitigkeit klar zu werden, sich nach vernünftigen Geboten und Verboten zu richten und schädliche Pattsituationen durch Verhandlungen und konstruktive Kompromisse aufzulösen. In wenigen „Trainingssitzungen" können sich die Partner das Rüstzeug dafür erwerben, besser zuzuhören, einen positiven Kommunikationsstil zu pflegen, nach dem Prinzip der fairen Gegenleistung zu interagieren und positive Verstärker einzusetzen.

Nützliche Techniken

Im Interesse einer Beschleunigung der Therapie sollte man sich nicht scheuen, einfache, aber wirkungsvolle Strategien anzuwenden. Ich halte es beispielsweise für sinnvoll, mit dem Paar jede der folgenden „Sieben Grundregeln" durchzusprechen und ihm drei Fotokopien davon mitzugeben – je eine für ihre Handtasche, seine Brieftasche und die Kühlschranktür:

1. Übe nie persönliche Kritik, sondern bitte um eine gezielte Verhaltensänderung.
2. Vermeide psychische Bevormundung (belehre also den Partner nicht darüber, was er denkt oder fühlt).
3. Sag nicht: „Immer tust du ..." oder „Nie machst du ..." Drücke dich präzise und konkret aus.
4. Denk nicht in den simplen Kategorien von Richtig oder Falsch, Gut oder Böse. Suche bei Schwierigkeiten vielmehr nach einem Kompromiß.
5. Ersetze Aussagen mit „Du bist so und so" durch Aussagen mit „Ich empfinde so und so". Sag zum Beispiel nicht: „Du bist egoistisch und rücksichtslos, denn du ignorierst mich!", sondern: „Es tut mir weh, wenn du mich ignorierst!"
6. Sei direkt und aufrichtig. Sag, was du meinst, und meine, was du sagst.
7. Ich bin o. k., du bist o. k. Ich bin wichtig, du bist wichtig.

Wenn aber einer der Partner oder auch beide einen lange aufgestauten Groll gegen den anderen hegen, unter massiven Ängsten leiden, in einem erbärmlichen psychischen Zustand oder extrem selbstunsicher sind, wird sich der Ablauf der Therapie sicher komplexer gestalten. Dasselbe gilt für Paare, deren Beziehungsprobleme auf destruktive Forderungen an den Partner, Wahrnehmungsverzerrungen oder ausgesprochen pathologische Persönlichkeitszüge zurückgehen.

In der Regel kann der Therapeut innerhalb der ersten zwei Sitzungen feststellen, 1. ob zwischen den Partnern echte Liebe und Anteilnahme vorhanden ist, 2. ob sie über ausreichende psychische Stabilität verfügen, 3. ob man ausschließen kann, daß die Partner absolut nicht zueinander passen. Falls die Bedingungen 1. und 3. nicht erfüllt sind, muß man überlegen, ob als Alternative zur Paartherapie eine Scheidungsberatung sinnvoll wäre. Treffen die Punkte 1. und 3. zu, während Punkt 2. nicht erfüllt ist (liegen also bei einem oder beiden Partnern erhebliche psychische Störungen vor), so muß sich die Therapie in den meisten Fällen zunächst auf die Einzelpersonen und ihre individuellen Probleme richten. Während manche Systemtheoretiker darauf beharren, daß man nur in dyadischen, triadischen oder familialen Kontexten arbeiten sollte, habe ich die Erfahrung gemacht, daß unter den genannten Umständen die Einzeltherapie das Hauptvehikel der Veränderung sein muß (Lazarus, 1992). Ellis (1962) sagt dazu:

> *Wenn Neurotiker von weitgehend irrationalen Annahmen oder Wertsystemen ausgehen und wenn diese Annahmen bewirken, daß sie in selbstschädigender Weise mit ihrem Partner interagieren, dann hat der Eheberater weder die Aufgabe, an die dargebotenen Symptome noch an die neurotische Interaktion zwischen den Ehepartnern heranzugehen, sondern die irrationalen Ideen oder Überzeugungen zu bekämpfen, die diese „Neurose zu zweit" verursachen. (dt. 1993, S. 178)*

Wenn ein Paar sich in ausgefahrenen Gleisen zu bewegen scheint, setze ich oft schon in der allerersten Sitzung die Technik der dreifachen Zunahme [Triple Increase Technique] ein. Ich bitte jeden Partner, drei spezifische Verhaltensweisen zu nennen, von denen sie möchten, daß der Partner sie vermehrt an den Tag legt. Ich erkläre, daß eine Bitte, die auf ein Mehr und nicht auf ein Weniger zielt, meist positiv und nicht abwertend klingt: „Ich möchte, daß du mit dem Nägelkauen aufhörst, damit deine Hände nicht so häßlich aussehen" dürfte weniger gut ankommen als: „Ich wünsche mir, daß du deine Nägel länger wachsen läßt, denn dann sehen deine Hände schöner aus."

Die meisten Klienten drücken sich zunächst zu vage und zu allgemein aus. „Ich hätte gern, daß sie liebevoller ist." „Ich hätte gern, daß er einfühlsamer ist und mehr Interesse zeigt." Ich sage ihnen dann, daß diffuse Aussagen so umzuformulieren sind, daß sie auf *ganz konkrete Verhaltensweisen* zielen. „Ich hätte gern, daß wir nach dem Abendessen nicht nur fünf oder sechs Minuten, sondern 15 bis 20 Minuten miteinander plaudern." Falls die Partner es während der Sitzung nicht schaffen, drei gezielte Wünsche zu artikulieren, bitte ich sie, die Aufgabe bis zur nächsten Sitzung abzuschließen und ihre Listen dann mitzubringen. Wenn sie die Vereinbarung nicht einhalten, mache ich das natürlich zum Material für das therapeutische Gespräch.

Bei einem Paar, das zu mir in Behandlung kam, ergaben sich folgende Listen:

Ich wünsche mir, daß Carol folgendes öfter tut:
1. *daß sie meine Eltern öfter besucht.*
2. *daß sie sich öfter in der Woche als bisher darauf einläßt, daß wir miteinander schlafen.*
3. *daß sie öfter selbst kocht, anstatt Essen kommen zu lassen.*

Ich wünsche mir, daß Michael folgendes öfter tut:
1. *daß er öfter vor 7 Uhr abends nach Hause kommt.*
2. *daß er öfter von sich aus die Spülmaschine ausräumt und den Müll nach draußen bringt (ohne daß ich ihn daran erinnern muß).*
3. *daß er mir öfter Komplimente macht.*

Der Therapeut geht auf jeden einzelnen Punkt ein und fragt, ob er für den angesprochenen Partner annehmbar ist. Falls nicht, muß die Bitte modifiziert werden. Ist das Paar sich einig, daß alle Bitten akzeptabel sind, konzentriert man sich darauf, wie jeder Punkt genau umgesetzt werden soll. Im vorliegenden Fall würde man beispielsweise Michael bitten zu sagen, wie viele Tage in der Woche er vor 7 Uhr zu Hause sein wird und wie oft er die genannten Tätigkeiten im Haushalt übernehmen wird. Der Therapeut hält dies dann auf einem Kontraktblatt fest: „Michael sagt zu, daß er mindestens zweimal pro Woche vor sieben Uhr zu Hause ist." Manchmal ziehen die Partner es vor, einander auf halbem Weg entgegenzukommen: „Ich sage zu, daß ich an den Abenden etwas koche, an denen ich weiß, daß du vor sieben zu Hause sein wirst." Wenn die Verhandlungen abgeschlossen sind, unterschreiben beide Partner ihr Kontraktblatt. Der Hauptzweck dieser Methode ist, sechs wichtige Verhaltensweisen zu ermitteln, die dann in das Ehe-Drehbuch aufgenommen werden; meistens führt dies dazu, daß beide Partner insgesamt viel zufriedener sind.

Bei der Arbeit mit Paaren kann man oft direktiver als in der Einzeltherapie vorgehen und ohne viel Umschweife zum Wesentlichen kommen. Denn falls das Verhältnis der Partner nicht so extrem angespannt ist, daß sie einander bis aufs Messer bekämpfen, neigen sie in der Regel dazu, eine Konstellation „zwei gegen einen" zu bilden (d. h. sich gegen den Therapeuten zusammenzutun). Sollte also der Therapeut die Sache allzu forsch anpacken, wird der eine Partner etwas sagen oder tun, um dem anderen zu Hilfe zu kommen.

Diagnostische Beurteilung des Paares

Zunächst ist zu prüfen, ob die Partner ein echtes Interesse daran haben, ihre Beziehung zu verbessern, oder ob einer oder beide zwar zur Paartherapie kommen, aber eigentlich auf eine Scheidung hinauswollen. Im letzteren Fall kann man ihnen unter Umständen helfen, den Trennungsprozeß so zu gestalten, daß er einigermaßen gütlich verläuft. Wie schon gesagt, ist es auch wichtig, sich darüber Klarheit zu verschaffen, ob die Therapie sich der Dyade oder aber dem Individuum widmen soll. Eine agoraphobische Frau zum Beispiel nahm ihren Mann fortwährend in Beschlag. Sie rief ihn immer wieder im Büro an, um sich von ihm beruhigen zu lassen, und ließ ihn nicht aus den Augen, wenn er bei ihr war. „Sie macht mich noch wahnsinnig!" klagte er. Durch eine Einzeltherapie mit der Frau, bei der eine Kombination von zupackenden kognitiven und verhaltensorientierten Interventionen zum Einsatz kam, wurden ihre phobischen Reaktionen innerhalb von elf Sitzungen erheblich abgemildert. Anders als manche Theoretiker erwarten würden, stellten sich auch in der Paarbeziehung tiefgreifende positive Veränderungen ein, die seit vier Jahren anhalten, obwohl die ehelichen Interaktionen in der Behandlung keine Rolle spielten und der Ehemann nicht einbezogen wurde (wenn man einmal davon absieht, daß er seine Frau zu einigen im voraus geplanten in-vivo-Exkursionen begleitete).

Ähnlich lag der Fall bei einem anderen Paar. Es schien offensichtlich zu sein, daß die Hauptquelle der ehelichen Spannungen in der schweren Depression des Mannes zu suchen war. Ich überwies ihn an einen Psychiater, der eine medikamentöse Behandlung durchführen sollte, während ich gleichzeitig einzeltherapeutisch mit ihm arbeitete, und zwar vorwiegend im Sinne der „kognitiven Therapie". Nach sieben Sitzungen innerhalb von zwei Monaten hatten wir beachtliche Fortschritte erzielt. Dagegen habe ich es bei anderen Therapeuten erlebt, daß sie die Behandlung von Paaren fortführten, obwohl aus meiner Sicht mit Sicherheit zu erwarten war, daß die Klienten auf die therapeutischen Bemühungen nicht ansprechen würden, solange nicht bestimmte Hemmnisse auf der individuellen Ebene ausgeräumt waren.

Ein typischer Therapieverlauf

Nachdem ich Formalien wie Namen, Adresse, Telefonnummer, Alter, Berufe, Jahr der Heirat, Zahl der Kinder und so weiter notiert habe, frage ich gewöhnlich: „Was ist also Ihr Problem?" Auffallend oft gibt es bei den Paaren einen „Angeklagten" und einen „Kläger" (um es einmal juristisch auszudrücken). Madge legt Beschwerde ein: „Der Hauptgrund für unsere Streitigkeiten ist, daß Charlie sich weigert, im Haushalt zu helfen, und die Kinder nie zur Disziplin anhält, so daß ich am Ende die Böse bin." Charlie führt zu seiner Verteidigung an: „Helfe ich dir denn nicht beim Abwasch, und habe ich Cindy nicht gesagt, daß sie um elf zu Hause sein muß?" Madge entgegnet: „Na und? Eine Schwalbe macht noch keinen Sommer. Der springende Punkt ist doch, daß du zwar gelegentlich beim Abwasch hilfst, aber ansonsten im Haushalt keinen Finger rührst und es die meiste Zeit mir überläßt, Cindy und Mike in die Schranken zu weisen."

Es geht darum, Kernpunkte herauszuarbeiten, die Verwirrung stiften, zu Meinungsverschiedenheiten und Verdruß führen oder die Zufriedenheit des Paares auf andere Weise untergraben. Oft greife ich hierzu auf den Multimodalen Fragebogen zur Lebensgeschichte zurück, falls es ratsam erscheint, sich von einem oder beiden Partnern ein tiefergehendes und detaillierteres Bild zu machen. Bei den meisten Paaren aber setze ich das Erweiterte Strukturprofil (siehe Anhang 3) ein. In ihm werden sofort Kontraste und Parallelen sichtbar, durch die man wichtigen Unterschieden und Ähnlichkeiten auf die Spur kommt. So sagte ein Klient, als er sich die Antworten seiner Frau im Strukturprofil anschaute: „Mir wird daran klar, wie sehr ich doch ein Einzelgänger bin, während sie ganz eindeutig der gesellige Typ ist. Zum Beispiel wäre es mir lieber, wenn es nicht so viele große Familientreffen gäbe, und sie hätte gern noch mehr davon. Der Fragebogen bestätigt auch, daß sie eher der reflektierende oder vorausplanende Typ ist, während ich ganz nach Gefühl gehe und sie dadurch manchmal mächtig irritiere." Aus dem Gespräch über solche Divergenzen ergab sich dann ein konstruktiver Plan, der den Partnern half, beim Planen und Entscheiden ihre unterschiedlichen Sichtweisen zu berücksichtigen.

Beachten Sie bitte, daß ich den Hauptakzent auf das Herausarbeiten von Vorgehensweisen und Reaktionsmustern lege, die unmittelbar dazu beitragen können, eine Beziehung zu festigen und zu verbessern. Untersucht man dagegen allzu viele „latente Problemkomplexe", landet man konzeptuell und therapeutisch meist in einer Sackgasse.

Der Fragebogen zur Zufriedenheit in der Partnerschaft

Oft bitte ich das Paar, nachdem ich über einige der Streitpunkte unterrichtet bin und die Interaktionsstile der beiden beobachtet habe, den Fragebogen zur Zufriedenheit in der Partnerschaft auszufüllen (siehe Anhang 4). Die Reliabilität und Validität dieses Instruments hat Herman (1991a) nachgewiesen.

Bei der Besprechung des Fragebogens ist es aufschlußreicher, auf einzelne Items einzugehen, als sich nur mit der Gesamtpunktzahl zu befassen. (Freilich wird man durch niedrige Gesamtsummen darauf aufmerksam, wie unzufrieden ein Paar mit seiner Beziehung ist.) Befaßt man sich beispielsweise mit einem niedrigen Punktwert bei Item 2 – „Ich bin zufrieden mit der Qualität unserer Kommunikation"-, so kommt man oft auf eine Angst vor Intimität zu sprechen, die dann zu einem zentralen Thema der Therapie werden kann. Hilfreich ist es auch, eventuelle Diskrepanzen zwischen der Selbsteinschätzung der jeweiligen Zufriedenheit und der entsprechenden Fremdeinschätzung durch den Partner zu untersuchen. Kommen wir noch einmal zu der „Beschwerdeführerin" Madge und dem „Angeklagten" Charlie zurück. Madge hatte die Aussage „Ich bin zufrieden damit, wie wir unser Geld ausgeben/einteilen" nachdrücklich bejaht,

Paartherapie

nahm aber an, daß Charlie in dieser Hinsicht große Unzufriedenheit bekunden würde. An seinem Punktwert indes war abzulesen, daß auch er hochzufrieden damit war, wie sie mit ihrem Geld umgingen. „Das überrascht mich", sagte Madge, „denn Charlie wirft mir ständig vor, daß ich zuviel Geld für meine Gymnastikkurse ausgebe." Charlie erklärte: „Mein einziger Einwand ist, daß ich es für Geldverschwendung halte, eine eigene Trainerin zu haben. Im allgemeinen finde ich, daß du das Geld sehr gut verwaltest, und habe volles Vertrauen zu dir." Wenn sich zwischen den Partnern über die Items ein ganz konkreter Dialog entspinnt, werden dadurch oft einige Mißverständnisse ausgeräumt.

Der Fragebogen zur Zufriedenheit in der Partnerschaft führt direkt in die zentralen Problembereiche hinein, von denen die meisten Paare berichten: Kommunikation, Sexualität, Geld, Zusammengehörigkeitsgefühl, Freundschaften, Elternschaft, Verhältnis zu Verwandten, Vertrauen, Wertvorstellungen und individuelle Angewohnheiten. Es ist faszinierend, wie eine einfache Nachfrage zu einem bestimmten Punktwert zentrale Interaktionsmuster zutage fördern kann. Zum Beispiel ergab sich bei einem Paar folgendes Bild: Beide Partner erreichten insgesamt hohe Zufriedenheitswerte und sagten auch die Einzelwertungen des anderen fast durchweg richtig voraus. Nur ein Item stach hervor, nämlich Item 12: „Ich kann mich auf das, was meine Partnerin sagt und tut, verlassen." Hier hatte der Mann nur eine „2" eingetragen. Auf die Frage, worauf sich dieser niedrige Wert denn beziehe, begann er sehr bewegt über die früheren Seitensprünge seiner Frau zu sprechen. Bei sämtlichen anderen Versuchen, Informationen über das Paar zu gewinnen, war dieses Thema nicht zur Sprache gekommen. Es erwies sich als ein Kernproblem, das das Paar bislang von sich weggeschoben und lieber nicht angeschnitten hatte. Im folgenden entspann sich ein höchst fruchtbarer Gedankenaustausch.

Das folgende Beispiel stammt aus der Therapie mit Madge und Charlie:

THERAPEUT: Madge, bei der Aussage „Ich glaube, daß mein Partner ‚auf meiner Seite steht'" haben Sie einen recht niedrigen Punktwert angegeben, nämlich eine Drei. Könnten Sie mir das bitte näher erläutern?

EHEFRAU: Ich weiß nicht recht. Na ja, es hat irgendwie etwas mit seiner

	Angewohnheit zu tun, aus dem Zimmer zu gehen, wenn ich irgendwelche – ja – Probleme anspreche. Das hängt auch irgendwie mit dem ganzen Thema Zuneigung zusammen. Er ist nicht besonders zärtlich, müssen Sie wissen.
EHEMANN:	Das ist doch aber mit dem „auf deiner Seite stehen" gar nicht gemeint.
THERAPEUT:	Hören wir uns doch an, was Madge zu sagen hat. Stimmt es denn, daß Sie sich oft zurückziehen, wenn sie reden will ...?
EHEFRAU:	[unterbricht] Besonders wenn ich über unsere Beziehung reden will. Oder wenn ich ihm irgendwas mitteilen will, was mir zu schaffen macht. Dann steigt er aus.
EHEMANN:	Madge, du suchst dir aber auch die tollsten Momente aus, um etwas aufs Tapet zu bringen. [wendet sich zum Therapeuten hin] Also ich bin gerade zur Tür hereingekommen, ich hatte einen grauenhaften Arbeitstag und – wumm! überfällt sie mich mit ihren Klagen.
EHEFRAU:	Das stimmt doch nicht! Wenn's nach dir geht, ist nie ein guter Zeitpunkt zum Reden.
THERAPEUT:	Einen Moment bitte. [zum Ehemann:] Charlie, Madge will anscheinend darauf hinaus, daß sie keine Zuneigung von Ihnen spürt, und sie fragt sich, wieviel Sie eigentlich für sie empfinden. [zur Ehefrau:] Stimmt das so?
EHEMANN:	Das ist doch einfach lächerlich.
THERAPEUT:	Heißt das, Sie lieben sie, und sie bedeutet Ihnen viel?
EHEMANN:	Aber ja doch! [zu seiner Frau:] Wie kannst du denn daran zweifeln?
EHEFRAU:	[fängt an zu weinen]
THERAPEUT:	Was bedeuten die Tränen, Madge?
EHEFRAU:	[putzt sich die Nase] Diese Bestätigung tut mir einfach so gut.
THERAPEUT:	Gut, wir sind hier also an einem wichtigen Punkt dran. Sie hat das Gefühl, Charlie, daß Ihre Taten Ihre Worte Lügen strafen. Wie können Sie ihr beweisen, daß Sie das auch meinen, was Sie sagen?
EHEFRAU:	Die meiste Zeit steht Charlie ja auf meiner Seite – wenn er

mich nur nicht so abwimmeln würde, sobald ich über ein Problem reden will.

Nach diesem Wortwechsel lag es nahe, dem Paar eine wirkungsvolle Technik zu empfehlen: die Aussprache mit begrenzter Redezeit [Time-limited Intercommunication]. Sie hat sich für viele Paare, die bereit waren, sie regelmäßig anzuwenden, als überaus nützlich erwiesen.

Aussprache mit begrenzter Redezeit

Man fordert die Partner auf, in den kommenden vier Wochen jeweils zwei (wenn möglich drei) halbstündige Termine pro Woche einzuplanen. Fünf Dinge sind erforderlich: ein ruhiges Zimmer, in dem sie nicht gestört werden, ein Wecker oder eine Eieruhr, ein Bleistift, Papier und eine Münze.

Per Münzwurf wird entschieden, wer zuerst spricht. Der Wecker wird auf fünf Minuten gestellt. Die Person, die an der Reihe ist, spricht während der ersten fünf Minuten, worüber sie möchte. *Die Person, die zuhört, darf nicht dazwischenreden.* Sie kann sich Notizen für spätere Klarstellungen oder Gegenargumente machen, darf aber kein Wort sagen, bis die fünf Minuten um sind und der Wecker ertönt (außer wenn der Sprecher oder die Sprecherin nicht die ganzen fünf Minuten benötigt und sagt: „Ich bin jetzt fertig").

Wenn der Wecker ertönt, muß der Sprecher sofort innehalten. Der Zuhörer paraphrasiert nun, was der Sprecher gesagt hat. Falls der Sprecher mit der Paraphrase nicht einverstanden ist, sagt er: „Das hat nicht ganz gestimmt", und erklärt dem Zuhörer, was er mißverstanden oder falsch dargestellt hat. Der Zuhörer paraphrasiert immer wieder von neuem, bis der Sprecher zufrieden ist und das Gefühl hat, daß das Gemeinte voll und ganz beim anderen angekommen ist. Der Wecker wird wieder auf fünf Minuten gestellt, und der bisherige Zuhörer ist nun nach denselben Grundregeln mit dem Reden an der Reihe.

Im Laufe der halben Stunde bekommen beide Partner gewöhnlich zwei Gelegenheiten, sich fünf Minuten lang zu äußern. Falls die Paraphrasen kurz und präzise ausfallen, nimmt das Paar sich vielleicht noch ein paar

Minuten mehr Zeit, so daß jede Seite dreimal mit Reden und mit Zuhören an der Reihe ist. Die Partner werden angewiesen, sich am Ende zu umarmen und bis zum nächsten vereinbarten Termin jedes Gespräch über die angeschnittenen Themen zu unterlassen.

Manche Paare ziehen es vor, die Aussprache jeweils auf eine Stunde auszudehnen, und bringen auch die nötige Geduld und Ausdauer dafür auf. Die *zeitliche Begrenzung* hat unter anderem zum Ziel, langwierige kleinliche Debatten zu verhindern. Im allgemeinen berichten die Paare, daß sie durch diese Methode weniger Zeit dafür brauchen, um sämtliche für sie wichtigen Punkte abzuhandeln. Unter Umständen genügen einige dreiminütige „Statements", gefolgt von halbminütigen Paraphrasen, um die Kommunikationskanäle zwischen den Partnern offenzuhalten.

Manche Paare berichten, daß sie selbst in Zeiten, wenn sie gut miteinander auskommen, ein- oder zweimal im Monat auf diese Technik zurückgreifen, um sich Dinge von der Seele zu reden oder sich zu vergewissern, daß keine Probleme im verborgenen vor sich hingären.

Auch die Bibliotherapie hat sich bei vielen Paaren als außerordentlich hilfreich erwiesen. Wenn Klienten einigen der Mythen und Legenden anhängen, die ich in meinem Buch *Marital Myths* (Lazarus, 1985/dt. 1988) darstelle, gebe ich ihnen ein Exemplar mit und bitte sie, ausgewählte Kapitel zu lesen, damit wir später darüber reden können. (Auf diese Weise gehe ich z. B. bei Klienten vor, die falsche romantische Vorstellungen hegen oder glauben, Partner müßten die ganze Zeit über unzertrennlich sein, oder die Ehe als einen Ort betrachten, wo man „sich so richtig gehenlassen kann", oder den Drang verspüren, aus dem Partner „einen neuen Menschen" zu machen.) Im allgemeinen beschleunigt dies die Behandlung und kommt ihr zugute. Die Bibliotherapie löst bei Paaren oft rasante Veränderungsprozesse aus. Da die Lese-Aufträge etwas Didaktisches haben und das Paar dazu anregen, sich gemeinsam mit der Lektüre zu beschäftigen, geben sie Impulse zum Gedankenaustausch, wirken Überzeugungen entgegen, die der Beziehung abträglich sind, und helfen die defensiven und konfrontativen Haltungen abzubauen, die konfliktgeschüttelte Paare oft an den Tag legen.

Weitere Techniken

Wenn man die in Kapitel 4 umrissene Haltung des technischen Eklektizismus einnimmt, kann man Methoden der verschiedensten Schulrichtungen heranziehen. Hat man beispielsweise den Eindruck, daß ein Paar seine Gefühle verbirgt, so kommt man oft weiter, wenn man sich die Technik des „Doppelns" aus dem Psychodrama zu eigen macht, bei der der Therapeut den mutmaßlichen Empfindungen eines Patienten Ausdruck verleiht. Das folgende Exzerpt stammt aus Lazarus (1996). Der Ehemann sträubte sich dagegen, seine Frau darum zu bitten, daß sie ihm mehr Zeit und Aufmerksamkeit widmete, obwohl er ebendiesen Wunsch bereits in Einzelsitzungen geäußert hatte. Die üblichen Methoden des Selbstsicherheitstrainings blieben fruchtlos. Folglich beschloß ich, das *Doppeln* auszuprobieren, also die unausgesprochenen Gedanken des Mannes an die Oberfläche zu bringen und zu artikulieren. Ich stellte mich hinter ihn und forderte ihn auf, seine Frau zu bitten, für die Wochenenden mehr gemeinsam verbrachte Zeit einzuplanen. Nach einigen Fehlstarts entspann sich folgendes Gespräch:

EHEMANN: Fändest du es nicht auch gut, wenn wir uns für die Samstage und Sonntage einige Dinge vornehmen, die wir dann gemeinsam tun?

ICH: [stehe hinter ihm und spreche für ihn] „Das würde mir wirklich sehr viel bedeuten. Es würde mir das Gefühl geben, daß dir noch etwas an mir liegt."

EHEFRAU: [antwortet auf meine Aussage] Ist das wahr? Stimmt das denn wirklich? Glaubst du, daß ich nichts mehr für dich empfinde?

EHEMANN: Äh, so würde ich das nicht sagen. Eigentlich glaube ich das nicht.

ICH: „Liebling, ehrlich gesagt weiß ich nicht, was mit all den wunderbaren Gefühlen passiert ist, durch die wir damals zueinander gefunden haben."

EHEMANN: Also ich glaube, das ist jetzt übertrieben.

ICH: [noch immer doppelnd] „Es tut mir einfach zu weh, die Tat-

	sache anzuerkennen, daß wir uns in vieler Hinsicht auseinandergelebt haben."
EHEFRAU:	[an mich gewandt] Ich finde, Sie überzeichnen die Situation.
ICH:	[stelle mich hinter den Stuhl der Frau] „Für mich ist es einfacher, mich in die Arbeit zu vergraben und mich mit meiner Schwester herumzutreiben, als der Tatsache ins Gesicht zu sehen, daß wir uns auseinanderleben."
EHEFRAU:	[an ihren Mann gewandt] Hast du mir denn nicht gesagt, daß du Zeit für dich allein brauchst?
EHEMANN:	Ja, das stimmt. Ich möchte keine Frau haben, die mich nicht in Ruhe läßt oder mir ständig auf die Nerven fällt.
ICH:	[stelle mich wieder hinter den Ehemann] „Aber ich glaube, wir sind zu unabhängig voneinander – viel unabhängiger, als für uns gut ist."
EHEFRAU:	Als ich aber vorgeschlagen habe, wir könnten zusammen Tennisstunden nehmen, warst du dagegen.
ICH:	„Was wir gemeinsam unternehmen, ist mir nicht so wichtig – wichtiger ist mir, daß du dich wirklich dafür entscheidest, Zeit mir mir zu verbringen, daß du wirklich meine Gesellschaft willst."
EHEFRAU:	[mit starker Gemütsbewegung] Du hast mir aber nicht gerade das Gefühl gegeben, daß dir an meiner Gesellschaft viel liegt.
EHEMANN:	Was habe ich denn gemacht, daß du diesen Eindruck bekommen hast?
EHEFRAU:	Wie oft hast du mir schon gesagt, daß du die Nase voll von den Menschen hast und dich am liebsten auf eine Insel verziehen würdest?
ICH:	[nicht mehr doppelnd, sondern an den Mann gewandt] Haben Sie dabei vielleicht drei Wörter weggelassen – *mit dir zusammen*?
EHEFRAU:	Sie weiß doch, daß ich es schrecklich fände, ganz allein zu leben.
ICH:	Von wegen! Das weiß sie keineswegs. [zur Frau gewandt] Liege ich da richtig?

EHEFRAU: [nickt, wendet sich an ihren Mann] Schatz, ich glaube, da ist was dran. Wir neigen dazu, uns gegenseitig als was Selbstverständliches hinzunehmen, genauso wie allzu viele andere Dinge.

Nach dieser kurzen Abschweifung kehrte die Therapie wieder auf das sichere Fundament anerkannter verhaltenstherapeutischer Methoden zurück – zu Hausaufgaben, Kontingenzverträgen, Verhaltensübungen und dem Training sozialer Kompetenz. Mit diesem Fallbeispiel wollte ich die Vorzüge eines technischen Eklektizismus veranschaulichen. Als verhaltenstherapeutische Grundtechniken nicht die gewünschten Effekte erbrachten, entlehnte ich eine Methode aus einer anderen therapeutischen Schulrichtung und gab den Partnern so die Möglichkeit, klar zu erkennen, was dem anderen am Herzen lag. Auf diese Weise stießen wir direkt zum Kern dessen vor, was ihnen am meisten zusetzte. Es wäre freilich ein kapitaler Irrtum zu meinen, ich hätte hier „Psychodrama" betrieben. Ich hatte mir lediglich eine Technik aus dem Psychodrama zu eigen gemacht und sie innerhalb meines eigenen – ganz anderen – Bezugssystems angewendet (siehe Lazarus, 1996, und Anhang 5).

Weitere Schwerpunkte

Das „magische Verhältnis"

Gottman (1994) spricht aufgrund umfangreicher Forschungsarbeiten von einem „magischen Verhältnis" von fünf zu eins: „[...] solange es zwischen Ehemann und Ehefrau fünfmal so viel positive Gefühle und Interaktionen gab wie negative, stellten wir fest, daß die Ehe stabil war" (dt. 1995, S. 67). Er bestätigt auch die viele Jahre zuvor von Bach und Wyden (1969) vertretene Auffassung, daß es ein Zeichen höchst effektiver Anpassungsleistungen sein kann, wenn die Partner heftig miteinander streiten und Groll und Klagen offen äußern. Allerdings kommt es auf den Stil an, in dem das Paar streitet. Wird der Kampf mit unfairen Mitteln ausgetragen – mit übler Nachrede, persönlichen Angriffen, Herumwühlen in der Vergangenheit, Vorwürfen, Schuldzuweisungen, Drohungen, ultimativen Forderungen sowie dem Auslegen von einem der 54 „Beziehungsfallstricke", die Fay (1994) beschrieben hat –, so wird dies zwangsläufig die Liebe und das Vertrauen untergraben, die eine tragfähige Beziehung ausmachen.

„Nein" sagen

In engen Beziehungen, so macht Fay (1994) deutlich, kann das Neinsagen „fatale Folgen haben" (S. 58). Ich bin derselben Auffassung. Ständig „Nein" zu sagen oder Bitten abzuschlagen dürfte wohl eine der destruktivsten und unseligsten Angewohnheiten sein. Nun spornen uns andererseits Bücher zum Thema Selbstsicherheit dazu an, uns nicht alles gefallen zu lassen, nicht „Ja" zu sagen, wenn wir eigentlich „Nein" sagen wollen – und uns nicht schuldig zu fühlen, wenn wir „Nein" sagen. Dies sind kluge Ratschläge, wenn man es mit penetranten und nervtötenden Vertretern zu tun hat, wenn der Arbeitgeber einen ausbeuten will oder wenn eine Person, allgemein gesprochen, andere zu manipulieren, auszunutzen und zu bevormunden versucht. Bei Menschen aber, die einem nahestehen, ist es sinnvoll, „Ja" zu sagen, solange keine triftigen Gründe dagegensprechen. Auf die Frage „Liebling, kannst du mir einen Gefallen tun?" antwortet man also am besten: „Aber ja – worum geht es denn?" Wenn man sagt: „Laß mich in Ruhe, ich bin beschäftigt" oder „Hör auf, mich zu nerven", oder den Partner auf irgendeine andere Art abweist, dürfte man sich damit kaum beliebt machen oder die Beziehung verbessern. „Es kommt auf den Gefallen an" klingt nicht ganz so negativ, aber am besten sagt man zunächst einmal uneingeschränkt „Ja". Falls die Bitte dann unzumutbar erscheint oder mit anderen Verpflichtungen kollidiert, kann man immer noch verhandeln. „Ich würde mich durchaus darauf einlassen, daß deine Mutter drei oder vier Wochen bei uns bleibt, aber sechs Wochen erscheint mir doch ein bißchen viel." „Normalerweise würde ich Jake ja sehr gern zur Mathenachhilfe fahren, aber ich habe ein Treffen mit zwei auswärtigen Käufern und komme nicht rechtzeitig nach Hause."

Typisch ist zum Beispiel folgende Episode. Ein Paar war sehr bekümmert wegen eines Vorfalls, der sich kurz zuvor in der Familie ereignet hatte. Der Freund der 16jährigen Tochter war Quarterback im Footballteam der Highschool, und für 6 Uhr abends war ein wichtiges Trainingsspiel angesetzt. Die Tochter wollte unbedingt dorthin und schlug vor, sie könne um halb sechs einen Happen essen. „Ausgeschlossen", sagte der Vater. „Du wirst zur üblichen Zeit mit der ganzen Familie zu Abend essen." Es kam zu einem Streit, der sämtliche Familienmitglieder in Aufruhr versetzte und gegeneinander aufbrachte. Am Ende verließ die Tochter tiefgekränkt das Haus, ohne etwas gegessen zu haben. Ich fragte den Vater, warum er auf die Bitte der Tochter nicht eingegangen war. Er sagte, das Abendessen sei wichtig für das Zusammengehörigkeitsgefühl der Familie, und es liege ihm viel daran, daß bei einer Mahlzeit alle mit am Tisch säßen. „Das kann ich verstehen", sagte ich, „aber eine gewisse Flexibilität scheint mir doch ratsam zu sein." Es sei ja nicht schwer nachzuvollziehen, fuhr ich fort, warum es für die Tochter so wichtig gewesen sei, zu dem Spiel zu gehen. Und es wäre wohl für alle Beteiligten besser gewesen, wenn er sich ihr nicht in den Weg gestellt hätte. „Im Rückblick", gab er zu, „kommt mir das auch so vor."

Seine Ehefrau beschrieb ihn als jemanden, der viel zu oft automatisch „Nein" sagte: „Wenn die Kinder oder ich ihn um etwas bitten, ist seine erste Antwort meistens ›Nein‹. Oft denkt er dann nochmal darüber nach und ändert seine Meinung." Ich hob hervor, daß seine Taktik immerhin besser war als die jener anderen Neinsager, die glauben, sie dürften um keinen Preis nachgeben, selbst wenn sie merken, daß sie willkürlich oder aus einer Laune heraus gehandelt haben. Dennoch legte ich dem Mann eindringlich nahe, es sich gut zu überlegen, ehe er „Nein" sage.

Analogien und Metaphern

Die folgenden Analogien und Metaphern scheinen sich gut dafür zu eignen, die Ausgewogenheit einer Beziehung zu stärken.

Die Ehe ist wie ein fein ausbalanciertes Segelboot für zwei. Wenn die eine Person sich auf die rechte Seite bewegt, muß die andere rasch nach links, um das Boot wieder ins Gleichgewicht zu bringen. Wenn einer von ihnen ein Loch in den Boden schlägt, beginnt das Boot bald zu sinken, falls das Loch nicht rasch geflickt wird.

Als ein Mann seine Ehefrau in einer unserer Sitzungen mit einem groben Schimpfwort bedachte, hakte ich sofort ein: „Sie haben gerade ein ziemlich großes Loch in das Boot geschlagen. Falls es Ihre Absicht ist, das Boot zu versenken, tun Sie am besten nichts. Falls Ihnen aber etwas daran liegt, daß es nicht untergeht, sollten wir schnell darüber reden, mit welchen Mitteln sich der Schaden beheben läßt." Er reagierte zerknirscht, und so untersuchten wir das Problem unter verschiedenen Aspekten und gelangten zu einem praktikablen *modus vivendi*.

Bei einem anderen Paar warf die Frau – eine Psychologin – ihrem Mann vor, er sei passiv-aggressiv und manipuliere die Situation so, daß „ich für die Kinder das gemeine Scheusal bin". Am Morgen hatte die siebenjährige Tochter die Mutter gebeten, ihr bei Hausaufgaben zu helfen, die sie schon vor dem Schlafengehen hätte machen sollen. Dies führte zu einem Streit mit der Mutter, und am Ende verpaßte das Kind den Schulbus. Die Mutter weigerte sich, die Tochter zur Schule zu fahren, und bestand darauf, sie müsse das Fahrrad nehmen; der Streit eskalierte weiter, und schließlich brachte der Vater das Mädchen in die Schule. „Genau das meine ich", erklärte die Frau. „Er hat meine Autorität untergraben und mich als die Böse hingestellt." Nach ihrer Einschätzung verhalte er sich deshalb oft so, weil er ihr irgendeine nie explizit benannte Kränkung heimzahlen wolle. Der Ehemann sagte: „Das Entscheidende war, daß sie nicht mit Gelassenheit an die Situation heranging, sondern völlig außer sich geriet und das Kind anschrie, und wie üblich haben sie sich dann gegenseitig aufgeschaukelt." Die Tochter hätte den Bus noch erwischt, so fuhr er fort, wenn seine Frau mit dem Kind nicht gestritten, sondern ruhig mit ihm über die Situation geredet und ihm vielleicht klargemacht hätte, daß sie sich nach der Schule am besten zusammensetzen und sich überlegen sollten, wie man das in Zukunft anders machen könnte. „Nach meinem Eindruck", fügte er hinzu, „war meine Tochter viel zu aufgeregt, um beim Radfahren genug achtzugeben, also hielt ich es für sinnvoll, sie in die Schule zu bringen."

Ich nahm den Segelboot-Vergleich zu Hilfe und erklärte, die Mutter habe ihr Gewicht offenbar ziemlich weit auf die eine Seite verlagert und den Vater dadurch gezwungen, sich auf die andere Seite zu bewegen, um das Boot waagerecht zu halten. Die Frau sagte recht nachdenklich: „Das würde heißen, er versucht mich gar nicht zu manipulieren", und fügte hinzu: „Mir ist jetzt klar, wie ich das alles aus einem anderen Blickwinkel betrachten kann, und dann ergibt sich wirklich ein ganz neues Bild."

Paartherapie

Karpel (1994) schlägt eine weitere hilfreiche Metapher vor. Er vergleicht das Paar mit „zwei Menschen, die jeweils auf einem kleinen Floß stehen und von der Strömung eines Flusses dahingetragen werden. [...] beide versuchen sowohl auf ihrem eigenen Floß das Gleichgewicht zu halten als auch die zwei Flöße gegeneinander auszubalancieren [...]. Sie versuchen Verbindung zueinander zu halten und es gemeinsam zu überstehen, wenn Wellen die Flöße durchschütteln oder über sie schwappen" (S. 1). Dieser Vergleich veranschaulicht, wie wichtig es ist, sich der Paarbeziehung und zugleich den einzelnen Partnern zu widmen. Wer sich für die Verwendung von Bildern und Vergleichen in der Therapie interessiert, sei auf Kopps anregendes Buch *Metaphor Therapy* (1995) verwiesen.

Wenn der Therapeut bei der Behandlung eines Paares den starken Wunsch entwickelt, die Beziehung zu retten, bringt er sich damit in eine sehr heikle Lage. Als mir eine Therapeutin in der Supervision eine Tonbandaufzeichnung aus einer Paartherapie vorspielte, horchte ich an einer bestimmten Stelle auf: Der Ehemann sagte wütend, es sei wohl am besten, wenn sie sich scheiden ließen, woraufhin die Therapeutin einen leidenschaftlichen Appell an ihn richtete, doch an seine kleinen Kinder zu denken. Die Ehefrau entgegnete, wenn die Kinder der einzige Grund seien, verheiratet zu bleiben, habe das nicht viel Sinn. Im weiteren Verlauf manövrierte sich die Therapeutin in eine immer ausweglosere Lage.

Ich empfahl ihr, dem Paar zu Beginn der nächsten Sitzung folgendes zu sagen: Ihr Urteilsvermögen als Therapeutin sei durch ihr emotionales Engagement getrübt gewesen; nachdem sie das Ganze noch einmal überdacht und mit ihrem Supervisor besprochen habe, sei sie nun ganz derselben Meinung wie die beiden, daß die Scheidung für ein Paar – ob dieses nun Kinder habe oder nicht – eine vernünftige Alternative darstelle, falls nun einmal nicht genügend Liebe und Verständnis füreinander vorhanden seien. Als sie dies in der nächsten Sitzung vorbrachte, erklärten sowohl der Mann als auch die Frau mit Nachdruck, es sei durchaus ein großes Maß an gegenseitiger Zuneigung vorhanden, und ihnen liege viel an einem Gelingen ihrer Ehe.

Schon bei vielen Gelegenheiten habe ich, wenn Paare in meinem Sprechzimmer aneinandergerieten und sich befehdeten, nüchtern erklärt, es sei vielleicht eine Überlegung wert, ob wir nicht darauf hinarbeiten sollten, daß das Paar im guten auseinandergehe. Dies versetzt dem Paar meist einen solchen Schock, daß es sich zu einer produktiven Zusammenarbeit bereit findet. In anderen Fällen, in denen sich herauskristallisierte, daß das Paar eine Scheidungsberatung wünschte, hielt ich es durchaus für sinnvoll, diese Aufgabe zu übernehmen – obwohl unser Ziel ja ursprünglich gewesen war, die Ehe zu retten. Viele betrachten es als unangemessen und möglicherweise auch unvereinbar mit dem psychotherapeutischen Berufsethos, wenn man zunächst als Eheberater fungiert und dann in die Rolle des Scheidungsmediators schlüpft. Ich sehe das anders. Da ich mit dem Paar bereits ein Vertrauensverhältnis aufgebaut habe, befinde ich mich oft in einer guten Ausgangsposition, um eine faire, wenn nicht gütliche Scheidung auszuhandeln. Natürlich gab es auch Fälle, in denen der Konflikt eskalierte und jemand hinzugezogen werden mußte, der sich gut in juristischen Formalien auskannte.

Man muß nicht sentimental veranlagt sein, um eine ungemeine Befriedigung zu verspüren, wenn es einem gelingt, ein dysfunktionales in ein harmonisches Paar zu verwandeln. Eine gut funktionierende Ehe ist eine Augenweide.

Kapitel 11

Einige häufige Formen der Zeitvergeudung

In der Kurztherapie geht es darum, die Zeit effizient, vernünftig, pragmatisch und wirkungsvoll zu nutzen. Viele Therapeuten, die in einem Langzeitverfahren ausgebildet wurden und sich ihm verschrieben hatten, angesichts der dringenden Erfordernisse unserer Epoche aber zur Kurztherapie konvertieren, sind nach wie vor meisterliche Zeitverschwender.

Ein Paar, das bei mir in Behandlung war, hatte seine Eheprobleme rasch gelöst, doch ein wesentlicher Konfliktpunkt blieben die beträchtlichen Spannungen zwischen ihnen und ihren erwachsenen Kindern. Die Kinder waren alle in gehobenen akademischen Berufen tätig und verheiratet, und in ihren Ehen und Familien gab es keine größeren Schwierigkeiten. Sie lebten nicht im selben Bundesstaat wie die Eltern, und wenn die Eltern sie anriefen oder besuchten, berichteten sie mir anschließend regelmäßig, daß dabei eine gewisse Mißstimmung aufgekommen sei. Ich schrieb, wie ich das gewohnt bin, Briefe an die Kinder und bat sie, die Punkte, die zwischen ihnen und den Eltern zu Spannungen führten, aus ihrer Sicht kurz darzustellen. Als ich keine Antwort bekam, erklärten mir meine Klienten, ihre Kinder betrachteten mich als einen Vertreter der Eltern, der in dieser Rolle nicht unvoreingenommen bleiben könne. Die Kinder vereinbarten mit einem Familientherapeuten eine Reihe von Therapiesitzungen, die in ihrer Nähe stattfanden und an denen die Eltern teilnahmen. Nach etwa fünf Sitzungen erklärte der Vater, das sei „Zeitverschwendung". Das Urteil seiner Frau fiel freundlicher aus: Sie hatte das Gefühl, daß bei den Sitzungen durchaus etwas Gutes herausgekommen war, auch wenn sie nicht beschreiben konnte, worin die Fortschritte im einzelnen bestanden. Als der Familientherapeut vorschlug, daß er sich einige Male nur mit den Eltern treffen wollte, um sich eingehend mit den Herkunftsfamilien der beiden zu befassen, war der Vater verärgert und enttäuscht. Ich wollte der Sache nicht vorgreifen, schloß mich aber im stillen seiner Einschätzung an, daß dies nur eine erneute Zeitverschwendung sei. Er sagte: „Ich glaube, wir müssen das zu begreifen versuchen, was hier und jetzt geschieht, und wir müssen einen Weg finden, die Verständigung untereinander in unmittelbarer Zukunft ganz wesentlich zu verbessern." Fortschritte stellten sich ein, nachdem ich mich mit dem Familientherapeuten am Telefon lange über einige aktive Strategien zur Erreichung der genannten Ziele unterhalten hatte.

Eine weitere Form der Zeitverschwendung rührt von dem Glauben mancher Therapeuten her, sie müßten die Patient-Therapeut-Beziehung bis ins kleinste ergründen. Welchen Sinn soll das aber haben, wenn die Klienten offensichtlich Fortschritte machen und die Therapie zügig vorangeht? In den weitaus meisten Fällen habe ich am Ende keine blasse Ahnung, was meine Klienten wirklich von mir halten. Ich gehe im Prinzip davon aus, daß sie mir wohlgesinnt sind, weil sie höflich, rücksichtsvoll, freundlich, kooperativ und im allgemeinen mit dem Erreichten zufrieden waren. Sobald aber Schwierigkeiten auftauchen und die Therapie ins Stocken gerät, lautet eine meiner Hypothesen, daß zwischen Klient und Therapeut etwas nicht stimmt. Wenn das auftritt, was Safran als Bruch [rupture] im therapeutischen Bündnis bezeichnet, ist eine eingehende Überprüfung gerechtfertigt (Safran, Crocker, McMain & Murray, 1990). Ich wiederhole aber: Wenn die Therapie gut vorankommt, sich positive Veränderungen einstellen und die Fortschritte offensichtlich sind, warum sollte man dann Zeit damit vergeuden, die sogenannte „Gegenübertragung" zu analysieren?

Zeit geht auch verloren, wenn ein Klient eigentlich fähig, willens und bereit zur Veränderung ist, aber bei einem Therapeuten landet, der ausschließlich nicht-direktive und unterstützende Methoden einsetzt. Howard, Nance und Myers (1987) erörtern, welche therapeutischen Stile den verschiedenen Stufen der *Bereitschaft* angemessen und nicht angemessen sind, und erläutern eine Reihe von optimalen und suboptimalen Strategien. Ihr Buch erschien, ehe Prochaska und DiClemente (1992) ihren theorieübergreifenden Ansatz vorstellten, in dem sie fünf Änderungsphasen unterscheiden – Präkontemplation, Kontemplation, Vorbereitung, Handeln und Aufrechterhaltung.[1] Wir haben dieses Konzept bereits in

---

[1] Siehe dazu auch Urs Baumann & Meinrad Perrez (Hg.), *Lehrbuch Klinische Psychologie – Psychotherapie*, Bern: Hans Huber, ²1998, S. 393 f, sowie Scott

Kapitel 1 kurz gestreift. Im wesentlichen gilt: Manche Klienten machen nur einen „Schaufensterbummel" und kommen in Verlegenheit, wenn ein dynamischer oder aufdringlicher Verkäufer sie anspricht; andere erwägen eine Anschaffung, sind sich aber noch unsicher; wieder andere schicken sich definitiv an, in nächster Zukunft etwas zu kaufen. Die handlungsorientierten Klienten aber kommen gewissermaßen mit dem nötigen Bargeld in der Tasche herein und sind darauf eingestellt, gleich etwas mit nach Hause zu nehmen. Ihnen sagt es wahrscheinlich gar nicht zu, wenn jemand ihnen empfiehlt, weiter mit sich zu Rate zu gehen und sich die Sache genau zu überlegen.

Eine meiner Klientinnen, eine Lehrerin für das fünfte Schuljahr, hatte zwei unglückliche Ehen hinter sich, in denen sie auch körperlich mißhandelt worden war. Ihr wurde klar, daß sie sich von anderen ausnutzen ließ, weil es ihr entschieden an Selbstsicherheit mangelte. Nachdem sie ein Buch über selbstsichere Frauen gelesen hatte, suchte sie einen Therapeuten auf. Ihre Erwartung war, daß er ihr einige wesentliche Fertigkeiten beibringen werde. Sie hatte das Pech, daß der Arzt ausschließlich tiefenpsychologische Explorationsmethoden einsetzte. Da sie nicht selbstsicher genug war, behielt sie ihre Unzufriedenheit für sich und ging weiterhin zu dem Arzt, der ihre Träume analysierte und ihre Familiengeschichte erörterte. Schließlich überredete eine Freundin sie, sich nach einer anderen Therapie umzuschauen, und das Cognitive Therapy Center in Philadelphia überwies sie an mich.

Es ist seit langem bekannt, daß Menschen mit bestimmten Erwartungen in eine Therapie kommen und daß die Wirksamkeit der Therapie eng mit diesen Erwartungen verknüpft ist. Da die Klientin Lehrerin war, fand ich mit meinen Erläuterungen, daß man eine Therapie als eine Form von Erziehung auffassen könne, bei ihr ein offenes Ohr, und da sie mehr als bereit zur Veränderung war, stieg sie ohne zu zögern auf die Rollenspiele und Verhaltensübungen des Selbstsicherheitstrainings ein. Wir sprachen über die Grundhaltung des „Ich laß mich nicht drangsalieren!" [Take No Crap – TNC], und die Klientin machte sich mit großem Eifer daran, sie

---

D. Miller, Barry L. Duncan und Mark A. Hubble, *Jenseits von Babel*, Stuttgart: Klett-Cotta, 2000, Kapitel 4. A. d. Ü.

in die Tat umzusetzen. Nach drei Sitzungen berichtete sie, wie sie in mehreren Situationen, in denen sie normalerweise schüchtern und unterwürfig reagiert hätte, selbstsicher aufgetreten war. Nach der vierten Sitzung kamen wir überein, die Therapie zu beenden, wobei es ihr jederzeit freistand, bei Bedarf zu Auffrischungssitzungen wiederzukommen. Sie machte weiterhin stetige Fortschritte, und nach zwei Jahren rief sie mich an, um mir mitzuteilen, daß sie wieder geheiratet habe, und fügte hinzu, daß sie sich noch immer an die Devise halte: „Ich laß mich nicht drangsalieren!"

Wie das Fallbeispiel zeigt, fordert der multimodale Ansatz Flexibilität vom Therapeuten. Er darf sich nicht sklavisch an irgendwelche Schablonen klammern. Bei dieser Klientin schien es überflüssig zu sein, ihr den Multimodalen Fragebogen zur Lebensgeschichte vorzulegen oder das BASIC I. D. auf sie anzuwenden – statt dessen gingen wir die offen zutage liegenden Problempunkte geradewegs an. Warum hätten wir Zeit verschwenden sollen?

Auch durch die Vorstellung, es könne ein Allheilmittel geben, geht ungeheuer viel Zeit verloren. Verfechter von „Patentrezepten" propagieren und glauben an die universelle Wirksamkeit eines ganz bestimmten Verfahrens. Man fühlt sich an die unseligen Zeiten erinnert, als noch alle Patienten über einen Kamm geschoren wurden. Ich kenne Therapeuten, die jeden ihrer Klienten an ein Biofeedback-Gerät anschließen, obwohl seit langem bekannt ist, daß Biofeedback-Verfahren bei manchen Menschen unliebsame Reaktionen auslösen (Miller & Dworkin, 1977). Andere loben die angeblich fundamentalen Vorzüge der Meditation über den grünen Klee, ohne zu berücksichtigen, daß manche Klienten ungünstig darauf reagieren und deshalb ungeeignete Kandidaten sind (siehe z. B. Kennedy, 1976; Lazarus, 1976a). Die Methode aber, die vielleicht am meisten als universelles Mittel zum Streßabbau angepriesen wird, ist die *tiefe Muskelentspannung*, und ich kenne kein Buch über Streßreduktion, in dem nicht die weitreichenden Vorzüge des Entspannungstrainings hervorgehoben werden. Ich habe in Sachverständigengremien mitgewirkt, denen auch Herbert Benson von der Harvard University angehörte, ein begeisterter Befürworter der „Entspannungsreaktion" [relaxation response], wie er das nennt. In der Literatur sind freilich zahlreiche Berichte über *entspannungsinduzierte Ängste* [relaxation-induced anxiety – RIA] erschienen (z. B.

Heide & Borkovec, 1983, 1984; Lazarus & Mayne, 1990). Will man effizient mit der zur Verfügung stehenden Therapiezeit umgehen, so muß man von einem jeden Verfahren, das nicht wie erwartet das Wohlergehen des Klienten fördert, auf der Stelle Abstand nehmen. Man kann nicht genügend betonen, daß ein Therapeut ein breites Spektrum wirksamer Techniken parat haben muß. Falls dann ein Entspannungstraining beunruhigende Reaktionen hervorzurufen scheint, kann er elegant zur Meditation überwechseln. Falls auch diese ihre Wirkung verfehlt oder beunruhigende Reaktionen auslöst, kann er auf eine Vielzahl von Visualisierungsmethoden zurückgreifen.

Ich führe in diesem Zusammenhang gern an, daß die Besitzer von Erdbeerplantagen uns natürlich dazu animieren möchten, große Mengen von Erdbeeren zu verzehren: „Erdbeeren sind gesund. Sie haben wenig Kalorien, enthalten viele Ballaststoffe und sind reich an gesundheitsfördernden Vitaminen und Mineralien." Das ist alles schön und gut – aber nur unter der Voraussetzung, daß man nicht allergisch gegen Erdbeeren ist! Ebenso können Klienten gegen die verschiedensten psychologischen Interventionen „allergisch" sein, und der Therapeut ist dafür verantwortlich, daß er in der Psyche des Klienten keinen anaphylaktischen Schock auslöst.

Eine häufige, bereits an mehreren Stellen dieses Buches angesprochene Variante der Zeitvergeudung gründet in der Vorstellung, der Therapeut solle besser nicht aktiv werden, ehe sich zwischen ihm und dem Patienten ein vertrauensvoller Rapport entwickelt habe. Während meiner Ausbildungszeit an einer Klinik handelte ich mir von einem meiner Supervisoren eine Rüge ein, weil ich einem Klienten in der allerersten Sitzung gesagt hatte, daß er im Beruf anscheinend zu passiv sei und dazu neige, zu leicht aufzugeben. Derartige Beobachtungen und Überlegungen, so bekam ich zu hören, solle man dem Klienten nie mitteilen, wenn man sich nicht völlig sicher sei, daß er sie in adäquater Weise verarbeiten könne. In der Kurztherapie aber kann man sich den Luxus nicht erlauben, dem Klienten lediglich psychische Trostpflästerchen zu verabreichen, damit er nur ja nicht aus der Fassung gerät. Ein aufmerksam beobachtender Therapeut kann die Reaktion des Klienten abschätzen, und sollte sie tatsächlich ungünstig ausfallen, läßt sich die Sache in der Regel ohne Schwierigkeiten wieder in Ordnung bringen. Eine meiner Vorsichtsmaßnahmen besteht darin, stets nachzufragen, wenn ich einem Klienten eine Beobachtung mitgeteilt habe: „Was halten Sie davon?" Falls ich merke, daß er zögert, den Blick senkt, die Zähne zusammenbeißt, unruhig und zappelig wird oder auf irgendeine andere Weise zu erkennen gibt, daß er sich unbehaglich fühlt, erkläre ich ihm die wohlmeinenden Beweggründe für meine Intervention und bitte ihn gegebenenfalls um Entschuldigung, wenn ich mich geirrt habe.

Es ist faszinierend, wie sich mit einem kleinen Schuß wohlgesinnter Manipulation die Dinge manchmal beschleunigen lassen. Im Erstgespräch mit einem Paar hatten sich nach etwa zehn Minuten zwei Themenkomplexe herausgeschält: 1. Die 33jährige Frau hing so sehr an ihren Eltern und war derart abhängig von ihnen, daß sie sich weigerte, mit ihrem Mann und dem vierjährigen Sohn in einen anderen Bundesstaat zu ziehen. Folglich war der Mann gezwungen, ein Stellenangebot auszuschlagen. 2. Der Mann verarbeitete Frustrationen gewöhnlich so, daß er sich zurückzog und schmollte. Er hatte im übrigen angemerkt, daß seine Schwiegereltern ihre Tochter nicht wie eine 33jährige behandelten, sondern mit ihr umgingen, als sei sie erst 23. Nachdem wir über einige weitere Probleme in der krisengeplagten Ehe der beiden geredet hatten, hielt ich ihnen folgenden Vortrag:

„Wir sehen uns heute zum ersten Mal und kennen uns seit weniger als einer halben Stunde. Wenn wir uns nach dem richten würden, was in den meisten Büchern über Psychotherapie steht, würden wir uns einige Wochen oder auch Monate Zeit lassen, damit sich ein vertrauensvolles Verhältnis zwischen uns entwickeln kann. Und wenn Sie dann soweit sind und Vertrauen in mich gefaßt haben, kann ich schließlich das Risiko eingehen, Ihnen meine ehrliche Meinung zu sagen und einige hilfreiche Vorschläge zu machen. Wenn ich das jetzt gleich täte, so heißt es, würde ich Sie nur verärgern, so daß Sie die Therapie bei mir abbrechen würden. – Ich persönlich denke, daß diese Vorschriften nicht darauf angelegt sind, daß die Klienten Hilfe erhalten, sondern daß sie immer wieder zum Therapeuten kommen und er daran verdienen kann. Was soll ich also jetzt tun? Soll ich meine ersten Eindrücke von Ihnen für mich behalten und warten, bis Sie beide merken, daß Sie mir vertrauen können und daß mir Ihr Wohl am Herzen liegt? Oder soll ich Ihnen, anstatt Ihre Zeit und Ihr

Einige häufige Formen der Zeitvergeudung

Geld zu verschwenden, genau das sagen, was mir jetzt im Augenblick durch den Kopf geht?"

Es ist natürlich nicht verwunderlich, daß sie beide sagten, ich solle offen zu ihnen sein und damit nicht bis später warten.

„Also gut", fuhr ich fort. „Sie sind sehr mutig! Ich möchte bei Ihnen beginnen [an die Frau gewandt]. Ich denke nicht, daß Ihre Eltern richtig liegen, wenn sie Sie wie eine 23jährige behandeln, denn in Wirklichkeit benehmen Sie sich eher wie eine Dreijährige. Eigentlich muß sogar die Nabelschnur erst noch durchtrennt werden, also haben Sie in mancher Hinsicht wohl noch etwas von einem Fötus. [Zu dem Mann gewandt:] Und was Sie angeht: Ihre Angewohnheit, zu schmollen, anstatt sich unangenehmen Dingen wie ein Mann zu stellen und vernünftig über sie zu diskutieren, ist ein klares Zeichen dafür, daß Sie eigentlich noch in den Sandkasten eines Kindergartens gehören. – Jetzt schauen Sie sich an, was ich getan habe. Ich habe Sie gerade beide beleidigt. Ich habe mich damit über sämtliche Vorschriften hinweggesetzt. Trotzdem hoffe ich, daß Ihnen das, was ich gesagt habe, weiterhelfen und Sie motivieren wird, einige konstruktive Veränderungen zuwege zu bringen."

Die Frau erwiderte sogleich: „Es stimmt, daß ich sehr an meiner Familie hänge ... Ich rufe meine Mutter mehrmals am Tag an, aber daran kann ich nichts Falsches finden."

„Gut", sagte ich, „wenn Sie denken, das sei völlig normal, liegt es mir fern, Ihnen das ausreden zu wollen."

Sie fuhr fort: „Bei der Stelle, die ihm angeboten wurde, hätte er sich nicht verbessert. Hätte man ihm etwas in einem anderen Bundesstaat angeboten, das mehr Geld eingebracht und einen eindeutigen Aufstieg bedeutet hätte, dann wäre ich wahrscheinlich zu einem Umzug bereit gewesen."

„Wahrscheinlich?" fragte ich.

„Ja, gut – ich wäre definitiv bereit dazu gewesen."

„Glückwunsch! Sie haben gerade einen Riesensprung getan und sind nicht mehr drei, sondern beinahe 33 Jahre alt." Den Ehemann fragte ich: „Was meinen Sie dazu?"

„Das ist mir ganz neu", sagte er, „aber ich freue mich, es zu hören."

„Gut", sagte ich, „aber schauen wir nun, wie wir Sie aus einem schmollenden kleinen Jungen in ein gestandenes Mannsbild verwandeln können."

Dies bringt uns zu der Frage, wie man den Aufbau des Rapports beschleunigen und rasch ein gutes Arbeitsbündnis herstellen kann. Als zum Beispiel ein 16jähriger Jugendlicher vom Gericht an mich überwiesen wurde und mich sogleich mit einem Schwall von Obszönitäten und Schmähungen überschüttete, antwortete ich meinerseits mit einer Schimpftirade. Die Sitzung hätte durchaus das Prädikat verdient: „Nicht jugendfrei: enthält Szenen mit anstößigen und ordinären Dialogen." Der Klient wußte dies zu würdigen: „Shit, Mann! Du bist ja echt cool!" Wir arbeiteten dann sehr gut zusammen, und ich habe wenig Zweifel daran, daß mein reichlicher Gebrauch von Vulgärausdrücken dem positiven Behandlungsergebnis sehr förderlich war.

Oder nehmen wir einen Fall, von dem ich andernorts bereits berichtet habe (Lazarus, 1993). Eine 39jährige, gut gekleidete, attraktive Frau kam zum erstenmal in meine Praxis, musterte mich von oben bis unten und sprach: „Warum sind da Gräber vor Ihrer Praxis?" Ich war völlig verdutzt. „Da sind Gräber vor meiner Praxis?" fragte ich, als wäre ich Carl Rogers. „Schauen Sie aus dem Fenster, Sie Schafskopf!" Es gibt nur sehr wenige Klienten, die uns Therapeuten derart rüde attackieren. Uns bleiben immer nur Millisekunden, um zu entscheiden, mit welchen Worten oder Handlungen wir auf das Verhalten des Klienten reagieren sollen. In diesem Fall hätte man beispielsweise schweigen oder auch fragen können: „Gehen Sie immer so hart ran?" – das Spektrum möglicher Repliken ist außerordentlich breit. Stellen Sie sich einen unleidlichen Therapeuten vor, der in Verteidigungsposition geht und sagt: „Ich mag es nicht, wenn man so mit mir redet!" Wenn ich unterrichte, schalte ich die Tonbandaufzeichnung einer Therapiesitzung gern an verschiedenen Punkten ab, um mit den Studenten über die Palette möglicher Repliken mit neutraler, positiver oder negativer Wirkung zu diskutieren.

Ich reagierte auf den Befehl „Schauen Sie aus dem Fenster, Sie Schafskopf!", indem ich ebendies tat. Im Vorgarten waren im Rasen entlang des Weges zwei neue Blumenbeete angelegt worden. Der Frühling hatte gerade begonnen, und im Erdreich waren noch keine Schößlinge zu sehen. „Na ja, wenn Sie es genau wissen wollen", sagte ich, „in dem einen Grab habe ich gerade einen meiner therapeutischen Fehlschläge verscharrt, und das andere ist für Sie vorgesehen, falls sich herausstellen sollte, daß Sie keine kooperationswillige Patientin sind." Ich sah den Schalk in ihren Augen blitzen und wußte, daß ich passend reagiert hatte. Wir flachsten noch ein wenig, und dann kam die Klientin auf die ernsten Anliegen zu sprechen, derentwegen sie Hilfe suchte. Ich habe meine Zweifel, ob sich der notwendige Rapport entwickelt hätte, wenn ich nicht ironisch, sondern schwerfällig oder ernst geantwortet hätte – „Ach so, das sind doch nur neu angelegte Blumenbeete"-, denn die Klientin hatte eine starke Vorliebe für „Leute mit Sinn für Humor". Und so begannen wir jede Sitzung mit einem scherzhaften kleinen Schlagabtausch.

Humor – zum Beispiel Witze, amüsante Gleichnisse, originelle Anekdoten – hat in der Psychotherapie auf jeden Fall seinen Platz. Kwee (1996) schreibt: „Es ist bemerkenswert, wie sich Klienten nach vielen Jahren bei Follow-ups oft noch an einen für sie bedeutungsvollen Witz erinnerten, den ich ihnen erzählt hatte, und nach wie vor Trost aus einer ‚Geschichte voller Weisheit' zogen, die sie von mir gehört hatten." In seinem Artikel „Travelling in the Footsteps of Hotei towards the 21st Century" (in Kwee & Holdstock, 1996) legt er dar, wie Therapeuten die Behandlung bestimmter Klienten beschleunigen können, indem sie sich auf „die Psychologie des Glücks, des Humors, der Freude, des Lachens und Lächelns [anstatt auf] akademische Ernsthaftigkeit" stützen (S. 175).

Lassen Sie mich noch eine weitere häufige Form der Zeitverschwendung erwähnen. Eine weitverbreitete Legende besagt, wenn Ideen, Strategien, Lösungen und Entscheidungen nicht vom Klienten selbst kämen, sondern ihm vom Therapeuten nahegelegt würden, dann mindere dies ihren Wert und Nutzen ganz erheblich. Folglich warten viele Therapeuten darauf, daß ihren Klienten ein Licht aufgeht, daß sie die richtigen Schlußfolgerungen ziehen und von sich aus zu Einsichten und Erkenntnissen gelangen. In vielen Fällen könnte man darauf aber bis in alle Ewigkeit warten! Wenn die Zeitökonomie von entscheidender Bedeutung ist, ist es vollkommen unsinnig, immer abzuwarten, bis der Klient von selbst auf etwas kommt. Deshalb informiere ich den Klienten über ein geeignetes Vorgehen, helfe ihm auf die Sprünge und dränge ihn auch, wenn nötig, sich entsprechende Gedanken zu machen; ich teile ihm Beobachtungen und Eindrücke mit, biete ihm Ratschläge an und äußere meine Meinung. Falls der Klient noch nicht bereit ist, diese Impulse aufzunehmen oder sie in die Tat umzusetzen, trägt er keinen Schaden davon (all den dicken Büchern zum Trotz, die über die angeblichen Gefahren „verfrühter Deutungen" geschrieben worden sind). Nach meiner Erfahrung hält er sich dann ganz einfach nicht an die Empfehlungen oder Vorschläge. Oft gelangt er aber, nachdem er sich anfangs gesträubt und alles dementiert hat, später zu denselben Schlußfolgerungen wie der Therapeut – als sei er tatsächlich ganz von allein darauf gekommen.

Ein typisches Beispiel dafür ist die folgende Gesprächssequenz:

THERAPEUT: Ihre Mutter denkt wahrscheinlich, daß Sie vorzeitig vom College abgehen wollen. Und das ist vermutlich der Grund dafür, daß sie es gern hätte, wenn Ihr Onkel Billy Ihren Vater überredet, Ihnen die Studiengebühren für die weiterführenden Kurse zu bezahlen. Ich würde wetten, daß Billy, wenn er nächste Woche in der Stadt ist, diese Sache mit Ihrem Vater besprechen wird.

KLIENT: Nein, das glaube ich nicht. Wenn meine Mutter Billy aber tatsächlich darum bitten würde, dann hätte er wahrscheinlich auch seine eigenen Gründe dafür, meinen Vater zu beknien.

THERAPEUT: Und was für Gründe wären das?

KLIENT: Ich bin mir da nicht sicher, aber Billy könnte auf diese Weise meinem Vater zu verstehen geben, daß er ein Geizhals ist, wo doch Billy seinen Kindern das College bezahlt und dann auch noch die Kosten für ihr weiterführendes Studium übernommen hat. Das würde er ihm damit irgendwie unter die Nase reiben.

THERAPEUT: Sie glauben also nicht, daß Ihre Mutter Wind davon bekommen hat, daß Sie mit Charles [seinem älteren Bruder] über den Abgang vom College gesprochen haben? Und er hat sich dumm gestellt, als sie gegenüber Ihrem Vater eine Andeutung machte, er solle die Studiengebühren übernehmen?

KLIENT: Ich glaube nicht, daß Charles irgendwas gesagt hätte.

Einige häufige Formen der Zeitvergeudung

An diesem Punkt wurde das Thema nicht weiterverfolgt. Wie man weiß, ist es im allgemeinen nicht ratsam, mit einem Klienten zu streiten. Die „rechtshemisphärischen Keimlinge", die gepflanzt worden waren, würden aber zu gegebener Zeit sprießen. Der Therapeut wollte auf einen Punkt hinaus, der mit der Familiendynamik zu tun hatte. Die Mitglieder dieser Familie kommunizierten fast immer nur indirekt und bemühten sich, mit detektivischen Methoden zu ergründen, was wohl im Kopf der anderen vorging. Jeder versuchte die Pläne und Motive der anderen zu erraten und sie durch Manipulation dazu zu bringen, in seinem Auftrag zu sprechen. Zuvor hatte der Therapeut den Klienten gefragt, warum er sich denn wegen des Geldes nicht einfach an den Vater wende, anstatt darauf zu warten, daß die Mutter oder ein anderer das für ihn tat. Er antwortete: „Weil das zu nichts führen würde und weil ich keine Lust auf derart nutzlose Manöver habe."

Zwei Tage später rief er an und sagte: „Ich würde Ihnen gern was erzählen, um mal zu hören, was Sie davon halten. Mir kam in den Sinn, daß Charles ja wahrscheinlich überall herumerzählt hat, daß ich mir überlege, vom College abzugehen, und daß meine Mutter deswegen sicher ganz geknickt war. Sie wußte, daß alles davon abhängt, ob ich die Studiengebühren bezahlt bekomme oder nicht. Sie muß sich also überlegt haben, daß Billy der Richtige wäre, um meinen Vater darauf anzusprechen – schließlich weiß jeder, wie großzügig Billy zu seinen Kindern war. Aber warum zum Kuckuck soll ich mich wie ein kleiner Junge hinter meiner Mutter verstecken und Billy dazu bringen, daß er das Reden für mich übernimmt? Was würden Sie also davon halten, wenn ich den Stier bei den Hörnern packe und meinen Vater um das Geld bitte?"

Geschafft!

Epilog

Mein Denken ist seit vielen Jahren dadurch gekennzeichnet, daß ich von einer wechselseitigen Beziehung zwischen Forschungslabor und Klinik ausgehe. „Der Entdeckungsprozeß, der in den Praxen mancher Psychotherapeuten vorangetrieben wird, ist mit der wissenschaftlichen Forschung auf eine Stufe zu stellen. [...] Im klinischen Setting entwickelte Ideen können – vorausgesetzt, sie lassen sich verifizieren oder widerlegen – Wissenschaftler beflügeln, rasch in ihre Forschungslabors zu eilen, um die Wirksamkeitsbehauptungen kontrollierten Tests zu unterziehen" (Lazarus & Davison, 1971, S. 196 f.). Außerdem „sind auf Kliniker zurückgehende Innovationen das A und O, wenn es um Fortschritte bei der Entwicklung neuer therapeutischer Interventionen geht" (Davison & Lazarus, 1994, S. 157). Heute vertrete ich diese Sichtweise mit sogar noch größerer Überzeugung. Die im vorliegenden Buch beschriebenen Konzepte und Strategien beruhen größtenteils auf Befragungen zum Behandlungsergebnis und auf Follow-up-Erhebungen, die ich während der etwa drei Dutzend Jahre klinischer Praxis nach meiner Promotion durchgeführt habe.

Follow-ups sind die für sich genommen vielleicht wichtigste der Quellen, auf denen meine Annahmen und Schlußfolgerungen zur psychotherapeutischen Arbeit beruhen. In den sechziger Jahren, auf dem Höhepunkt meines behavioristischen Eifers, war meinen Katamnesen zu entnehmen, daß viele in der Therapie erreichte Fortschritte von kurzer Dauer waren. Die gefürchtete „Symptomverschiebung" spielte dabei selten eine Rolle, aber Klienten, bei denen das übliche Spektrum „verhaltenstherapeutischer" Techniken zur Anwendung gekommen war, erlitten anscheinend häufiger Rückfälle, als meine Kollegen das zugeben wollten. Eine sorgfältige Überprüfung der Fälle, in denen das Erreichte nicht von Dauer gewesen war, brachte mich zu der Überzeugung, daß das Spektrum von Bewältigungsstrategien, das diese Klienten erlernt hatten, nicht breit genug ge-

Epilog

wesen war. Deshalb machte ich mich dafür stark, die recht eng gefaßten Methoden, die damals en vogue waren, durch eine „Breitband-Verhaltenstherapie" zu ersetzen. Daraus entwickelte sich dann der siebenschichtige multimodale Ansatz.

Der multimodale Ansatz war schon immer relativ zeitökonomisch, aber durch die Kostendämpfung im Gesundheitswesen ist es mittlerweile notwendig, sogar mit noch weniger Zeit auszukommen. Ist es möglich, weiterhin fokussiert vorzugehen und das Tempo der Behandlung zu erhöhen, ohne dabei zu viele Details unter den Tisch fallen zu lassen? Ich hoffe, daß die Leser dieses Buches für sich einen Modus operandi finden, wie sie dieses doppelte Ziel erreichen können.

Einige der in diesem Buch vertretenen Standpunkte und Taktiken möchte ich im folgenden noch einmal Revue passieren lassen:

1. Das BASIC I. D. und die aus ihm abgeleiteten Verfahren (sekundäres BASIC I. D., Bridging, Tracking, Modalitätsprofile und Strukturprofile) sind wichtige und zweckmäßige Instrumente für die Praxis.
2. Wir brauchen ein Repertoire von flexiblen, auf humanistischen Prinzipien beruhenden Diagnose- und Behandlungsverfahren, die eine große Bandbreite abdecken und dennoch empirisch verifizierbar sind.
3. Es ist wichtig, daß wir geeignete Beziehungsstile mit empirisch validierten Behandlungsmethoden der Wahl kombinieren.
4. Einige typische Denkfehler und Legenden können, wenn man sich nicht vor ihnen hütet, die Wirksamkeit des Therapieprozesses untergraben.
5. Um günstige Resultate zu ermöglichen, sollte man bereit und in der Lage sein, bestimmte Grenzen zu überschreiten.
6. Theorien, die sich weder verifizieren noch widerlegen lassen, sind zu meiden.
7. Die wechselseitige Integration von Theorien steckt voller Tücken, während der technische Eklektizismus viele Vorteile zu bieten hat.
8. Für eine aktive therapeutische Haltung spricht insgesamt mehr als für eine passive oder bloß spiegelnde Haltung.
9. Anhand von Beispielfällen wurde recht ausführlich beschrieben, wie sich die MMT bei Problemen anwenden läßt, mit denen man in der

klinischen Praxis häufig zu tun hat – bei Hemmung der sexuellen Appetenz, Dysthymie und gestörten Paarbeziehungen –, und es wurden entsprechende pragmatische Einsichten und auf das Erleben der Klienten zentrierte Übungen erläutert.
10. Es gibt einige typische Formen von Zeitverschwendung, vor denen man sich besser in acht nimmt.

Zweifellos sind auch diejenigen Leserinnen und Leser, die dieses ganze Buch aufmerksam durchlesen, nicht dagegen gefeit, daß bestimmte Klienten auf ihre Interventionen nicht ansprechen. Was tut man in einem solchen Fall? An wen wendet man sich? Die beste Lösung ist offensichtlich, sich mit Kolleginnen und Kollegen zu beraten, und dafür kommen heutzutage mehrere vielversprechende Möglichkeiten in Betracht.

Wenn ich in eine Sackgasse gerate, mich verzettelt habe, verwirrt oder ratlos bin, kann ich auf verschiedene Hilfsquellen zurückgreifen.

1. Ich gehöre einer fortlaufenden Supervisionsgruppe an, die einmal im Monat zusammenkommt. Wir sind zu viert und sprechen jeweils etwa zwei bis drei Stunden lang über unsere schwierigen Fälle. Wir geben einander Empfehlungen und Anregungen, wie der tote Punkt zu überwinden sein könnte.
2. Die enge Zusammenarbeit mit Allen Fay, einem höchst kreativen Psychiater, der in Manhattan tätig ist, bringt mir viele Anregungen und ist sehr lehrreich für mich.
3. Mein Sohn Clifford N. Lazarus verfügt als Psychotherapeut über Kenntnisse in Bereichen, in denen ich nicht bewandert bin, und wir beratschlagen uns über problematische Situationen und ziehen einander manchmal als Kotherapeuten zu einer Sitzung hinzu.
4. Im Laufe der Jahre haben mir viele meiner Kollegen an der Rutgers University hilfreiche Ratschläge und Impulse zum Weiterdenken gegeben.

Ich muß gestehen, daß diese Hilfsquellen für mich in der Regel viel gewinnbringender waren als die Teilnahme an Workshops oder Fortbildungsseminaren und als andere formelle Ausbildungswege. Ich würde da-

Epilog

her jedem Therapeuten dringend raten, sich ein ähnliches Netz beruflicher Verbindungen aufzubauen. Was sollen aber Therapeuten tun, die in ländlichen Regionen praktizieren, wo die nächsten Kollegen womöglich Hunderte von Meilen entfernt sind? Hier kann die moderne Technik in Gestalt des Internet von größtem Nutzen sein. Abgesehen von den Schwarzen Brettern und anderen Hilfsquellen im World Wide Web gibt es zahlreiche Mailing-Listen und Foren zum Thema Psychotherapie, denen man sich anschließen kann. Wenn ich ungelöste Fragen ins Internet schicke, bin ich manchmal erstaunt, wie viele hilfreiche, oft von völlig Fremden stammende Hinweise bei mir eintreffen. Meine liebste Mailing-Liste ist das SSCPNET (Society for a Science of Clinical Psychology), das von einem Zweig der Division 12 der American Psychological Association betreut wird. Solange man dieses Angebot nicht mißbraucht, ist es eine phantastische Möglichkeit, von einigen der besten Köpfe unseres Fachgebiets Antworten zu bekommen. Das SSCPNET hat auch eine Homepage im World Wide Web.

Es ist auffallend, daß die meisten US-amerikanischen Psychologen das Gefühl haben, sie brauchten unbedingt Fortbildungsseminare, Lehrgänge mit Abschlußzertifikat und praxisnahe Schulungen. Dagegen begannen Psychologen in Europa, nachdem sie einfach nur über den multimodalen Ansatz gelesen hatten, MMT zu praktizieren und gründeten sogar MMT-Ausbildungszentren. Ich habe die Niederlande besucht, wo unter der Schirmherrschaft von Dr. M. G. T. Kwee mehrere Therapeuten die MMT anwendeten. Es war eine Freude zu sehen, wie geschickt sie die Methoden einsetzten. In mancher Hinsicht hatten sie den grundlegenden Ansatz sogar verbessert und ausgebaut. Ebenso beeindruckt war ich bei einem Besuch in London von Stephen Palmers klinischem und konzeptionellem Sachverstand; als Direktor des Zentrums für Multimodale Therapie hat er eine Serie von aneinander anschließenden Ausbildungskursen entwickelt. An diesem Zentrum ist auch Professor W. Dryden vom Goldsmith's College (das an die University of London angegliedert ist) tätig. In Argentinien haben Dr. Roberto Kertész und einige seiner Kollegen guten Gebrauch von der MMT gemacht, Ausbildungsseminare angeboten und mehrere meiner Bücher ins Spanische übersetzt.

Viele Therapeuten lassen sich weiterhin von Büchern und Denkmodellen beeindrucken, die kompliziert und vage, wenn nicht unverständlich sind, doch meiner Ansicht nach verdient ein klinischer Ansatz, der weder leicht zu begreifen noch leicht zu merken noch leicht anzuwenden ist, keine ernstliche Beachtung. Meine Leser, so hoffe ich, werden mir beipflichten, daß letzteres auf die in diesem Buch vertretenen Vorstellungen nicht zutrifft.

Anhang 1

Multimodaler Fragebogen zur Lebensgeschichte

Der Zweck dieses Fragebogens ist, ein umfassendes Bild von Ihren Lebensumständen zu gewinnen. In der Psychotherapie brauchen wir solche Aufzeichnungen, weil sie eine gründlichere Auseinandersetzung mit den Problemen eines Klienten oder einer Klientin ermöglichen. Indem Sie also die Fragen so vollständig und genau wie möglich beantworten, können Sie selbst zum Erfolg Ihrer Therapie beitragen. Bitte beantworten Sie diese Routinefragen zu Hause, damit Ihre eigentliche Behandlungszeit besser genutzt werden kann. (Schreiben Sie ruhig auf zusätzliche Blätter, wenn der Platz für Ihre Antworten nicht ausreicht.)

Falls Sie sich Gedanken darüber machen, was mit Ihren Angaben geschieht, ist das nur zu verstehen, denn diese Informationen über Sie sind zu einem großen Teil oder auch durchweg sehr persönlich. **Fallberichte werden aber streng vertraulich behandelt.**

Multimodal Life History Inventory, zweite Ausgabe 1991.
Die erste Ausgabe wurde 1980 als Multimodal Life History Questionnaire veröffentlicht.

Copyright © 1991 bei Arnold A. Lazarus und Clifford N. Lazarus
Alle Rechte vorbehalten.

Für jede Form der Reproduktion von Teilen dieses Fragebogens ist die schriftliche Erlaubnis des untengenannten Verlages unbedingt erforderlich.

Research Press
2612 North Mattis Avenue
Champaign, Illinois 61821

Datum: _____

Allgemeine Informationen

Name: _____

Adresse: _____

Telefon: tagsüber _____ abends _____

Alter: _____ Beruf: _____ Geschlecht: __ m __ w

Geburtsdatum: _____ Geburtsort: _____ Religionszugehörigkeit: _____

Größe: ___ Gewicht: ___ Schwankt Ihr Gewicht? __ ja __ nein Wenn ja, wie stark? ___

Haben Sie einen Hausarzt? __ ja __ nein

Name des Hausarztes: _____ Telefon: _____

Im Fall einer Überweisung: Wer hat Sie überwiesen? _____

Familienstand (bitte ankreuzen): __ ledig __ verlobt __ verheiratet __ getrennt lebend __ geschieden __ verwitwet __ lebe mit Partner zusammen __ wiederverheiratet: wie oft? __

Wohnen Sie in: __ Haus __ Zimmer __ Wohnung __ andere Wohnform _____

Mit wem wohnen Sie zusammen? (Bitte alle zutreffenden Punkte ankreuzen)
__ lebe allein __ mit den Eltern __ mit (Ehe-)Partner/Partnerin __ mit Kindern __ mit Freunden __ in Wohngemeinschaft __ und/oder mit (bitte erläutern): _____

Welche Tätigkeit üben Sie derzeit aus? _____

Sind Sie mit dieser Arbeit zufrieden? __ ja __ nein

Wenn nicht, erläutern Sie die Gründe bitte: _____
_____

Welche Tätigkeiten haben Sie früher ausgeübt? _____
_____

Haben Sie schon einmal eine Psychotherapie gemacht oder professionelle Hilfe zur Lösung Ihrer Probleme in Anspruch genommen? __ ja __ nein

Waren Sie schon einmal wegen psychischer/psychiatrischer Beschwerden in einer Klinik? __ ja __ nein

Falls ja, wann und wo? _____
_____

Haben Sie jemals versucht, sich das Leben zu nehmen? __ ja __ nein

Leidet irgend jemand in Ihrer Familie an einer „psychischen Störung"? __ ja __ nein

Hat in Ihrer Verwandtschaft einmal jemand versucht, sich das Leben zu nehmen, oder sich tatsächlich umgebracht? __ ja __ nein

Multimodaler Fragebogen zur Lebensgeschichte

Persönliche und soziale Vorgeschichte

Vater: Name: _____ Alter: _____

             Tätigkeit: _____ Gesundheitszustand: _____

             Falls er verstorben ist, geben Sie bitte an, wie alt er wurde: _____

             Wie alt waren Sie bei seinem Tod? _____

             Todesursache: _____

Mutter: Name: _____ Alter: _____

             Tätigkeit: _____ Gesundheitszustand: _____

             Falls sie verstorben ist, geben Sie bitte an, wie alt sie wurde: _____

             Wie alt waren Sie bei ihrem Tod? _____

             Todesursache: _____

Geschwister: Alter des Bruders/der Brüder: _____ Alter der Schwester(n): _____

Wichtige Details zu den Geschwistern: _____

_____

_____

Falls Sie nicht bei Ihren El.e.n aufgewachsen sind: Wer hat Sie aufgezogen? Von welchem Alter an und bis zu welchem Alter?

_____

_____

Beschreiben Sie die Persönlichkeit Ihres Vaters (oder der Person, die seine Stelle einnahm) und seine Haltung Ihnen gegenüber (früher und jetzt):

_____

_____

_____

_____

Beschreiben Sie die Persönlichkeit Ihrer Mutter (oder der Person, die ihre Stelle einnahm) und ihre Haltung Ihnen gegenüber (früher und jetzt):

_____

_____

_____

_____

Wie wurden Sie von Ihren Eltern zur Ordnung erzogen oder bestraft?
_____
_____
_____

Schildern Sie die Atmosphäre Ihres Zuhauses (d. h. der Familie, in der Sie aufwuchsen). Gehen Sie darauf ein, wie gut Eltern und Kinder miteinander auskamen.
_____
_____
_____
_____
_____

Konnten Sie sich Ihren Eltern anvertrauen? __ ja __ nein

Fühlten Sie sich von Ihren Eltern im großen und ganzen geliebt und anerkannt? __ ja __ nein

Falls Sie einen Stiefvater oder eine Stiefmutter haben: Geben Sie bitte an, wie alt Sie waren, als Ihre Mutter oder Ihr Vater wieder heiratete. _____

Ist es schon vorgekommen, daß sich jemand (Eltern, Verwandte, Freunde) in Ihre Ehe, Ihre beruflichen Angelegenheiten usw. eingemischt hat? __ ja __ nein

Wenn ja, beschreiben Sie dies bitte kurz: _____
_____

Ihre Stärken in der Schule: _____

Ihre Schwachpunkte in der Schule: _____

Wie viele Schulklassen haben Sie absolviert bzw. welchen akademischen Abschluß haben Sie?
_____

Kreuzen Sie bitte jeden der folgenden Punkte an, der auf Ihre Kindheit und Jugend zutrifft:

__ glückliche Kindheit	__ unglückliche Kindheit
__ psychische Probleme/Verhaltensprobleme	__ Konflikte mit dem Gesetz
__ Todesfall/Todesfälle in der Familie	__ gesundheitliche Probleme
__ nicht genug Aufmerksamkeit bekommen	__ nicht genug Freunde/Freundinnen
__ Probleme in der Schule	__ finanzielle Bedrängnis
__ ausgeprägte religiöse Überzeugungen	__ Drogen
__ Alkohol	__ äußerst hart bestraft
__ sexuell mißbraucht	__ massiv schikaniert oder gehänselt
__ Eßstörung	__ Sonstiges: _____

Multimodaler Fragebogen zur Lebensgeschichte

Beschreibung der aktuellen Probleme

Bitte beschreiben Sie in Ihren eigenen Worten, was Ihre wesentlichen Probleme sind:
_____
_____
_____
_____
_____

Stufen Sie bitte auf der folgenden Skala den Schweregrad Ihres Problems/Ihrer Probleme ein:
__ geringfügig   __ störend   __ einigermaßen störend   __ sehr schwerwiegend   __ äußerst schwerwiegend   __ macht mich völlig handlungsunfähig

Wann haben Ihre Probleme angefangen? _____

Was scheint Ihre Probleme zu verschlimmern? _____

Welche Lösungsversuche haben sich als hilfreich erwiesen? _____
_____

Wie zufrieden sind Sie, im ganzen gesehen, zur Zeit mit Ihrem Leben?
      überhaupt nicht zufrieden   1   2   3   4   5   6   7   sehr zufrieden

Wie würden Sie Ihr durchschnittliches Anspannungsniveau während der letzten vier Wochen einschätzen?
      entspannt   1   2   3   4   5   6   7   angespannt

Erwartungen an die Therapie

Erläutern Sie kurz, worum es Ihrer Ansicht nach in einer Psychotherapie geht. _____
_____

Wie lange sollte Ihre Therapie Ihrer Meinung nach dauern? _____
_____

Über welche Eigenschaften sollte der ideale Therapeut oder die ideale Therapeutin Ihrer Ansicht nach verfügen? _____
_____
_____

Modalitätsorientierte Analyse aktueller Probleme

Der folgende Abschnitt soll Ihnen helfen, Ihre derzeitigen Probleme genauer zu beschreiben und Schwierigkeiten zu ermitteln, die ansonsten unbemerkt bleiben könnten. Das wird uns in die Lage versetzen, ein umfassendes Behandlungsprogramm auszuarbeiten und es auf Ihre besonderen Bedürfnisse zuzuschneiden. Der Abschnitt ist nach den folgenden sieben Modalitäten unterteilt: Verhaltensweisen, Gefühle, körperliche Empfindungen, innere Bilder, Gedanken, zwischenmenschliche Beziehungen und körperliche Faktoren.

Verhalten

Kreuzen Sie bitte jede der folgenden Verhaltensweisen an, die bei Ihnen oft auftritt:

- __ esse zuviel
- __ verhalte mich eigenartig
- __ schiebe Dinge vor mir her
- __ Suizidversuch
- __ sozialer Rückzug
- __ Schlafstörungen
- __ kann mich an keiner Arbeitsstelle länger halten
- __ Faulheit
- __ Weinen

- __ nehme Drogen
- __ trinke zuviel
- __ reagiere impulsiv
- __ Zwangshandlungen
- __ nervöse Tics
- __ ängstliches Vermeiden
- __ Schlaflosigkeit
- __ Eßprobleme
- __ Wutausbrüche

- __ kann mich nicht durchsetzen
- __ arbeite zuviel
- __ Kontrollverlust
- __ Rauchen
- __ Konzentrationsschwierigkeiten
- __ gebe zuviel Geld aus
- __ gehe zu oft Risiken ein
- __ aggressives Verhalten
- __ Sonstiges: _____

Auf welche besonderen Talente oder Fähigkeiten sind Sie stolz? _____

Was würden Sie gern anfangen zu tun? _____

Was würden Sie gern aufhören zu tun? _____

Was fangen Sie mit Ihrer freien Zeit an? _____

Welche Hobbys oder Freizeitbeschäftigungen machen Ihnen Freude oder haben eine entspannende Wirkung auf Sie? _____

Haben Sie Schwierigkeiten, sich zu entspannen oder die Wochenenden und den Urlaub zu genießen? __ ja __ nein

Falls ja, erläutern Sie dies bitte: _____

Wenn Sie zwei Wünsche frei hätten, wie würden die dann lauten? _____

Multimodaler Fragebogen zur Lebensgeschichte

Gefühle

Kreuzen Sie bitte alle Gefühle an, die Sie oft erleben:

- __ wütend
- __ verärgert
- __ traurig
- __ niedergeschlagen
- __ besorgt
- __ ängstlich
- __ panisch
- __ energiegeladen
- __ neidisch
- __ voller Schuldgefühle
- __ glücklich
- __ im Zwiespalt mit mir
- __ beschämt
- __ reuevoll
- __ verzagt
- __ hoffnungsvoll
- __ hilflos
- __ entspannt
- __ eifersüchtig
- __ unglücklich
- __ gelangweilt
- __ rastlos
- __ einsam
- __ zufrieden
- __ aufgeregt
- __ optimistisch
- __ angespannt
- __ sonstige Gefühle: _____

Nennen Sie Ihre fünf hauptsächlichen Ängste:
1. _____
2. _____
3. _____
4. _____
5. _____

Welche positiven Gefühle hatten Sie in letzter Zeit? _____

Wann passiert es Ihnen am ehesten, daß Sie die Kontrolle über Ihre Gefühle verlieren? _____

Beschreiben Sie Situationen, in denen Sie gelassen oder entspannt sind: _____

Körperliche Empfindungen

Kreuzen Sie von den folgenden körperlichen Empfindungen alle diejenigen an, die Sie oft erleben:

- __ Unterleibsschmerzen
- __ Schmerzen oder Brennen beim Wasserlassen
- __ Menstruationsprobleme
- __ Kopfschmerzen
- __ Schwindel
- __ starkes Herzklopfen
- __ Muskelkrämpfe
- __ Verspannung
- __ sexuelle Störungen
- __ Unfähigkeit, mich zu entspannen
- __ Verdauungsstörungen
- __ Kribbeln
- __ taubes Gefühl
- __ Magenprobleme
- __ Tics
- __ Erschöpfung
- __ Zuckungen
- __ Rückenschmerzen
- __ Zittern
- __ Schwächeanfälle
- __ Dinge hören, die gar nicht da sind
- __ tränende Augen
- __ Hitzewallungen
- __ Übelkeit
- __ Hautprobleme
- __ Mundtrockenheit
- __ Hautjucken oder -brennen
- __ Schmerzen im Brustraum
- __ hoher Puls
- __ Abneigung gegen Berührungen
- __ Ohnmachtsanfälle
- __ übermäßiges Schwitzen
- __ Sehstörungen
- __ Hörprobleme
- __ sonstige Empfindungen: _____

Welche Empfindungen sind für Sie

angenehm? _____

unangenehm? _____

Innere Bilder

Kreuzen Sie bitte alles an, was auf Sie zutrifft:
Ich stelle mir manchmal vor, wie
- ich glücklich bin
- ich Erfolg habe
- über mich geredet wird
- ich anderen weh tue
- ich in der Klemme sitze
- mir weh getan wird
- ich die Kontrolle verliere
- ich aggressiv bin
- ich das Sagen habe
- ich ausgelacht werde
- ich nicht zurechtkomme
- ich von jemandem verfolgt werde
- ich hilflos bin
- ich scheitere
- ich häufig den Geschlechtspartner/ die Geschlechtspartnerin wechsle
- sonstige Bilder: _____

Vor meinem inneren Auge sehe ich manchmal:
- angenehme sexuelle Bilder
- ein negatives Bild von meinem Körper
- Bilder von Einsamkeit
- Bilder davon, daß ich geliebt werde
- unangenehme Bilder aus der Kindheit
- unangenehme sexuelle Vorstellungen
- Verführungsphantasien
- sonstige Bilder und Vorstellungen: _____

Beschreiben Sie eine sehr angenehme Vorstellung oder Phantasie: _____
_____

Beschreiben Sie ein sehr unangenehmes inneres Bild: _____
_____

Beschreiben Sie Ihr Bild von einem vollkommen „sicheren Ort": _____
_____

Beschreiben Sie alle anhaltenden oder beunruhigenden inneren Bilder, die Sie bei der tagtäglichen Lebensbewältigung beeinträchtigen: _____
_____

Wie oft haben Sie Alpträume? _____

Multimodaler Fragebogen zur Lebensgeschichte

Gedanken

Kreuzen Sie von den folgenden Eigenschaften alle an, mit denen Sie sich beschreiben würden:

__ intelligent	__ selbstsicher	__ interessant
__ ehrgeizig	__ sensibel	__ loyal
__ vertrauenswürdig	__ vielen Dingen nachtrauernd	__ wertlos
__ ein Niemand	__ nutzlos	__ böse
__ verrückt	__ moralisch	__ verdorben
__ rücksichtsvoll	__ abnorm	__ unattraktiv
__ nicht liebenswert	__ unzulänglich	__ konfus
__ häßlich	__ dumm	__ einfältig
__ ehrlich	__ unfähig	__ voll schrecklicher Gedanken
__ im Zwiespalt mit mir	__ konzentrationsschwach	__ vergeßlich __ attraktiv
__ unfähig, mich zu entscheiden	__ von Suizidgedanken geplagt	__ ausdauernd __ humorvoll
__ fleißig	__ ohne Anziehungskraft	__ faul
__ unzuverlässig	__ unaufrichtig	__ sonstige Eigenschaften:

Was halten Sie für Ihren verrücktesten Gedanken oder Ihre verrückteste Idee? _____

_____

Werden Sie von Gedanken geplagt, die immer wieder auftauchen? __ ja __ nein

Falls ja, welche Gedanken sind das? _____

_____

Welche Sorgen machen Sie sich, die auf Ihre Stimmung oder Ihr Verhalten einen negativen Einfluß ausüben können? _____

_____

Machen Sie bei den folgenden Sätzen bitte jeweils einen Kreis um die Zahl, die am besten auf Sie paßt:

1– trifft überhaupt nicht zu 2– trifft nicht zu 3– unentschieden 4– trifft zu 5– trifft in hohem Maße zu

Ich darf keine Fehler machen.	1	2	3	4	5
Ich sollte in allem, was ich tue, gut sein.	1	2	3	4	5
Wenn ich etwas nicht weiß, sollte ich trotzdem so tun, als wüßte ich es.	1	2	3	4	5
Ich darf nichts von mir preisgeben.	1	2	3	4	5
Ich bin ein Opfer der Umstände.	1	2	3	4	5
Mein Leben wird durch Einflüsse von außen gesteuert.	1	2	3	4	5
Die anderen Menschen sind glücklicher als ich.	1	2	3	4	5
Es ist sehr wichtig, andere zufriedenzustellen.	1	2	3	4	5
Geh auf Nummer Sicher, riskiere auf keinen Fall etwas.	1	2	3	4	5
Ich verdiene es nicht, glücklich zu sein.	1	2	3	4	5
Wenn ich meine Probleme ignoriere, verschwinden sie von selbst.	1	2	3	4	5
Es ist meine Pflicht, andere Menschen glücklich zu machen.	1	2	3	4	5
Ich muß versuchen, perfekt zu sein.	1	2	3	4	5
Es gibt grundsätzlich nur zwei Arten, etwas zu erledigen: die richtige und die falsche.	1	2	3	4	5
Es sollte nie vorkommen, daß mich etwas aus der Fassung bringt.	1	2	3	4	5

Zwischenmenschliche Beziehungen

Freundschaften

Finden Sie leicht Freunde/Freundinnen? __ ja __ nein

Sind diese Freundschaften von Dauer? __ ja __ nein

Hatten Sie während der Schulzeit viele geschlechtliche Beziehungen? __ ja __ nein

Während der weiteren Ausbildung? __ ja __ nein

Wurden Sie in Ihrer Kindheit oder Jugend schikaniert oder massiv gehänselt? __ ja __ nein

Beschreiben Sie irgendeine Beziehung, die Ihnen

Freude macht. _____

_____

Kummer bereitet. _____

_____

Geben Sie an, inwieweit Sie sich im allgemeinen unter Menschen entspannt und wohl fühlen:

sehr wohl   1   2   3   4   5   6   7   sehr angespannt

Haben Sie eine(n) oder mehrere Freunde/Freundinnen, bei denen Sie sich so wohl fühlen, daß Sie ihnen Ihre ganz persönlichen Gedanken mitteilen können? __ ja __ nein

Ehe/Partnerschaft

Wie lange kannten Sie Ihren Partner/Ihre Partnerin vor der Verlobung? _____

Wie lang waren Sie verlobt, bevor Sie geheiratet haben? _____

Wie lange sind Sie schon verheiratet? _____

Wie alt ist Ihr Partner/Ihre Partnerin? _____

Was macht er/sie beruflich? _____

Beschreiben Sie seine/ihre Persönlichkeit: _____

_____

_____

Was gefällt Ihnen an ihm/ihr am besten? _____

_____

_____

Was gefällt Ihnen an ihm/ihr am wenigsten? _____

_____

_____

Welche Faktoren schmälern Ihre Zufriedenheit mit der Beziehung? _____

_____

_____

Multimodaler Fragebogen zur Lebensgeschichte

Bitte geben Sie auf der folgenden Skala an, wie zufrieden Sie mit Ihrer Ehe sind:
    sehr unzufrieden 1 2 3 4 5 6 7 sehr zufrieden

Wie kommen Sie mit dem Freundeskreis und der Familie Ihres Partners/Ihrer Partnerin aus?
    sehr schlecht 1 2 3 4 5 6 7 sehr gut

Wie viele Kinder haben Sie? _____

Bitte geben Sie jeweils den Namen und das Alter an: _____
_____
_____

Stellt eines Ihrer Kinder Sie vor besondere Probleme? __ ja __ nein

Falls ja, erläutern Sie dies bitte: _____
_____
_____

Gibt es wichtige Details in bezug auf eine oder mehrere frühere Ehen? _____
_____
_____

Sexuelle Beziehungen

Beschreiben Sie die Einstellung Ihrer Eltern zur Sexualität. Wurde in Ihrem Elternhaus über Sexualität gesprochen? _____
_____

Wann und wie wurden Sie aufgeklärt? _____
_____
_____

Wann wurden Sie sich zum ersten Mal Ihrer sexuellen Regungen bewußt? _____
_____
_____

Waren Sexualität und Masturbation für Sie jemals mit Angst oder Schuldgefühlen verbunden? __ ja __ nein

Falls ja, erläutern Sie dies bitte: _____
_____
_____

Gibt es irgendwelche Einzelheiten zu Ihren ersten oder späteren sexuellen Erfahrungen, die Ihnen wichtig erscheinen? _____
_____
_____

Ist Ihr derzeitiges Sexualleben befriedigend für Sie? __ ja __ nein

Falls nein, erläutern Sie dies bitte: _____

_____

Bitte beschreiben Sie homosexuelle Regungen oder Beziehungen, die in Ihrem Leben wichtig sind oder waren: _____

_____

Gibt es wesentliche Dinge in bezug auf Ihre Sexualität, die bislang nicht erwähnt wurden?

_____

_____

Andere Beziehungen

Gibt es irgendwelche Schwierigkeiten in Ihren zwischenmenschlichen Beziehungen am Arbeitsplatz? __ ja __ nein

Falls ja, erläutern Sie dies bitte: _____

_____

Bitte ergänzen Sie die folgenden Sätze:

Andere Menschen tun mir zum Beispiel dadurch weh, daß _____

_____

Ich könnte Sie schockieren, indem ich _____

_____

Mein Partner/Meine Partnerin würde mich so beschreiben: _____

_____

Meine beste Freundin/Mein bester Freund denkt, ich bin _____

_____

Menschen, die mich nicht mögen, _____

_____

Machen Ihnen zur Zeit frühere Zurückweisungen oder das Ende einer Liebesbeziehung zu schaffen? __ ja __ nein

Falls ja, erläutern Sie dies bitte: _____

_____

_____

Multimodaler Fragebogen zur Lebensgeschichte

Körperliche Faktoren

Haben Sie zur Zeit gesundheitliche Probleme? __ ja __ nein

Falls ja, erläutern Sie dies bitte: _____

_____

_____

Zählen Sie bitte alle Medikamente auf, die Sie derzeit einnehmen: _____

_____

Nehmen Sie drei ausgewogene Mahlzeiten am Tag ein? __ ja __ nein

Verschaffen Sie sich regelmäßig Bewegung oder treiben Sie Sport? __ ja __ nein

Falls ja, welcher Art und wie oft? _____

_____

Bitte geben Sie alle gesundheitlichen Probleme an, mit denen Sie oder Mitglieder Ihrer Familie zu tun haben oder hatten: _____

_____

Geben Sie bitte alle Operationen an, die bei Ihnen durchgeführt wurden (mit Datum):

_____

Bitte geben Sie körperliche Behinderungen an, die bei Ihnen vorliegen: _____

_____

Menstruation

Alter bei der ersten Periode: __

Waren Sie aufgeklärt? __ ja __ nein

War es ein Schock für Sie? __ ja __ nein

Ist Ihre Periode regelmäßig? __ ja __ nein

Dauer: __

Haben Sie dabei Schmerzen? __ ja __ nein

Wirkt sich die Periode auf Ihre Stimmung aus? __ ja __ nein

Datum der letzten Periode: _____

Kreuzen Sie bitte an, in welchem Maße die folgenden Punkte auf Sie zutreffen:

	nie	selten	gelegentlich	oft	täglich
Muskelschwäche					
Tranquilizer					
harntreibende Mittel					
Diätpillen					
Marihuana					
Hormonpräparate					
Schlafmittel					
Aspirin					
Kokain					
Schmerzmittel					
Rauschgift					
Anregungsmittel					
Halluzinogene (z. B. LSD)					
Abführmittel					
Zigaretten					
andere Formen von Tabakgenuß (bitte genauer angeben)					
Kaffee					
Alkohol					
hormonelle Empfängnisverhütungsmittel					
Vitaminpräparate					
zu wenig essen					
zuviel essen					
Junk food					
Durchfall					
Verstopfung					
Blähungen					
Magenverstimmung					
Übelkeit					
Erbrechen					
Sodbrennen					
Schwindel					

Multimodaler Fragebogen zur Lebensgeschichte

	nie	selten	gelegentlich	oft	täglich
starkes Herzklopfen					
Erschöpfung					
Allergien					
hoher Blutdruck					
Schmerzen im Brustraum					
Kurzatmigkeit					
Schlaflosigkeit					
zu langer Schlaf					
unruhiger Schlaf					
vorzeitiges morgendliches Erwachen					
Ohrenschmerzen					
Kopfschmerzen					
Rückenschmerzen					
bekomme leicht Blutergüsse oder blute leicht					
Gewichtsprobleme					
Sonstiges:					

Strukturprofil

Anleitung: Bitte ordnen Sie sich bei den folgenden Aspekten auf der siebenstufigen Skala ein. „1" bezeichnet den niedrigsten Wert, „7" den höchsten.

Verhaltensweisen: 1 2 3 4 5 6 7
Manche Menschen könnte man „Tatmenschen" nennen – die Praxis ist ihnen wichtiger als die Theorie, sie haben gern viel zu tun, erledigen zügig das, was ansteht, und übernehmen gern vielfältige Aufgaben. Inwieweit würden Sie sich als Tatmenschen bezeichnen?

Gefühle: 1 2 3 4 5 6 7
Manche Menschen sind sehr gefühlsbetont und zeigen das nach außen hin oder auch nicht. Wie gefühlsbetont sind Sie? Wie intensiv sind Ihre Gefühle? Wie leidenschaftlich sind Sie?

Körperliche Empfindungen: 1 2 3 4 5 6 7
Manche Menschen messen den sinnlichen Erfahrungen, die ihnen durch Sexualität, Essen, Musik, Kunst und andere „Sinnesfreuden" zuteil werden, großen Wert bei. Andere nehmen auch leichte Schmerzen, kleinere Beschwerden oder ein leises Unbehagen sehr genau wahr. Wie stark sind Sie auf Ihre Sinnesempfindungen konzentriert?

Vorstellungsbilder: 1 2 3 4 5 6 7
Wie sehr sind Sie mit Phantasien oder Tagträumen beschäftigt? Damit ist etwas anderes gemeint als Nachdenken oder Planen. Es geht vielmehr darum, wie sehr Sie „in Bildern denken", sich reale oder imaginäre Erlebnisse bildlich vorstellen und den Geist schweifen lassen. Wie sehr leben Sie in inneren Bildern?

Denken: 1 2 3 4 5 6 7
Manche Menschen gehen sehr analytisch vor und planen gern voraus. Sie bevorzugen es, die Dinge genau zu durchdenken. Inwieweit würden Sie sich zu diesem „abwägenden" und „vorausplanenden" Typus rechnen?

Zwischenmenschliche Beziehungen: 1 2 3 4 5 6 7
Wie wichtig sind andere Menschen für Sie? Es geht hier darum, wie Sie sich selbst als ein soziales Wesen sehen. Wie wichtig sind Ihnen enge Freundschaften, wie stark zieht es Sie in die Gesellschaft anderer, wie groß ist Ihr Verlangen nach Nähe und Vertrautheit? Die gegenteilige Tendenz wäre, daß Sie lieber „für sich" sind.

Körperliche Einflußfaktoren: 1 2 3 4 5 6 7
Sind Sie gesund und leben Sie gesundheitsbewußt? Meiden Sie schädliche Gewohnheiten wie Rauchen, übermäßigen Alkohol- und Kaffeekonsum, überreichliches Essen usw.? Verschaffen Sie sich regelmäßig Bewegung, schlafen Sie genug, meiden Sie ungesundes Essen und geben Sie insgesamt gut auf Ihren Körper acht?

Multimodaler Fragebogen zur Lebensgeschichte

Bitte schildern Sie Erinnerungen und Erfahrungen aus Ihrer Kindheit (oder aus anderen Lebensphasen), über die der Therapeut oder die Therapeutin nach Ihrem Empfinden Bescheid wissen sollte:

Anhang 2

Strukturprofil-Fragebogen
(Structural Profile Inventory)

Bitte tragen Sie in die Lücke vor jeder der folgenden Aussagen die Zahl ein, die Ihrem Empfinden am besten entspricht:

1– trifft überhaupt nicht auf mich zu
2– trifft nicht auf mich zu
3– trifft eher nicht auf mich zu
4– unentschieden
5– trifft ein wenig auf mich zu
6– trifft auf mich zu
7– trifft in hohem Maße auf mich zu

Name _____ Datum _____

1. _____ Ich neige dazu, vorauszuplanen und mir viele Gedanken darüber zu machen, wie am sinnvollsten vorzugehen ist.
2. _____ Oft sehe ich eine Situation „bildhaft" vor mir.
3. _____ Wenn eine Entscheidung ansteht, lasse ich mich dabei oft von meinen Gefühlen und meinem Gespür leiten.
4. _____ Im großen und ganzen erfreue ich mich bester Gesundheit.
5. _____ Ich bin in der Lage, vor meinem inneren Auge deutliche Bilder entstehen zu lassen.
6. _____ Ich finde in meinem Alltag genügend Ruhe und Entspannung.
7. _____ Andere würden mich wahrscheinlich als „aktiv und energiegeladen" beschreiben.
8. _____ Man würde mich *nicht* als eine/n „Einzelgänger/in" beschreiben.
9. _____ Ich bin ein sehr aktiver Mensch.
10. _____ Ich bin ein Mensch, der andere um sich herum braucht.

Strukturprofil-Fragebogen

11. ____ Ich habe vernünftige Ernährungsgewohnheiten.
12. ____ Die meiste Zeit bin ich lieber mit anderen Menschen zusammen als für mich.
13. ____ Ich bin oft mit geistigen (verstandesmäßigen) Dingen beschäftigt.
14. ____ Ich kann in meiner Phantasie lebhafte Bilder erzeugen.
15. ____ Ich vermeide es, zuviel zu essen und zuviel Alkohol zu trinken, und ich halte mich von schädlichen Dingen wie Drogen und Tabak fern.
16. ____ Wie stark lassen Sie sich von Ihren Sinnesempfindungen leiten – von dem, was Sie sehen, hören, schmecken, riechen und über den Tastsinn spüren?
17. ____ Freundschaften sind mir sehr wichtig.
18. ____ Ich sehe mich als ein sinnenfrohes, sexuell empfindungsfähiges Wesen.
19. ____ Ich mache mir gewöhnlich Gedanken, ehe ich handle.
20. ____ Ich kann spüren, wie meine Sinne auf unterschiedliche Reize jeweils anders ansprechen.
21. ____ Ich bin ein phantasievoller Mensch.
22. ____ Ich bin ein Mensch mit sehr starken Gefühlen und tiefempfundenen Anschauungen.
23. ____ Ich denke die meisten Dinge ziemlich gründlich durch.
24. ____ Ich bin immer rührig und aktiv.
25. ____ Ich denke mehr in Bildern als in Worten.
26. ____ Ich gebe gut auf meinen Körper acht.
27. ____ Ich habe immer etwas zu tun, das mich auf Trab hält.
28. ____ Ich widme meinen Gefühlen und Emotionen viel Aufmerksamkeit.
29. ____ Ich habe mehrere enge oder vertraute Freundinnen/Freunde.
30. ____ Ich achte sehr aufmerksam auf meine körperlichen Empfindungen.
31. ____ Ich bin ein sehr gefühlsbetonter Mensch.
32. ____ Ich gehe ziemlich analytisch an die Dinge heran.
33. ____ Meine Gefühle kommen leicht in Fahrt und/oder können rasch umschlagen.

34. ____ Ich bin voller Energie und Elan.
35. ____ Die meisten meiner fünf Sinne sind sehr fein (Riechen, Schmecken, Sehen, Hören, Tastgefühl).

SPI-Auswertungsschlüssel

- *Verhalten:* 7, 9, 24, 27, 34
- *Affekt:* 3, 22, 28, 31, 33
- *Sinnesempfindungen:* 16, 18, 20, 30, 35
- *Vorstellungsbilder:* 2, 5, 14, 21, 25
- *Denken:* 1, 13, 19, 23, 32
- *Zwischenmenschliche Beziehungen:* 8, 10, 12, 17, 29
- *Medikamente und Drogen/körperliche Gesundheit:* 4, 6, 11, 15, 26

Anhang 3

Erweitertes Strukturprofil

Name _____ Datum _____

Sieben Dimensionen der Persönlichkeit

1. Tun ... Handeln =	*Behavior* (Verhalten)	B
2. Gefühle ... Stimmungen ... Emotionen =	*Affect* (Gefühle)	A
3. Sinnesempfindungen ... (Sehen, Hören, Berührungen etc.) =	*Sensation* (Sinneswahrnehmungen)	S
4. Vorstellungen ... Phantasien ... Visualisierung =	*Imagery* (Vorstellungsbilder)	I
5. Denken ... Interpretieren ... inneres „Selbstgespräch" =	*Cognition* (Denken)	C
6. Soziale Sphäre ... zwischenmenschliche Beziehungen =	*Interpersonal* (Zwischenmenschliches)	I.
7. Physiologie ... Körper ... Gesundheit =	*Drugs* (Medikamente, Drogen)	D.

1. Verhalten

„Verhalten" umfaßt unser Handeln, unsere für andere Menschen wahrnehmbaren Reaktionen und unser Auftreten: Wie *handeln* wir in verschiedenen Situationen oder unter bestimmten Bedingungen? Verhaltensweisen sind zum Beispiel: Schlafen, Essen, Tennisspielen, Weinen, Gehen, Schreien, Fernsehen, Lesen, Radfahren usw. So gut wie alles, was wir tun, läßt sich also als eine Verhaltensweise auffassen.

Manche von uns könnte man als „Tatmenschen" beschreiben – die Praxis ist ihnen wichtiger als die Theorie, sie haben gern viel zu tun, erledigen zielstrebig das, was ansteht, und übernehmen gern vielfältige Aufgaben.

Kreisen Sie bitte auf der folgenden Skala die Zahl ein, die am besten wiedergibt, in welchem Maße Sie ein solcher Tatmensch sind.

in sehr geringem Maße   **in gewissem Maße**   **in sehr hohem Maße**
1   2   3   4   5   6   7

Bitte versuchen Sie mindestens eine Ihrer Verhaltensweisen anzugeben, von der Sie sich wünschen würden, daß Sie seltener auftritt, und ebenso mindestens eine Verhaltensweise, die möglichst häufiger auftreten soll.

- Ich möchte folgendes weniger tun (oder damit aufhören):
- Ich möchte folgendes mehr tun (oder damit anfangen):

2. Affekt

„Affekt" ist der psychologische Begriff für *Gefühle, Stimmungen und Emotionen*. Manche Affekte sind positiv getönt (beispielsweise Freude), während man andere als negative Affekte auffassen kann (etwa Niedergeschlagenheit). Andere Beispiele für Affekte sind: Fröhlichkeit, Unmut, Zufriedenheit, Ängstlichkeit, Eifersucht, Wut, Erregung, Schuldgefühle und Scham.

Manche Menschen sind sehr gefühlsbetont und zeigen das nach außen hin oder auch nicht. Wie gefühlsbetont sind Sie? Wie intensiv sind Ihre Gefühle? Wie leidenschaftlich sind Sie?

in sehr geringem Maße   **in gewissem Maße**   **in sehr hohem Maße**
1   2   3   4   5   6   7

Bitte versuchen Sie mindestens eine Emotion anzugeben, die Sie gern seltener verspüren würden, und mindestens eine Emotion, die Sie häufiger erleben möchten.

- Folgende/s Gefühl/e möchte ich weniger erleben:
- Folgende/s Gefühl/e möchte ich mehr erleben:

3. Sinnesempfindungen

Die Kategorie „Sinnesempfindungen" bezieht sich auf die fünf elementaren Sinne des Menschen: *Sehen, Hören, Riechen, Berühren und Schmecken.* Außerdem schließt sie die Aspekte der Sinnlichkeit und Sexualität ein. Manchmal ist eine Sinneserfahrung angenehm (zum Beispiel das Erleben sexueller Intimität, der Geruch einer frischen Rose oder der Geschmack von Apfelkuchen), wohingegen andere Sinneseindrücke unangenehm sind (beispielsweise ein schmerzender und steifer Nacken, Spannungskopfschmerzen oder der Geruch fauler Eier).

Manche Menschen messen den sinnlichen Erfahrungen, die ihnen Sexualität, Essen, Musik, Kunst und andere „Sinnesfreuden" eröffnen, großen Wert bei. Manche konzentrieren sich oft auf ihre Sinneseindrücke und achten sehr stark auf angenehme und unangenehme innere Erfahrungen (zum Beispiel auf innere Ruhe und Entspannung oder auf leichte Schmerzen, kleinere Beschwerden oder ein leises Unbehagen). In welchem Maße lassen Sie sich von Ihren Sinnesempfindungen leiten?

in sehr geringem Maße   in gewissem Maße   in sehr hohem Maße
   1   2   3   4   5   6   7

Bitte geben Sie einige Sinnesempfindungen an, die Sie seltener bzw. häufiger erleben möchten.

- Seltener erleben möchte ich folgende Sinnesempfindungen:
- Häufiger erleben möchte ich:

4. Vorstellungsbilder

Die Kategorie „Vorstellungsbilder" bezieht sich auf die Fähigkeit des Menschen, *innere Bilder* von tatsächlichen oder imaginären Dingen, Ereignissen und Situationen zu schaffen. Wenn wir phantasieren, tagträumen oder einfach irgend etwas „vor unserem geistigen Auge" sehen, dann befassen wir uns mit inneren Bildern.

Wie stark sind Sie mit Phantasien oder Tagträumen beschäftigt? Schätzen Sie bitte ein, in welchem Maße Sie „in Bildern denken" oder bestimmte Dinge auf der Leinwand Ihrer Phantasie sehen und wie klar diese Bilder sind. (Hier ist also etwas anderes gemeint als Nachdenken oder Planen.) In welchem Maße ist Ihr Innenleben von Bildern geprägt?

in sehr geringem Maße		in gewissem Maße		in sehr hohem Maße	
1	2	3	4	5	6	7

Bitte geben Sie mindestens eine Sache, eine Begebenheit oder eine Situation an, die in Ihrer inneren Bilderwelt weniger Raum einnehmen soll, und mindestens eine Sache, die dort stärker vertreten sein soll.

- Ich möchte von folgendem weniger innere Bilder haben:
- Ich möchte von folgendem mehr innere Bilder haben:

5. Kognition

„Kognition" meint das *Denken*, also die geistigen Fähigkeiten oder Prozesse, mit deren Hilfe wir Informationen verarbeiten. Schlußfolgern, Wissen und Nachdenken – dies alles sind Aspekte der Kognition. Oft hat das Denken die Form eines inneren „Selbstgesprächs". Wir alle neigen dazu, in der Privatheit unserer eigenen Gedanken lautlos mit uns selbst zu sprechen. Manchmal bewirken unser Selbstgespräch und unsere Kognitionen, daß wir mit uns selbst zufrieden sind. Wenn wir uns zum Beispiel sagen: „Das habe ich wirklich gut gemacht" oder „Ich bin wirklich in Ordnung", dann werden wir uns wohl in unserer Haut fühlen. Manchmal führen unsere Kognitionen aber auch dazu, daß wir unzufrieden mit uns sind. Wenn wir uns Dinge sagen wie: „Ich werde nie den Dreh herausbekommen" oder „Ich tauge doch einfach nichts", dann wird das unangenehme Gefühle in uns auslösen.

Manche Menschen, die dem „abwägenden" oder „vorausplanenden" Typus zuzurechnen sind, gehen sehr analytisch und überlegt vor und neigen dazu, alles genau zu durchdenken. Wie sehr sind Sie mit Ihrem „inneren Selbstgespräch" beschäftigt? Inwieweit sind Sie ein „abwägender" und „vorausplanender" Mensch?

Erweitertes Strukturprofil 215

in sehr geringem Maße		in gewissem Maße			in sehr hohem Maße	
1	2	3	4	5	6	7

Bitte geben Sie einige Gedanken an, die Sie weniger oft als bisher haben möchten, und einige Gedanken, die Sie öfter als bisher haben möchten.

- Folgendes soll mir weniger durch den Kopf gehen:
- Folgendes soll mir mehr durch den Kopf gehen:

6. Zwischenmenschliche Beziehungen

Die meisten von uns leben in einem facettenreichen sozialen Umfeld und stehen in einer Vielzahl verschiedener Situationen in ständigem Austausch mit anderen Menschen. Es versteht sich von selbst, daß manche unserer Interaktionen mit anderen angenehm sind (zum Beispiel sexuelle Intimität oder Kartenspielen in geselliger Runde) und andere weniger angenehm (zum Beispiel Streiten und Zanken).

Es geht hier darum, wie Sie sich selbst als ein soziales Wesen einschätzen. Wie wichtig sind andere Menschen für Sie? Wie wichtig sind Ihnen enge Freundschaften? Wie groß ist Ihr Verlangen nach Nähe und Vertrautheit, wie stark zieht es Sie in die Gesellschaft anderer? Die gegenteilige Tendenz wäre, daß Sie lieber „für sich" sind. In welchem Maße brauchen Sie Menschen um sich herum?

in sehr geringem Maße		in gewissem Maße			in sehr hohem Maße	
1	2	3	4	5	6	7

Versuchen Sie bitte einige Aktivitäten mit anderen Menschen anzugeben, die in Ihrem Leben weniger Raum einnehmen sollen, sowie einige zwischenmenschliche Aktivitäten, die in Zukunft mehr Raum einnehmen sollen.

- Ich möchte weniger:
- Ich möchte mehr:

7. Medikamente, biologische Faktoren und Gesundheit

Wenn wir die elementaren Grundlagen unserer Existenz betrachten, so sind wir im Kern biologische und biochemische, von den Vorgängen in unserem Körper und unserem Gehirn bestimmte Geschöpfe. Viele Dinge, die wir tun (das heißt viele unserer Verhaltensweisen), wirken sich auf die biologischen Prozesse in unserem Körper aus und haben deshalb Einfluß darauf, wie wir denken, handeln und fühlen. Zu diesem Aspekt unserer Persönlichkeit gehört unter anderem, wieviel Bewegung wir uns im Alltag verschaffen, wie unsere Ernährungsgewohnheiten aussehen, wieviel Alkohol wir trinken, ob wir rauchen oder Drogen konsumieren, ob wir Gewichtsprobleme haben, ob wir zu unregelmäßig schlafen, usw.

Sind Sie gesund und leben Sie gesundheitsbewußt? Meiden Sie schädliche Gewohnheiten wie Rauchen, übermäßigen Alkohol- und Kaffeekonsum, unmäßiges Essen, usw.? Verschaffen Sie sich regelmäßig Bewegung, schlafen Sie genug, meiden Sie ungesundes Essen und geben Sie insgesamt gut auf Ihren Körper acht?

in sehr geringem Maße　　**in gewissem Maße**　　**in sehr hohem Maße**
　　1　　　　2　　　　3　　　　4　　　　5　　　　6　　　　7

Bitte geben Sie einige Dinge in Ihrem Leben an, die mit diesem biologischen Aspekt zu tun haben und die Sie einschränken bzw. intensivieren möchten.

- Ich möchte seltener:
- Ich möchte häufiger:

Kommentare oder zusätzliche Angaben

[Hier ist Platz für alles, was der Klient oder die Klientin noch hinzufügen möchte.]

Anhang 4

Fragebogen zur Zufriedenheit in der Partnerschaft (überarbeitete Fassung)

Copyright © Arnold und Clifford Lazarus (1996).

Name _____ Datum _____

Anleitung

1	2	3	4	5	6	7	8	9	10
unzufrieden				**einigermaßen zufrieden**				**sehr zufrieden**	

Schreiben Sie bitte nach jeder Aussage zuerst die Zahl hin, die am besten und zutreffendsten wiedergibt, wie Sie die Beziehung oder den Partner/die Partnerin momentan sehen. In das zweite freie Feld tragen Sie bitte ein, wie Ihrer Einschätzung nach der Partner/die Partnerin beim Ausfüllen des Fragebogens vermutlich antworten würde. Gehen Sie die Punkte so schnell wie möglich durch und versuchen Sie, sich mit keinem zu lange aufzuhalten.

1. Ich bin zufrieden damit, wieviel wir miteinander reden. ___ ___
2. Ich bin zufrieden mit der Qualität unserer Kommunikation (die z. B. angenehm und konstruktiv ist und nicht unsensibel, feindselig, usw.) ___ ___
3. Ich bin zufrieden mit unserem Sexualleben. ___ ___
4. Ich bin zufrieden damit, wie wir unser Geld ausgeben/einteilen. ___ ___
5. Ich bin zufrieden damit, wieviel Zeit wir miteinander verbringen. ___ ___

6. Ich bin zufrieden mit unserem gemeinsamen Freundes- und Bekanntenkreis und unseren gesellschaftlichen Aktivitäten. ___ ___
7. Ich bin zufrieden damit, wie mein/e Partner/in als Vater/Mutter unserer Kinder ist. (Falls Sie keine Kinder haben, geben Sie bitte den Grad Ihrer Zufriedenheit mit dieser Situation an.) ___ ___
8. Ich glaube, daß mein/e Partner/in „auf meiner Seite steht". ___ ___
9. Ich bin zufrieden damit, wie wir unsere gemeinsame Freizeit verbringen (z. B. im Urlaub, mit Sport, Ausflügen, etc.). ___ ___
10. Ich teile im wesentlichen die Lebensanschauung meines Partners/meiner Partnerin (z. B. Wertvorstellungen, religiöse Überzeugungen, politische Ansichten, etc.). ___ ___
11. Ich bin zufrieden damit, wieviel Zärtlichkeit ich gebe und bekomme. ___ ___
12. Ich kann mich auf das, was mein/e Partner/in sagt und tut, verlassen. ___ ___
13. Ich habe nichts gegen das Rauchen, den Alkoholkonsum oder gegen andere Gewohnheiten meines Partners/meiner Partnerin. ___ ___
14. Ich bin zufrieden damit, wie sich meine Beziehungen zu Mitgliedern der Familie meines Partners/meiner Partnerin gestalten (z. B. zu seinen/ihren Eltern, Geschwistern und anderen Verwandten). ___ ___
15. Ich bin zufrieden damit, wie mein/e Partner/in mit Mitgliedern meiner eigenen Familie umgeht (z. B. mit meinen Eltern, Geschwistern, usw.). ___ ___
16. Ich bin zufrieden mit dem äußeren Erscheinungsbild meines Partners/meiner Partnerin. ___ ___

Auswertung

Die Gesamtpunktzahl ist weniger aussagekräftig als die bei den einzelnen Aussagen angegebenen Punktwerte. Zwar weist, da die mögliche Punktzahl von 16 bis 160 reicht, ein Gesamtwert unter 80 auf erhebliche Unzufriedenheit mit der Beziehung hin. Am sinnvollsten ist es aber, über einzelne Punktwerte zu sprechen und genau nachzufragen, warum bei einer bestimmten Aussage eine 9 oder eine 10, bei einer anderen dagegen nur eine 3 oder 4 angebracht ist. Aufschlußreich kann es auch sein, den Diskrepanzen nachzugehen, die sich bei dem Versuch ergeben, das Urteil des Partners/der Partnerin vorherzusagen.

Anhang 5: Artikel von 1995

Verschiedene Formen des Eklektizismus und der Integration: Seien wir uns der Gefahren bewußt[1]

Arnold A. Lazarus[2]

Ein eklektisches Vorgehen ist nur dann angebracht, wenn es für eine bestimmte Störung keine Methoden der Wahl mit gut dokumentierter Wirksamkeit gibt oder wenn diese anerkannten Verfahren nicht die gewünschten Resultate erbringen. Man muß allerdings große Vorsicht walten lassen, wenn man unser Fachgebiet nach potentiell wirksamen Methoden durchkämmt, bei denen eine wissenschaftliche Überprüfung noch aussteht. Denn allzuleicht verwechselt man Beobachtungen mit Theorien und beschwört, indem man überflüssigen Konzepten das Wort redet, eine verworrene Situation herauf. Wenn man auf bestimmte Verfahrensweisen zurückgreift, die aus der klinischen Praxis der tiefenpsychologischen Therapien stammen, oder sich Techniken zunutze macht, die in der Regel von Gestalttherapeuten eingesetzt werden, dann bedeutet das nicht, daß man nun „tiefenpsychologisch arbeitet" oder die Gestalttherapie an sich gutheißt. Es scheint keinen einzigen Fall zu geben, in dem aus dem Mischen verschiedener Theorien eine wirkungsvollere Technik

---

[1] Dieser Artikel ist eine überarbeitete Version einer programmatischen Ansprache beim zweiten Internationalen Kongreß zur Integrativen und Eklektischen Psychotherapie in Lyon am 22. Juni 1994. Ich bin Dr. John C. Norcross sehr dankbar dafür, daß er den Text in meinem Namen vorgetragen hat.

[2] Graduate School of Applied & Professional Psychology, Rutgers – The State University of New Jersey, New Brunswick, New Jersey.
Korrespondenz bitte richten an: Arnold A. Lazarus, 56 Herrontown Circle, Princeton, New Jersey 08540–2924, U.S.A.
Journal of Psychotherapy Integration, Vol. 5, No. 1, 1995
© Plenum Publishing Corporation

Verschiedene Formen des Eklektizismus und der Integration

hervorgegangen wäre, aber es gibt zahlreiche Beispiele dafür, wie aus verschiedenen Schulrichtungen entlehnte Techniken das Rüstzeug von Klinikern bereichert haben. Ein kurzer Bericht über eine agoraphobische Frau, bei der eine eklektische Therapie durchgeführt wurde, verdeutlicht das Für und Wider und die Gefahren von Eklektizismus und Integration.

Schlüsselbegriffe: Methoden der Wahl; theoretische Konsistenz; Verhaltensinterpretationen; Agoraphobie; Tiefenpsychologie vs. angewandte Psychologie; aktive Bestandteile einer Therapie.

Einleitung

Ein Mann geht in ein Lokal, bestellt ein Bier und beginnt dem Barkeeper sein Leid zu klagen: Der Gesundheitszustand seiner beiden betagten und gebrechlichen Eltern hat sich verschlechtert, so daß es unumgänglich war, sie aus Florida in ein Pflegeheim in New Jersey zu bringen, wo ihre drei Kinder wohnen. Dies erforderte mehrere Reisen nach Florida und Unterredungen mit Angestellten von Pflegeheimen; besonders aufreibend war es, den Mietvertrag der Wohnung in Florida zu kündigen und die Besitztümer der Eltern zu lagern bzw. zu veräußern. Obwohl der Mann einen jüngeren Bruder und eine jüngere Schwester hat, haben sie bereitwillig die ganze Arbeit ihm überlassen. Beide Geschwister wohnen nicht weiter als 10 oder 15 Minuten von dem Pflegeheim entfernt, aber sie besuchen die Eltern nur selten, während er selbst Wert darauf legt, mindestens viermal pro Woche hinzugehen. Er ärgert sich zunehmend über seine Schwester und seinen Bruder, weil sie sich offenbar keine Gedanken machen und alles, was er für die Eltern getan hat und weiterhin tut, für selbstverständlich erachten. Seine Frau teilt seinen Groll, ist aber auch empört, weil er seine Geschwister nicht gedrängt hat, die Last mitzutragen. „Ich bin mit der ganzen Situation überhaupt nicht glücklich", sagt er, „und ich bin wütend, durcheinander, gekränkt und deprimiert."

Der Barkeeper – er ist vorzeitig von der Highschool abgegangen – gibt dem Mann einen Rat: „Ich glaube, Sie als der Älteste sollten Ihren Geschwistern mal den Marsch blasen und dafür sorgen, daß sie von jetzt an ihren Teil beitragen." Hat der Barkeeper damit nun „Psychotherapie" betrieben? Jedenfalls dürfte es das seit undenklichen Zeiten geben, ganz gleich, wie wir diesen Vorgang auch nennen mögen: Ein Mensch erzählt einem anderen seine Sorgen, äußert Kummer und Verzweiflung und erhält Unterstützung oder Ratschläge.

Was würde geschehen, wenn der Barkeeper ein rogerianischer oder personenzentrierter Therapeut wäre, der sein Einkommen mit Schwarzarbeit aufbessert? Er würde vermutlich Empathie und emotionale Wärme verströmen und sich hüten, dem Mann Ratschläge zu geben. Statt dessen würde er dem Gast seinen Gefühlszustand zurückspiegeln: „Ich spüre, wie sehr Ihnen das zu schaffen macht", würde er vielleicht sagen, „wie wütend, durcheinander und gekränkt Sie sind." Könnte man das dann Psychotherapie nennen?

Ein in systemischer Familientherapie versierter Barkeeper würde etwas sagen wie: „Mir scheint, bei Ihnen und Ihren Geschwistern liegt eine Triangulation vor. Sie als der Älteste spielen die Rolle dessen, der sich um alles zu kümmern hat, und durchleiden dabei ein gehöriges Martyrium."

Ein Barkeeper, der nach den Prinzipien der rational-emotiven Therapie verfährt, würde den Gast zum Beispiel darauf aufmerksam machen, daß er an bestimmten dogmatischen Geboten und Verboten festhält und sich dadurch selbst aus der Fassung bringt und wütend macht; er würde nachfragen, wo es denn geschrieben steht, daß die Geschwister behilflich sein *sollen* oder *müssen* oder warum der Gast seine Eltern eigentlich viermal pro Woche besuchen *muß*.

Wäre der Barkeeper ein Verhaltenstherapeut, dann würde er vielleicht hervorheben, daß es dem Gast vor allem an Selbstsicherheit fehle, und anbieten, mit ihm Rollenspiele und Verhaltensübungen zu machen.

So ist das eben. Die Ausrichtung des Therapeuten bestimmt in hohem Maße, wie, wann, warum und unter welchen Umständen welche Dinge gesagt oder nicht gesagt werden und ob bestimmte Taktiken eingesetzt werden oder nicht zur Anwendung kommen. Das Aufgebot der Strategien, die im Namen der „Psychotherapie" ins Feld geführt werden, ist gewaltig. Das Spektrum reicht von nachdenklichem Zuhören bis zu gewaltigem Gestampfe und Geschrei. Aber gibt es einen richtigen Weg, eine optimale Vorgehensweise? Würde sich in unserem hypothetischen Beispiel die Intervention des ungeschulten Barkeepers den Methoden seiner professionell ausgebildeten Pendants als in irgendeiner Weise über- oder unterlegen erweisen? Strupp und Hadley (1979) haben hier Pionierarbeit geleistet und festgestellt, daß eine Gruppe professioneller Therapeuten nicht besser abschnitt als sensible und anteilnehmende Lehrer, die keinerlei therapeutische Ausbildung hatten. Die Sache ist freilich noch etwas komplizierter.

Methoden der Wahl

Etwa 85 Prozent der Menschen, die bis zu einem gewissen Grad ängstlich, frustriert oder bekümmert, leicht depressiv, einigermaßen verwirrt und unglücklich, ziemlich konfliktbeladen und so weiter sind, werden auf praktisch jede Form von Psychotherapie gleichermaßen gut ansprechen oder sich auch ohne irgendeine Therapie im eigentlichen Sinne von ihren Beschwerden erholen (Lambert, 1992). Auf eine Reihe diagnostischer Kategorien aber trifft dies nicht zu, beispielsweise auf die meisten Zwangsstörungen, Eßstörungen, posttraumatischen Belastungsstörungen, Panikstörungen, sexuellen Störungen und bipolaren affektiven Störungen, auf verschiedene Persönlichkeitsstörungen, auf schizophrene Störungen und verschiedene problematische Angewohnheiten. Auch die meisten Phobien, die Abhängigkeit von Drogen oder Alkohol sowie verschiedene Formen chronischer Schmerzen fallen in die Kategorie derjenigen Beschwerden, die in der Regel die Anwendung von spezifischen *Behandlungsmethoden der Wahl* erforderlich machen, wenn den Betroffenen wirklich geholfen werden soll.

Unterzieht sich also ein Patient, der an Agoraphobie leidet, einer einsichtsorientierten Therapie, einer jungianischen Traumanalyse oder einer intensiven Transaktionsanalyse, so ist ein positives Behandlungsergebnis (verstanden als die Freiheit, sich ohne Angst von einem Ort zum anderen zu bewegen) unwahrscheinlich, falls das Behandlungsprogramm nicht irgendeine Form der *Exposition* umfaßt (Freud, 1919, S. 191). Wie Barlow (1988) feststellt, „haben Forscher auf der ganzen Welt ganz klar nachgewiesen, daß die Exposition *in vivo* der Kernbestandteil der verhaltensorientierten Behandlung der Agoraphobie ist und daß mit dieser Methode wesentlich mehr zu erreichen ist als mit sämtlichen anderen anerkannten psychotherapeutischen Verfahren" (S. 407). Mir geht es hier darum, zu betonen, daß vielen von Ängsten oder Depressionen geplagten neurotischen Patienten praktisch jedes bewährte psychotherapeutische System wird helfen können, daß aber bei hartnäckigeren und in höherem Maße beeinträchtigenden Störungen spezifische Methoden der Wahl vonnöten sind (Lazarus, 1991).

Als daher die 28jährige Mrs. W. klagte, seit einem Jahr werde sie von Angst und Panik überwältigt, sobald sie sich ohne die Begleitung ihres Ehemanns aus dem Haus wage, bestand nach der Anamnese und dem Herstellen des Rapports eine der ersten Interventionsmaßnahmen in einer gestuften *in-vivo*-Desensibilisierung. Sie hatte den Multimodalen Fragebogen zur Lebensgeschichte (Lazarus & Lazarus, 1991) ausgefüllt, dem einige weitere Probleme zu entnehmen waren (zum Beispiel Streit in der Ehe, Spannungen zwischen ihr und einem älteren Bruder, Groll gegen die Eltern und andere Schwierigkeiten, die mit geringer Selbstachtung und Selbstunsicherheit zusammenhängen). Anhand des Falles von Mrs. W. möchte ich zum einen die Vorteile eines technischen Eklektizismus veranschaulichen und zum anderen einige der Gefahren der theoretischen Integration skizzieren.

Der erste Irrtum vieler Therapeuten würde in der Annahme bestehen, Mrs. W. s übrige Probleme müßten *zwangsläufig* mit ihrer Agoraphobie zusammenhängen. Tatsache ist, daß hier ein Zusammenhang bestehen kann oder auch nicht. Ihre Angst davor, allein wegzugehen, hatte mit einem Ohnmachtsanfall in einem Einkaufszentrum begonnen, der vermutlich durch eine Virusinfektion ausgelöst worden war. Ganz gleich aber, ob die ehelichen und familiären Spannungen nun direkt oder indirekt mit dem phobischen Vermeiden zu tun hatten – sie mußten in Angriff genommen werden, ebenso wie die Selbstwertprobleme und die Selbstunsicherheit. In der Regel ist es freilich ratsam, zunächst diejenigen Probleme anzugehen, die die Klientin selbst in den Mittelpunkt stellt. Folglich brachte ich Mrs. W. eine Entspannungs- und eine Zwerchfellatmungstechnik bei, um dann sogleich zur *in-vivo*-Desensibilisierung überzugehen: Auf kurze Spaziergänge folgten längere Autofahrten, bei denen der räumliche Abstand zwischen uns nach und nach vergrößert wurde. Der Ehemann der

Verschiedene Formen des Eklektizismus und der Integration 225

Patientin wurde in die Therapie eingebunden, denn dieses Vorgehen führt erwiesenermaßen zu besseren Behandlungsergebnissen (Barlow, 1993; Carter, Turovsky & Barlow, 1994).

Bis zu diesem Zeitpunkt bestand noch keinerlei Notwendigkeit für ein eklektisches oder integratives Vorgehen. Die verwendeten Methoden orientierten sich an wissenschaftlichen Forschungsergebnissen, die auf eine klare Indikation von verhaltenszentrierten Interventionen verweisen (siehe z. B. Barlow, 1988; Wolpe, 1958, 1990). Als Mrs. W. aber während und nach einigen *in-vivo*-Exkursionen aufgewühlt davon berichtete, daß Erinnerungen an reale oder imaginäre Ereignisse in ihr wiederaufgeflackert seien (etwa Erinnerungen an übertriebenen Tadel der Eltern, beunruhigende Bilder von Ablehnung und Demütigung durch Gleichaltrige und ein Gefühl, im Stich gelassen worden zu sein), schien es ratsam, das Behandlungsrepertoire zu erweitern. Ich muß noch einmal betonen, daß nicht zu erkennen war, ob diese zusätzlichen Probleme nun einen Bezug zu ihrer Agoraphobie hatten oder nicht. Es ist aber sinnvoll, solche Probleme, die im Verlauf der Therapie offenbar werden, dann auch anzugehen.

Anfangs setzte ich eine Form des Rollenspiels ein, bei der Mrs. W. versuchte, ihren Vater wegen bestimmter Dinge zur Rede zu stellen, die sie ihm übelnahm. Als sie zu verstehen gab, ich hätte das Wesentliche im Tonfall und Verhalten ihres Vaters nicht richtig erfaßt oder ausgedrückt, gingen wir vom Rollenspiel zur Technik der zwei Stühle oder des leeren Stuhls über. Als sie nun zu dem leeren Stuhl hin sprach, auf dem in ihrer Vorstellung der Vater saß, und sodann auf diesen Stuhl wechselte, um zu ihrem Vater zu werden und für ihn zu sprechen, stellte sich bei ihr ein Gefühl größerer Authentizität ein. Dies wurde an einer starken gefühlsmäßigen Beteiligung deutlich – sie selbst sprach von „kathartischer Abfuhr".

Fallgruben

Man könnte den Standpunkt vertreten, mit dem Einführen des „leeren Stuhls" sei die Behandlung „eklektisch" oder „integrativ" geworden. Denn zunächst hatten wir uns mit Erinnerungen an die Vergangenheit beschäftigt (wie das Psychoanalytiker tun); zweitens hatten wir auf eine Methode (die Technik des leeren Stuhls) zurückgegriffen, die aus dem Bereich der Gestalttherapie und des Psychodramas stammt. Als Mrs. W. im folgenden erzählte, eine „vergessene Erinnerung" habe sie überwältigt und ihr sei wieder eingefallen, wie sie mit knapp vier Jahren von ihrer Mutter, die sich einer Operation unterziehen mußte, für mehrere Wochen zu Pflegeeltern gegeben wurde, schienen wir noch weiter auf tiefenpsychologisches Terrain vorzudringen. Lassen Sie uns nun auf einige Punkte eingehen, die hier Verwirrung stiften könnten.

Meiner Meinung nach wäre die Behauptung, ich hätte über die Verhaltenstherapie hinaus jetzt auch Gestalttherapie, Psychodrama und tiefenpsychologische Therapie praktiziert, ein krasser Irrtum. Ich entlehnte zwar Techniken aus verschiedenen Schulrichtungen, bewegte mich aber weiterhin konsequent im Rahmen der Theorie sozialen und kognitiven Lernens (siehe z. B. Bandura, 1986). Dieser *technische Eklektizismus* (Lazarus, 1967, 1989, 1992; Lazarus, Beutler & Norcross, 1992; Lazarus & Beutler, 1993) eröffnet uns die Möglichkeit, Techniken aus jeder beliebigen Schulrichtung auszuwählen, ohne daß wir deshalb irgendeine der Theorien gutheißen müßten, aus denen sie hervorgegangen sind. Wer allerdings Beobachtungen und Theorien gleichsetzt, der tappt in eine Falle (Lazarus, 1993b). Ich kann beispielsweise *beobachten*, daß eine Person ihren Ärger an einem anderen als dem eigentlichen Objekt ausläßt oder seine Wut abstreitet, doch daraus folgt nicht, daß ich mit irgendwelchen tiefenpsychologischen *Theorien* zu sogenannten Abwehrmechanismen konform ginge.

Als Mrs. W. also von ihren Kindheitserlebnissen erzählte, über die emotionalen Qualen nachsann, die sie im Alter von vier Jahren während der Trennung von der Mutter durchlebt hatte, und diese Gefühle mit aktuellen Erfahrungen in Verbindung brachte, mag das wohl wie eine psychoanalytische oder tiefenpsychologische Therapie ausgesehen oder geklungen haben, doch es handelte sich eindeutig um etwas anderes, und zwar aus folgenden Gründen:

1. In der theoretischen Vorstellung, die ich mir von Mrs. W.s Problemen machte, spielten ödipale Themen, feine Abstufungen von Objektbeziehungen, Trieb- und Strukturmodelle oder die Ichpsychologie keine Rolle, und ich stützte mich auch nicht auf irgendwelche anderen tiefenpsy-

chologischen Annahmen. Statt dessen betrachtete ich die Reaktionsmuster der Klientin unter dem Blickwinkel einer breit fundierten Theorie des sozialen Lernens, das heißt, ich achtete auf Assoziationsprozesse, positive und negative Verstärker, kognitive Kontingenzen, Erwartungen, Löschungsparadigmen, und so weiter. Ich sah auf keinen Fall einen Bedarf und unternahm auch keine Anläufe, Verhaltenstheorien und Tiefenpsychologie miteinander zu verbinden.

2. Ich ging mit dem von Mrs. W. angebotenen Material ganz anders um, als das tiefenpsychologische Therapeuten getan hätten. Bei Mrs. W. war eine der Techniken, die ich bei mehreren Gelegenheiten einsetzte, das *Zeitreisen*: Ich leitete sie an, sich vorzustellen, wie sie mit einer „Zeitmaschine" in die Vergangenheit zurückreiste, um ihr vierjähriges Alter ego zu besuchen. Die 28jährige Mrs. W. sprach also zu ihrer vierjährigen Doppelgängerin und ließ dem Kind Unterstützung, Liebe, Trost, Verständnis und Ermutigung zuteil werden. (Ich betrachte dies als eine Variante der kognitiven Umstrukturierung und Desensibilisierung. Sie kann dem Patienten helfen, gelassener mit Erinnerungen an einstige Verletzungen umzugehen und die Fesseln seiner negativen Kindheitserlebnisse abzustreifen.) Außerdem regte ich Mrs. W. zum inneren Selbstgespräch an. Ich empfahl ihr: „Wenn dieses Gefühl in Ihnen aufsteigt, daß man Sie im Stich gelassen hat, atmen Sie jedesmal tief ein und dann langsam wieder aus, entspannen sich und sagen sich immer wieder: ‚Ich bin nicht mehr vier Jahre alt. Ich bin erwachsen. Ich kann mich sicher fühlen, und ich fühle mich auch sicher.' Stehen Sie aufrecht da, wenn Sie sich das sagen, und spüren Sie Ihre Kraft und Ihre Reife." Eine tiefenpsychologische Behandlung von Mrs. W. würde ganz anders aussehen.

Ebensowenig praktiziere ich Gestalttherapie oder Psychodrama, wenn ich mir die Technik des leeren Stuhls zunutze mache, denn sowohl meine Gründe dafür als auch die Art, wie ich die Technik einsetze, unterscheiden sich erheblich von ihrer ursprünglichen Form und Intention. Und doch würden bestimmte Kollegen, wenn ich mit ihnen über die geschilderten therapeutischen Strategien spreche, die Auffassung vertreten, ich sei ein „verkappter Analytiker" oder hätte eigentlich „Gestalttherapie" praktiziert.

In Wirklichkeit aber entlehnte ich einige Techniken aus verschiedenen Schulrichtungen, baute sie in mein eigenes theoretisches Bezugssystem ein und verwandelte sie damit in etwas, das sich von dem unterscheidet, wie sie innerhalb ihres ursprünglichen Paradigmas konzipiert sind und angewendet werden (Lazarus & Messer, 1991).

Eines der größten Mißverständnisse

Von Therapeuten, die viel auf die Methodenintegration halten, hört man immer wieder Sätze wie: „Bei manchen Patienten gehe ich tiefenpsychologisch vor, bei anderen verhaltenstherapeutisch, oder ich stütze mich beim selben Patienten, je nach Behandlungsphase, mal auf die eine, mal auf die andere Methode." Typische Beispiele für diese Sichtweise finden sich bei Rhoads (1984) und Wachtel (1977, 1991). Meiner Einschätzung nach gehen diese Autoren aber, während sie phänotypische Elemente miteinander vermischen, einfach über die genotypischen Unterschiede hinweg, die zwischen den beiden fundamental verschiedenen Ansätzen in Wirklichkeit bestehen. Wie sollte es auf dieser grundlegenden genotypischen Ebene auch möglich sein, zwei Systeme miteinander zu verbinden, die auf völlig unterschiedlichen Annahmen über Sinn, Ursprung, Entwicklung, Aufrechterhaltung, Stellenwert und Handhabung von psychischen Problemen beruhen? Strenggenommen lassen sich tiefenpsychologische und verhaltensorientierte Elemente also nicht wirklich mischen (siehe Franks, 1984). Werfen wir aber einen Blick darauf, wie in der Praxis bestimmte Aspekte miteinander verknüpft und dabei durcheinandergeworfen werden. (Lassen Sie mich noch einmal betonen, daß man durchaus *Techniken* aus verschiedenen Schulrichtungen verwenden und dabei trotzdem die theoretische Konsistenz wahren kann – siehe dazu Dryden, 1987.)

Einer meiner Patienten, der an einer generalisierten Angststörung litt, schien mit allzuviel Nachdruck zu beteuern, daß seine Motive bei einem Firmenzusammenschluß, der ihm auf Kosten seines Partners eine beträchtliche Summe einbrachte, untadelig und lauter gewesen seien. Er berichtete von Träumen, in denen sein Partner ihn entweder persönlich attackierte oder andere dafür anheuerte, ihm körperlichen Schaden zuzufügen. Seine Assoziationen zu diesen Träumen bestärkten ihn in der Überzeugung, sein Partner sei seit jeher gegen ihn gewesen. Schuldgefühle stritt er ab, um sodann scheinbar rationale Erklärungen für sein Handeln vorzubringen; sie besagten, er habe nichts Unanständiges getan, da ihm sein Partner ja feindlich gesinnt sei. Bei weiterem Nachdenken kam er in Kontakt mit einigen Gefühlsregungen, die er als Kind oft verspürt hatte. Anschaulich schilderte er, wie sein älterer Bruder ihn tyrannisiert und eingeschüchtert hatte, und zog dann eine Parallele zwischen seinem Bruder und seinem Partner. „Mir war bis jetzt nie klar, wie sehr Charles [sein Partner] mich an Harold [seinen Bruder] erinnert." Ein wenig später gab er zu verstehen, es könne sein, daß er es Harold habe heimzahlen wollen, indem er Charles – dem „psychischen Doppelgänger Harolds" – derart zugesetzt habe.

Der obige Absatz enthält verschiedene Anspielungen auf psychotherapeutische Vorgehensweisen, mit deren Hilfe bestimmte Informationen zutage gefördert wurden; sie waren dem Patienten nicht präsent gewesen und versetzten ihn nun in die Lage, einige offenbar wichtige Zusammenhänge zwischen vergangenen und gegenwärtigen Gefühlen herzustellen. Er konnte von bestimmten Rationalisierungen und Verleugnungen ablassen und gewann Einsicht in mögliche Motive seines Verhaltens. Heißt das, ich betrieb tiefenpsychologische Therapie? Meiner Ansicht nach nicht. Ich würde, in Ermangelung eines besseren Begriffes, von *angewandter Psychologie* sprechen. Methoden anzuwenden, die eine gewisse Ähnlichkeit mit Verfahrensweisen von tiefenpsychologischen Therapeuten haben, ist nicht gleichbedeutend damit, daß man „tiefenpsychologische Psychotherapie betreiben" würde. Wenn man bestimmte Abwehrreaktionen erkennt, sich mit ihnen auseinandersetzt und verschiedene Bewußtseinsebenen (nichtbewußte Prozesse) ergründet, besteht keinerlei Notwendigkeit, für Verwirrung zu sorgen, indem man sich auf eine tiefenpsychologische Perspektive beruft oder aus ihr heraus operiert. Die Sozialpsychologie und die experimentelle Psychologie haben, mit ganz anderen Mitteln als die Tiefenpsychologie, Konzepte wie „nichtbewußte Prozesse" und „Abwehrreaktionen" solide untermauert und begründet. Tiefenpsychologische Theoretiker dagegen vertreten bestimmte Theorien zu sogenannten unbewußten Motiven. Bei dem oben geschilderten Fall zum Beispiel würde sich eine vollständige tiefenpsychologische Erklärung für die Geschwisterrivalität des Klienten zweifellos auf spekulative Konzepte wie „Objektbeziehungen" oder „Ich-Entwicklung" stützen. Tiefenpsychologische Theoretiker würden zu vielen weiteren Schlußfolgerungen und Deutungen gelangen, die weit über das von mir befürwortete Bezugssystem einer Theorie des sozialen und kognitiven Lernens hinausgingen. Dabei würden sie Vorstellungen vertreten, die mit wissenschaftlichen Methoden weder zu erhärten noch zu widerlegen sind.

Mir geht es hier darum, zu betonen, daß man nicht auf irgendwelche psychoanalytischen oder tiefenpsychologischen Theorien zurückgreifen muß, wenn man erkennt, daß mehr hinter einer Sache steckt, als es auf den ersten Blick scheint, wenn man zwischen den Zeilen liest oder wenn man versteckten Bedeutungen oder dem symbolischen Gehalt von Ereignissen auf die Spur kommt. Eine meiner Kollegen erzählte, daß er gerade einen heterosexuellen Mann behandelte, der von einer übergroßen Angst besessen war, an AIDS zu erkranken. „Aus tiefenpsychologischer Sicht", sagte er, „ist es doch interessant, sich zu fragen, ob seine Angst vor AIDS in Wirklichkeit eine Angst vor Homosexualität ist." Was soll an dieser Sichtweise „tiefenpsychologisch" sein? Das Konzept der „Reizgeneralisierung" und verschiedene „semantische Differentiale" bieten einem die Möglichkeit, eine Hierarchie von primären und sekundären Ängsten zu postulieren (Osgood, 1953). Tatsächlich erklärte mein Kollege im Laufe unserer Diskussion mit großem Nachdruck, daß er die drei einflußreichsten tiefenpsychologischen Ansätze allesamt ablehnt – die Strukturtheorie, die Selbstpsychologie und die Objektbeziehungstheorie. Wie hätte er also eine „tiefenpsychologische" Perspektive einnehmen können? Man kann, wie bereits erwähnt, von Bewußtseinsebenen, nichtbewußten Vorgängen und Abwehrreaktionen sprechen, ohne deshalb irgendwelche „tiefenpsychologischen" Erklärungen akzeptieren zu müssen.[2] Wer irgendwelche

---

[2] Wenn ich von „Bewußtseinsebenen" spreche, meine ich damit nicht die Freudschen Begriffe des Bewußten, Vorbewußten und Unbewußten. Ebenso haben „nichtbewußte Prozesse" nicht das Geringste mit dem „Unbewußten" und seinen mutmaßlichen Komplexen und intrapsychischen Funktionen zu tun. Das „psychologische Unbewußte" (siehe Shevrin & Dickman, 1980) ist etwas ganz anderes als das Freudsche oder neofreudianische Unbewußte.

psychologisierenden Aussagen macht und das dann „tiefenpsychologisches Denken" nennt, stiftet nur Verwirrung. Ein Artikel von Scaturo (1994) bietet eine gute Gelegenheit, meinen Standpunkt zu untermauern. Scaturo plädiert dafür, bei der Behandlung der Panikstörung und der Agoraphobie kognitions- und verhaltenszentrierte Vorgehensweisen mit psychoanalytisch orientierter Therapie zu kombinieren. Er geht zunächst auf grundlegende verhaltenszentrierte Methoden wie Entspannungstraining, Zwerchfellatmung, Exposition und kognitive Umstrukturierung ein, um dann festzustellen: „Durch meine therapeutische Arbeit mit Patienten, die an einer Panikstörung litten, bin ich zu der Überzeugung gelangt, daß Verlassenwerden und Trennungsangst die Hauptquellen ihrer Angst sind" (S. 260). (Trifft das auf 100 Prozent der Patienten mit Panikstörung zu, oder könnte es sein, daß es vielleicht nur für eine viel kleinere Teilgruppe gilt?) Entschieden widersprechen möchte ich nun Scaturos Auffassung, Panikstörungen und überhaupt alle psychischen Probleme würden „eng mit psychodynamischen Ursachen zusammenhängen" (S. 256). Meiner Ansicht nach liefert eine Theorie des sozialen und kognitiven Lernens ausreichende Erklärungen für Panikstörungen und sämtliche anderen psychischen Probleme, ohne daß man auf Vorstellungen der Objektbeziehungstheorie oder irgendeines anderen tiefenpsychologischen Denkmodells zurückgreifen müßte.

Da Scaturo im wesentlichen der Psychoanalyse zuneigt, hält er es für notwendig, daß Patienten, deren Panikstörung er verhaltenstherapeutisch behandelt hat, im Anschluß daran auch Einblick in lebensgeschichtliche Entstehungsbedingungen ihrer Störung gewinnen. Er sieht die Dinge also aus einer ganz bestimmten *Perspektive*. Lassen Sie uns aber einmal annehmen, er habe Belege dafür, daß mit Verhaltenstherapie *plus* explorierender Psychotherapie dauerhaftere Ergebnisse zu erzielen sind. Warum muß dann die „Exploration" unbedingt eine „tiefenpsychologische" sein? Beachten Sie bitte, daß bei meiner Patientin Mrs. W. die Diagnostik nicht tiefenpsychologisch orientiert war und dennoch bedeutsame lebensgeschichtliche Momente ans Licht brachte, unter anderem ihre Trennungsangst im Alter von vier Jahren. Hing diese „Trennungsangst" zwangsläufig mit ihren Panikattacken zusammen? Und war sie, wie Scaturo behaupten würde, „das zentrale zwischenmenschliche Thema, das hinter ihren Paniksymptomen" stand (S. 260)? Ich glaube nein. Trotzdem ging ich, weil die multimodale (nicht psychoanalytische) Exploration ein mit „Trennungsangst" verbundenes Ereignis zutage gefördert hatte, auf das Problem der Patientin ein und konnte es durch die Zeitreise-Methode und die Anleitung zu einfacher positiver Selbstbekräftigung offenbar beheben (ohne daß ich tiefenpsychologisch vorgegangen wäre).

Scaturo stellt eine Fallvignette vor, die seine Mischung von verhaltenszentrierten und tiefenpsychologischen Elementen deutlich machen soll. Mrs. A. (die auf eine psychoanalytische Therapie zuvor nicht angesprochen hatte) hat starke Ähnlichkeit mit meiner Patientin Mrs. W. Scaturos und mein Vorgehen decken sich in den meisten Punkten, und ich habe in Scaturos kurzer Darstellung nichts entdecken können, das ich „psychoanalytisch" nennen würde. Trotzdem besteht er darauf, er habe „einen Synergie-Effekt zwischen verhaltenszentrierten und tiefenpsychologischen Interventionen" erzielt (S. 269). Ebendiese in vielen Kreisen anzutreffende Vorliebe, jedwede Art von Erforschung der Vergangenheit als „psychoanalytisch" oder „tiefenpsychologisch" zu bezeichnen und dasselbe Etikett einer jeden Form von Einsicht oder Selbsterkenntnis anzuheften, sorgt schlicht und einfach für Verwirrung und mündet in den überflüssigen Versuch, zwei von Grund auf unvereinbare Paradigmen miteinander zu verschmelzen. Ich versuche seit vielen Jahren zu zeigen (Lazarus, 1976, 1989, 1992), daß bei einer multimodalen Diagnostik, die auf die Verhaltensweisen, affektiven Reaktionen, Sinnesempfindungen, Vorstellungsbilder, Kognitionen, zwischenmenschlichen Beziehungen und biologischen Voraussetzungen eines Klienten zielt, in aller Regel eine Grundstruktur von abgegrenzten Problemen – die aber (sowohl innerhalb der Person als auch innerhalb des gesamten Kontextes) miteinander zusammenhängen – zum Vorschein kommt, so daß die Aufmerksamkeit des Therapeuten auf ein breites Spektrum wichtiger Aspekte gelenkt wird. Sein Handeln bleibt dabei allerdings fest in einer Theorie des sozialen und kognitiven Lernens (Bandura, 1986) verankert, und er braucht keine Konzepte aus irgendeinem anderen theoretischen System heranzuziehen (während es ihm zugleich freisteht, wirksame Techniken nach Belieben aufzugreifen).

Verschiedene Formen des Eklektizismus und der Integration

Was kann ineinander integriert werden?

Ich habe für den Nachmittag drei Therapietermine vereinbart – ein Patient kommt um zwei Uhr, ein weiterer um drei und schließlich eine Patientin um vier. Beim ersten Klienten sage ich sehr wenig. Er beschäftigt sich mit Erinnerungen aus seiner Kindheit, und ich höre aufmerksam zu. Gelegentlich stelle ich eine Frage: „Haben Sie damals so etwas wie Wut gespürt?" oder „Sehen Sie einen Zusammenhang zwischen diesem Ereignis und der Art, wie Sie heute versuchen, sich gegen Kritik zu schützen?" Ab und zu mache ich vielleicht eine Bemerkung oder teile dem Klienten eine Beobachtung mit. (Ich gebe keine Deutungen – „Sie tun oder fühlen x aufgrund von y" –, weil ich Deutungen als Anmaßung empfinde.) Ich sage also beispielsweise: „Ich habe den Eindruck, Ihre sexuelle Unsicherheit könnte mit dieser Erinnerung aus Ihrer Jugend zusammenhängen" oder „Ich bin mir nicht so sicher, ob Ihre Mutter unbedingt wollte, daß Sie das glauben". Über meine Kommentare darf diskutiert werden – wenn der Klient anderer Meinung ist als ich, bedeutet das nicht zwangsläufig, daß er Widerstand leistet. In meinen Augen besteht ein himmelweiter Unterschied zwischen tiefenpsychologischen Deutungen und interpretierenden, vom Verhalten des Klienten ausgehenden Äußerungen. Wer aber über mich oder meine therapeutische Ausrichtung nichts weiß und eine Videoaufzeichnung dieser Sitzung sähe, käme vermutlich zu dem Schluß, ich sei ein praktizierender Analytiker, und wenn nicht das, dann doch ganz bestimmt ein tiefenpsychologischer Therapeut.

Dagegen bin ich bei dem Klienten, der um drei Uhr kommt, sehr aktiv. Ich diskutiere viel mit ihm, analysiere mit viel Elan seine dysfunktionalen Überzeugungen und versuche häufig, ihm gemäß der sokratischen Methode durch Fragen etwas bewußt zu machen. Ein Beobachter würde wahrscheinlich schlußfolgern, ich sei zur Gruppe der „kognitiven Therapeuten" zu rechnen.

Die Klientin, die um vier Uhr zu mir kommt, ist während der Sitzung vollauf mit dem Durchspielen von zwei wichtigen Situationen beschäftigt, die ihr bevorstehen: Sie bereitet sich auf die Rede vor, die sie halten soll, wenn sie bei einer Betriebsfeier als kreativste Designerin des Jahres ausgezeichnet wird, und übt mit mir, wie sie gegenüber ihrer Mutter bei einer

Auseinandersetzung über einen nicht beigelegten Streit selbstsicher anstatt verzagt oder aggressiv auftreten kann. Da ich hier Rollenspiel und Techniken zum Einüben sozialer Fertigkeiten einsetze, würde mich ein Beobachter zweifellos dem verhaltenstherapeutischen Lager zuordnen.

Ich will darauf hinaus, daß es falsch wäre anzunehmen, ich hätte um zwei Uhr tiefenpsychologische Therapie betrieben, um drei kognitive Therapie und um vier Verhaltenstherapie. Vielmehr setzte ich um zwei Uhr *Techniken* des Zuhörens und Spiegelns ein, um drei *Techniken* der kognitiven Umstrukturierung und um vier *Techniken* zur Einübung von Verhaltensweisen. Bei der Auswahl der Techniken ließ ich mich davon leiten, wie ich die besonderen Bedürfnisse und Erwartungen meiner Klienten wahrnahm, sowie von Indizien dafür, daß meine verschiedenen Maßnahmen ersprießliche Resultate zeitigten. Als technischer Eklektiker kann ich operante Techniken oder psychoanalytische Techniken verwenden, ohne die Theorien gutheißen zu müssen, auf denen sie fußen. Ich nehme damit keineswegs eine Integration von irgendwelchen *theoretischen* Gesichtspunkten vor; vielmehr bin ich der Auffassung, daß ich hier die ganze Zeit über aus einem breit fundierten Bezugssystem des sozialen und kognitiven Lernens heraus operiere.

Ich warne seit vielen Jahren davor, daß eine Vermischung unterschiedlicher Theorien eigentlich nur zu einem großen Wirrwarr führen kann. Allzu viele scheinbar kompatible Ideen erweisen sich bei näherer Betrachtung als völlig unvereinbar. Außerdem weiß ich von keinem einzigen Beispiel dafür, daß aus einer Vermischung unterschiedlicher Theorien eine wirkungsvollere Technik hervorgegangen wäre. Doch andererseits sind mir, um das noch einmal zu wiederholen, viele Fälle bekannt, in denen das Auswählen von *Techniken* aus verschiedenen Schulrichtungen das Rüstzeug von Therapeuten bereichert hat. (Wer das Ausmaß der *Heterogenität* ermessen möchte, das im Bereich der Integration von Therapieansätzen insgesamt herrscht, dem ist das ausgezeichnete Handbuch zu empfehlen, das Norcross und Goldfried 1992 herausgegeben haben.)

Man muß den Ausdruck „Integration" freilich nicht so verwenden, daß er sich ausschließlich auf Versuche einer Verschmelzung auf theoretischer Ebene bezieht. So könnte man den Standpunkt vertreten, daß für manche Patienten die Integration von Einzel- und Gruppentherapie Vorteile bietet.

Bei anderen Patienten könnte es in hohem Maße indiziert sein, psychosoziale Therapie und Drogentherapie miteinander zu verbinden. Es wäre wohl vielversprechender, wenn sich sogenannte Integrationisten auf die Anwendung von *Behandlungskombinationen* konzentrieren würden. Dies könnte dazu führen, daß Faktoren und Prozesse, auf denen Veränderungen in der Therapie tatsächlich beruhen, größere Beachtung finden – man würde das sinnvolle Auswählen von *Techniken* mit verschiedenen *Beziehungsstilen* kombinieren (Beutler & Clarkin, 1990; Lazarus, 1993a). Wolpe hat einmal gesagt (1994, persönliche Mitteilung): „Die wesentliche Frage ist nicht, an welche Theorie man glaubt, sondern welche empirische Gewähr es für die Wirksamkeit eines bestimmten psychotherapeutischen Verhaltens gibt."

Ein kurzer Kommentar zum Denkmodell der gemeinsamen Faktoren

Laut Arkowitz (1989) und Norcross und Newman (1992) gibt es *drei Wege zur Integration*: den technischen Eklektizismus, die Integration von Theorien und den Ansatz der gemeinsamen Wirkfaktoren. Ich habe zum Ausdruck gebracht, daß ich dem technischen Eklektizismus eindeutig den Vorzug gebe und die Integration von Theorien mit beträchtlichem Argwohn, wenn nicht gar mit Geringschätzung betrachte. Weil ich auch gegen das Denkmodell der gemeinsamen Faktoren Bedenken habe, möchte ich einige kurze Bemerkungen dazu anfügen.

Wer dem Modell der gemeinsamen Faktoren folgt, versucht die Kernbestandteile zu bestimmen, in denen verschiedene Therapien sich decken. Man hat viel Aufmerksamkeit darauf verwendet, in disparaten psychotherapeutischen Systemen verbindende und schulenübergreifende Themen zu ermitteln. Die Hauptvertreter dieses Ansatzes (z. B. Beitman, 1987; Frank, 1982; Garfield, 1992; Goldfried, 1982) haben verschiedene Prozesse beschrieben, die einer Heilung förderlich sind – sei es nun die Steigerung der Selbstwirksamkeitserwartung, die Stärkung des Selbstvertrauens, emotionale Erfahrungen mit Korrektivwirkung, verschiedene Formen von Feedback oder die Macht des therapeutischen Bündnisses.

Die Bestimmung gemeinsamer Faktoren könnte sich als recht nützlich erweisen, falls wir dadurch denjenigen *aktiven Bestandteilen* einer Psychotherapie auf die Spur kommen, die Fortschritte in Gang setzen. Nehmen wir zum Beispiel an, daß Frank (1982) richtig liegt, wenn er die Stärkung des Selbstvertrauens als Grundlage so gut wie aller Therapie-Erfolge beschreibt. Trotzdem bliebe die Frage unbeantwortet: Wie gehen wir am besten vor, um dieses lohnende Ziel zu erreichen? Meine These ist also, daß gemeinsame Wirkfaktoren per se nicht besonders aussagekräftig sind. Wir benötigen nach wie vor die systematische Erforschung von wesentlichen Ähnlichkeiten und Unterschieden.

Nach meiner Auffassung ist die dringlichste Frage die, wie wir unsere Erfahrungen bei der therapeutischen Arbeit am besten beurteilen und neue Wege zur Erklärung und Behandlung menschlichen Leidens beschreiten können. Nuland (1994) empfiehlt folgendes: „1. sorgfältiges und direktes Beobachten einer Erkrankung oder Fehlanpassung; 2. unvoreingenommes Sichten aller relevanten Veröffentlichungen zu dem Problem; 3. gewissenhaftes Achten auf jeden noch so kleinen klinischen Anhaltspunkt, unabhängig davon, ob er die sich entwickelnde Hypothese des Beobachters stützt oder nicht; 4. eine Verpflichtung darauf, keine Spekulationen anzustellen, die von den gesammelten Daten und den aus ihnen ableitbaren Schlußfolgerungen nicht gedeckt sind" (S. 4). Viel zu viele enthusiastische Forscher und Praktiker haben naive Vorstellungen davon, wie seriöse wissenschaftliche Arbeit auszusehen hat, und brennen zu sehr darauf, sich über die Einschränkungen hinwegzusetzen, die nun einmal für das unparteiische Beurteilen von Belegmaterial maßgebend sind. Verfrühte Integration kann in der klinischen Praxis zur Desintegration führen!

Die wesentliche Maxime einer wirksamen Psychotherapie ist für mich, in leichter Abwandlung von Gordon Pauls (1967) profundem Leitsatz: *Welche* Behandlung, die von *wem* durchgeführt wird, wirkt bei *diesem* Menschen mit *diesen* besonderen Problemen und in *welcher* Bedingungskonstellation am besten? Wenn man sich an diesem Grundgedanken orientiert, kann man nicht in den Grenzen einer ganz bestimmten therapeutischen Schulrichtung verharren. Es geht darum, ernsthaft zu überlegen, was für diesen besonderen Menschen (oder, wenn es sich um Paare, Familien und Gruppen handelt, für diese Menschen) am besten ist, damit wir die Fesseln unserer Ausbildung und unserer Voreingenommenheiten abstreifen und so denen, die uns um Hilfe bitten, von größtem Nutzen sein können.

Dank

Hal Arkowitz und einem nicht genannten Schiedsrichter danke ich für ihre pointierte Kritik an meiner ersten Fassung. Ich habe auch tatsächlich einige der Änderungen übernommen, die sie empfahlen!

Literatur zu Anhang 5

Arkowitz, H. (1989). The role of theory in psychotherapy integration. *Journal of Integrative and Eclectic Psychotherapy, 8,* 8–16.

Bandura, A. (1986). *Social foundations of thought and action: A social cognitive theory.* Englewood Cliffs, NJ: Prentice-Hall.

Barlow, D. H. (1988). *Anxiety and its disorders.* New York: Guilford Press.

Barlow, D. H. (1993). Implications of clinical research for psychotherapy integration in the treatment of the anxiety disorders. *Journal of Psychotherapy Integration, 3,* 297–311.

Beitman, B. D. (1987). *The structure of individual psychotherapy.* New York: Guilford.

Beutler, L. E., & Clarkin, J. F. (1990). *Systematic treatment selection: Toward targeted therapeutic interventions.* New York: Brunner/Mazel.

Carter, M. M., Turovsky, J., & Barlow, D. H. (1994). Interpersonal relationships in panic disorder with agoraphobia: A review of empirical evidence. *Clinical Psychology: Science and Practice, 1,* 25–34.

Dryden, W. (1987). Theoretically consistent eclecticism: Humanizing a computer „addict." In J. C. Norcross (Ed.). *Casebook of eclectic psychotherapy* (pp. 221–237). New York: Brunner/Mazel.

Frank, J. D. (1982). Therapeutic components shared by all psychotherapies. In J. H. Harvey & M. M. Parks (Eds.), *The Master Lecture Series. Vol. 1. Psychotherapy research and behavior change* (pp. 73–122). Washington, DC: American Psychological Association.

Franks, C. M. (1984). On conceptual and technical integrity in psychoanalysis and behavior therapy: Two fundamentally incompatible systems. In H. Arkowitz &

S. B. Messer (Eds.), *Psychoanalytic therapy and behavior therapy. Is integration possible?* (pp. 223–247). New York: Plenum Press.

Freud, S. (1919). Wege der psychoanalytischen Therapie. *Gesammelte Werke,* Bd. 12, S. 183–194.

Garfield, S. L. (1992). Eclectic psychotherapy: A common factors approach. In J. C. Norcross & M. R. Goldfried (Eds.), *Handbook of psychotherapy integration* (pp. 169–201). New York: Basic Books.

Goldfried, M. R. (Ed.) (1982). *Converging themes in psychotherapy.* New York: Springer.

Lambert, M. J. (1992). Psychotherapy outcome research: Implications for integrative and eclectic therapists. In J. C. Norcross & M. R. Goldfried (Eds.), *Handbook of psychotherapy integration* (pp. 94–129). New York: Basic Books.

Lazarus, A. A. (1967). In support of technical eclecticism. *Psychological Reports, 21,* 415–416.

Lazarus, A. A. (1976). *Multimodal behavior therapy.* New York: Springer. (*Multimodale Verhaltenstherapie.* Frankfurt/Main: Fachbuchhandlung für Psychologie, 1978.)

Lazarus, A. A. (1989). *The practice of multimodal therapy.* Baltimore, MD: Johns Hopkins University Press. (*Praxis der multimodalen Therapie.* Tübingen: Deutsche Gesellschaft für Verhaltenstherapie, 1995.)

Lazarus, A, (1991). A plague on Little Hans and Little Albert. *Psychotherapy, 28,* 444–447.

Lazarus, A. A. (1992). Multimodal therapy: Technical eclecticism with minimal integration. In J. C. Norcross & M. R. Goldfried (Eds.), *Handbook of psychotherapy integration* (pp. 231–263). New York: Basic Books.

Lazarus, A. A. (1993a). Tailoring the therapeutic relationship, or being an authentic chameleon. *Psychotherapy, 30,* 404–407.

Lazarus, A. A. (1993b). Theory, subjectivity and bias: Can there be a future? *Psychotherapy, 30,* 674–677.

Lazarus, A. A., & Lazarus, C. N. (1991). *Multimodal Life History Inventory.* Champaign, IL: Research Press.

Lazarus, A. A., & Messer, S. B. (1991). Does chaos prevail? An exchange on technical eclecticism and assimilative integration. *Journal of Psychotherapy Integration, 1,* 143–158.

Lazarus, A. A., Beutler, L. E., & Norcross, J. C. (1992). The future of technical eclecticism. *Psychotherapy, 29,* 11–20.

Lazarus, A. A., & Beutler, L. E. (1993), On technical eclecticism. *Journal of Counseling & Development, 71,* 381–385.

Norcross, J. C., & Goldfried, M. R. (Eds.) (1992). *Handbook of psychotherapy integration.* New York: Basic Books.

Norcross, J. C., & Newman, C. F. (1992). Psychotherapy integration: Setting the context. In J. C. Norcross & M. R. Goldfried (Eds.). *Handbook of psychotherapy integration* (pp. 3–45). New York: Basic Books.

Nuland, S. B. (1994). The pill of pills. *The New York Review of Books, 51,* 4–8.

Osgood, C. (1953). *Method and theory in experimental psychology.* London: Oxford University Press.

Paul, G. L. (1967). Strategy of outcome research in psychotherapy. *Journal of Consulting Psychology, 31,* 109–118.

Rhoads, J. M. (1984). Relationship between psychodynamic and behavior therapies. In H. Arkowitz & S. B. Messer (Eds.), *Psychoanalytic therapy and behavior therapy. Is integration possible?* (pp. 195–211). New York: Plenum Press.

Scaturo, D. J. (1994). Integrative psychotherapy for panic disorder and agoraphobia in clinical practice. *Journal of Psychotherapy Integration, 4,* 253–272.

Shevrin, H., & Dickman, S. (1980). The psychological unconscious: A necessary assumption for all psychological theory? *American Psychologist, 35,* 421–434.

Strupp, H. H., & Hadley, S. W. (1979). Specific versus nonspecific factors in psychotherapy. *Archives of General Psychiatry, 36,* 1125–1136.

Wachtel, P. L. (1977). *Psychoanalysis and behavior therapy. Toward an integration.* New York: Basic Books. (*Psychoanalyse und Verhaltenstherapie. Ein Plädoyer für ihre Integration.* Stuttgart: Klett-Cotta, 1981.)

Wachtel, P. L. (1991). From eclecticism to synthesis: Toward a more seamless psychotherapeutic integration. *Journal of Psychotherapy Integration, 1,* 43–54.

Wolpe, J. (1958). *Psychotherapy by reciprocal inhibition.* Stanford, CA: Stanford University Press.

Wolpe, J. (1990). *The practice of behavior therapy* (4th ed.). New York: Pergamon Press.

Bibliographie

Anderson, T. (1992). Thoughts on the nature of the therapeutic relationship. In J. S. Rutan (Ed.), *Psychotherapy for the 1990s*. New York: Guilford.

Arkowitz, H. (1989). The role of theory in psychotherapy integration. *Journal of Integrative and Eclectic Psychotherapy, 8*, 8–16.

Bach, G. R., & Wyden, P. (1969). *The intimate enemy.* New York: Morrow. (*Streiten verbindet. Spielregeln für Liebe und Ehe.* Düsseldorf: Diederichs, ⁷1981.)

Bandura, A. (1986). *Social foundations of thought and action.* Englewood Cliffs, NJ: Prentice-Hall.

Barlow, D. H. (1988). *Anxiety and its disorders.* New York: Guilford.

Barlow, D. H., & Cerny, J. A. (1988). *Psychological treatment of panic.* New York: Guilford.

Barlow, D. H., & Craske, M. G. (1989). *Mastery of your anxiety and panic.* Albany, NY: Graywind.

Barzun, J. (1986). *A word or two before you go …* Middletown, CT: Wesleyan University Press.

Beck, A. T. (1991). Cognitive therapy: A 30-year retrospective. *American Psychologist, 46*, 368–375. (30 Jahre kognitive Therapie: Ein Rückblick. *Verhaltenstherapie, 1*, 1991, 6–14.)

Bemporad, J. R. (1995). Individual psychotherapy. In I. D. Glick (Ed.), *Treating depression.* San Francisco: Jossey-Bass.

Berenbaum, H. (1969). Massed time-limited psychotherapy. *Psychotherapy: Theory, Research and Practice, 6*, 54–56.

Beutler, L. E., Consoli, A. J., & Williams, R. E. (1995). Integrative and eclectic therapies in practice. In B. Bongar & L. E. Beutler (Eds.), *Comprehensive textbook of psychotherapy.* New York: Oxford University Press.

Borys, D. S. (1994). Maintaining therapeutic boundaries: The motive is therapeutic effectiveness, not defensive practice. *Ethics and Behavior, 4*, 267–273.

Budman, S. H. (Ed.) (1981). *Forms of brief therapy.* New York: Guilford.

Budman, S. H. (Ed.) (1995). *Forms of brief therapy.* (Update) New York: Guilford.

Budman, S. H. (1994). *Treating time effectively: The first session in brief therapy.* New York: Guilford.

Budman, S. H., & Gurman, A. S. (1988). *Theory and practice of brief therapy.* New York: Guilford.

Carter, M. M., Turovsky, J., & Barlow, D. H. (1994). Interpersonal relationships in panic disorder with agoraphobia. *Clinical Psychology: Science and Practice, 1,* 25–34.

Chambless, D. (1955). Training in and dissemination of empirically validated psychological treatments: Report and recommendations. *The Clinical Psychologist, 48,* 3–23.

Cooper, J. F. (1995). *A primer of brief psychotherapy.* New York: Norton.

Craighead, W. E. (1990). There's a place for us all: All of us. *Behavior Therapy, 21,* 3–23.

Crews, F. (1986). *Skeptical engagements.* New York: Oxford University Press.

Cummings, N. A. (1985). The dismantling of our health care system: Strategies for the survival of psychological practice. *American Psychologist, 41,* 426–431.

Cummings, N. A. (1988). Emergence of the mental health complex: Adaptive and maladaptive responses. *Professional Psychology, 19,* 308–315.

Cummings, N. A. (1991). The somatizing patient. In C. S. Austad & W. H. Berman (Eds.), *Psychotherapy in managed health care: The optimal use of time and resources.* Washington, D. C.: American Psychological Association.

Cummings, N. A., & Sayama, M. (1995). *Focused psychotherapy.* New York: Brunner/Mazel.

Davanloo, H. (Ed.) (1978). *Basic principles and techniques in short-term dynamic psychotherapy.* New York: Spectrum.

Davison, G. C., & Lazarus, A. A. (1994). Clinical innovation and evaluation: Integrating practice with inquiry. *Clinical Psychology: Science and Practice, 1,* 157–168.

Davison, G. C., & Lazarus, A. A. (1995). The dialectics of science and practice. In S. C. Hayes, V. M. Foulette, R. M. Dawes, & K. E. Grady (Eds.), *Scientific standards of psychological practice: Issues and recommendations.* Reno, NV: Context.

de Shazer, S. (1988). *Clues: Investigating solutions in brief therapy.* New York: Norton. (*Der Dreh. Überraschende Wendungen und Lösungen in der Kurzzeittherapie.* Heidelberg: Auer, 1989.)

Dreiblatt, I. S., & Weatherly, D. (1965). An evaluation of the efficacy of brief contact therapy with hospitalized psychiatric patients. *Journal of Consulting Psychology, 29,* 513–519.

Dryden, W. (1995). *Brief rational-emotive behaviour therapy.* Chichester: Wiley.

Ellis, A. (1962). *Reason and emotion in psychotherapy.* New York: Lyle Stuart. (*Die rational-emotive Therapie. Das innere Selbstgespräch bei seelischen Problemen und seine Veränderung.* München: J. Pfeiffer, ^{5}1993.)

Ellis, A. (1994). *Reason and emotion in psychotherapy* (Revised). New York: Birch Lane.

Ellis, A. (1996). *Better. deeper and more eduring brief therapy.* New York: Brunner/Mazel.

Fairburn, C. G. (1993). *Interpersonal psychotherapy for bulimia nervosa.* Washington, DC: American Psychiatric Association.

Fay, A. (1994). *PQR: Prescription for a quality relationship.* San Luis Obispo, CA: Impact.

Fay, A. (1995). Boundaries in the physician-patient relationship. *Journal of the American Medical Association, 274,* 1345–1346.

Fay, A., & Lazarus, A. A. (1993). On necessity and sufficiency in psychotherapy. *Psychotherapy in Private Practice, 12,* 33–39.

Frankl, V. (1967). *Psychotherapy and existentialism.* New York: Simon & Schuster.

Franks, C. M. (1982). Behavior therapy: An overview. In C. M. Franks, G. T. Wilson, P. C. Kendall, & K. D. Brownell (Eds.), *Annual Review of Behavior Therapy: Theory and Practice,* Vol. 8. New York: Guilford.

Franks, C. M. (1984). On conceptual and technical integrity in psychoanalysis and behavior therapy: Two fundamentally incompatible systems. In H. Arkowitz & S. B. Messer (Eds.), *Psychoanalytic therapy and behavior therapy: Is integration possible?* New York: Plenum.

Gabbard, G. 0., & Nadelson, C. (1995a). Professional boundaries in the physician-patient relationship. *Journal of the American Medical Association, 273,* 1445–1449.

Gabbard, G. 0., & Nadelson, C. (1995b). In reply. *Journal of the American Medical Association, 274,* 1346.

Gergen, K. J. (1982). *Toward transformation in social knowledge.* New York: Springer.

Goldfried, M. R., & Davison, G. C. (1994). *Clinical behavior therapy.* (Expanded Edition). New York: Wiley. (Übersetzung der Erstausgabe von 1976: *Klinische Verhaltenstherapie.* Berlin: Springer, 1979.)

Goodkin, B. (1981). *A therapist's notebook.* Little Falls, NJ: Lennox.

Gottman, J. (1994). *Why marriages succeed or fail.* New York: Simon & Schuster. (*Glücklich verheiratet? Warum Ehen gelingen oder scheitern.* München: Heyne, 1995.)

Gutheil, T. G. (1989). Patient-therapist sexual relations. *Harvard Medical School Mental Health Letter, 6,* 4–6.

Gutheil, T. G. (1994). Discussion of Lazarus's „How certain boundaries and ethics diminish therapeutic effectiveness." *Ethics and Behavior, 4,* 295–298.

Haley, J. (1993). *Jay Haley on Milton H. Erickson.* New York: Brunner/Mazel. (*Typisch Erickson. Muster seiner Arbeit.* Paderborn: Junfermann, 1996.)

Heide, F. J., & Borkovec, T. D. (1983). Relaxation-induced anxiety: Paradoxical anxiety enhancement due to relaxation training. *Journal of Consulting and Clinical Psychology, 51,* 171–182.

Heide, F. J., & Borkovec, T. D. (1984). Relaxation-induced anxiety: Mechanisms and theoretical implications. *Behaviour Research and Therapy, 22,* 1–12.

Held, B. S. (1995). *Back to reality: A critique of postmodern theory in psychotherapy.* New York: Norton.

Herman, S. M. (1991). Client-therapist similarity on the Multimodal Structural Profile as predictive of psychotherapy outcome. *Psychotherapy Bulletin, 26,* 26–27.

Herman, S. M. (1991a). A psychometric evaluation of the Marital Satisfaction Questionnaire: A demonstration of reliability and validity. *Psychotherapy in Private Practice, 9,* 85–94.

Herman, S. M. (1992). Client-therapist similarity on the Multimodal Structural Profile as predictive of psychotherapy outcome. Doctoral dissertation, Department of Psychology, Rutgers University.

Herman, S. M. (1993). A demonstration of the validity of the Multimodal Structural Profile through a correlation with the Vocational Preference Inventory. *Psychotherapy in Private Practice, 11,* 71–80.

Hersen, M., & Ammerman, R. T. (Eds.) (1994). *Handbook of prescriptive treatments for adults.* New York: Plenum.

Horney, K. (1950). *Neurosis and human growth: The struggle toward self-realization.* New York: Norton. (*Neurose und menschliches Wachstum. Das Ringen um Selbstverwirklichung.* München: Kindler, 1975.)

Howard, K. I., Kopta, S. M., Krause, M. S., & Orlinski, D. E. (1986). The dose-effect relationship in psychotherapy. *American Psychologist, 41,* 159–164.

Howard, G. S., Nance, D. W., & Myers, P. (1987). *Adaptive counseling and therapy.* San Francisco: Jossey-Bass.

Hoyt, M. F. (1989). On time in brief therapy. In R. Wells & V. Gianetti (Eds.), *Handbook of brief psychotherapies.* New York: Plenum.

Hoyt, M. F. (1995). *Brief therapy and managed care.* San Francisco: Jossey-Bass.

Karasu, T. B. (1992). *Wisdom in the practice of psychotherapy.* New York: Basic.

Karpel, M. A. (1994). Evaluating couples: *A handbook for practitioners.* New York: Norton.

Katzenbach, J. R. (1995). *Real change leaders.* New York: Times Business (Random House). (*Pioniere des Wandels. Wie Sie zum Träger der Veränderung in Ihrem Unternehmen werden.* Wien: Ueberreuter, 1996.)

Kazdin, A. E. (1984). Integration of psychodynamic and behavioral psychotherapies: Conceptual Versus Empirical Synthesis. In H. Arkowitz & S. B. Messer (Eds.), *Psychoanalytic therapy and behavior therapy: Is integration possible?* New York: Basic.

Kazdin, A. E. (1996). Combined and multimodal treatments in child and adolescent psychotherapy: Issues, challenges, and research directions. *Clinical Psychology: Science and Practice, 3,* 69–100.

Kellermann, P. F. (1992). *Focus on psychodrama.* Philadelphia: Jessica Kingsley.

Kennedy, R. (1976). Self-induced depersonalization syndrome. *American Journal of Psychiatry, 133,* 1326–1328.

Klerman, G. L., Weissman, M. M., Rounsaville, B. J., & Chevron, E. S. (1984). *Interpersonal psychotherapy of depression.* New York: Basic.

Koegler, R. R., & Cannon, J. A. (1966). Treatment for the many. In G. J. Wayne &. R. R. Koegler (Eds.), *Emergency psychiatry and brief therapy.* Boston: Little, Brown.

Kopp, R. R. (1995). *Metaphor therapy.* New York: Brunner/Mazel.

Kopta, S. M., Howard, K. I., Lowry, J. L., & Beutler, L. E. (1994). Patterns of symptomatic recovery in psychotherapy. *Journal of Consulting and Clinical Psychology, 62,* 1009–1016.

Kwee, M. G. T. (1996). Personal communication.

Kwee, M. G. T., & Holdstock, T. L. (1996). (Eds.). *Western and Buddhist psychology: Clinical perspectives.* Delft: Eburon.

Kwee, M. G. T., & Lazarus, A. A. (1986). Multimodal therapy: The cognitive-behavioral tradition and beyond. In W. Dryden & W. Golden (Eds.), *Cognitive-behavioral approaches to psychotherapy.* London: Harper & Row.

Lambert, M. J. (1992). Psychotherapy outcome research: Implications for integrative and eclectic therapists. In J. C. Norcross & M. R. Goldfried (Eds.), *Handbook of psychotherapy integration.* New York: Basic.

Landes, A. A. (1988). Assessment of the reliability and validity of the Multimodal Structural Profile Inventory. Doctoral Dissertation, Graduate School of Applied and Professional Psychology, Rutgers University.

Landes, A. A. (1991). Development of the Structural Profile Inventory. *Psychotherapy in Private Practice, 9,* 123–141.

Lazarus, A. A. (1956). A psychological approach to alcoholism. *South African Medical Journal, 30,* 707–710.

Lazarus, A. A. (1965). Towards the understanding and effective treatment of alcoholism. *South African Medical Journal, 39,* 736–741.

Lazarus, A. A. (1967). In support of technical eclecticism. *Psychological Reports, 21,* 415–516.

Lazarus, A. A. (1968). Learning theory and the treatment of depression. *Behaviour Research and Therapy, 6,* 83–89.

Lazarus, A. A. (1969). Broad-spectrum behavior therapy. *Newsletter of the Association for Advancement of Behavior Therapy, 4,* 5–6.

Lazarus, A. A. (1971). *Behavior therapy and beyond.* New York: McGraw-Hill. (Reissued by Jason Aronson, with updated preface, 1996.) (*Verhaltenstherapie im Übergang. Breitbandmethoden für die Praxis.* München: Ernst Reinhardt, 1978.)

Lazarus, A. A. (1973). Multimodal behavior therapy: Treating the BASIC ID. *Journal of Nervous and Mental Disease, 156,* 404–411.

Lazarus, A. A. (Hg.) (1976). *Multimodal behavior therapy.* New York: Springer. (*Multimodale Verhaltenstherapie.* Frankfurt/M.: Fachbuchhandlung für Psychologie, 1978.)

Lazarus, A. A. (1976a). Psychiatric problems precipitated by transcendental meditation. *Psychological Reports, 39,* 601–602.
Lazarus, A. A. (1977). Toward an egoless state of being. In A. Ellis & R. Grieger (Eds.), *Handbook of rational-emotive therapy.* New York: Springer. (Auf dem Weg zu einer ego-losen Existenz. In Ellis & Grieger [Hg.], *Praxis der rational-emotiven Therapie,* München: Urban & Schwarzenberg, 1979.)
Lazarus, A. A. (1981). *The practice of multimodal therapy.* New York: McGraw-Hill. (s. a. Lazarus 1989)
Lazarus, A. A. (1984). *In the mind's eye.* New York: Guilford. (*Innenbilder. Imagination in der Therapie und als Selbsthilfe.* München: J. Pfeiffer, ^{2}1993.)
Lazarus, A. A. (1985). Marital myths. San Luis Obispo, CA: Impact. (*Fallstricke der Liebe. Vierundzwanzig Irrtümer über das Leben zu zweit.* Stuttgart: Klett-Cotta, 1988.)
Lazarus, A. A. (1989). *The practice of multimodal therapy* (Update). Baltimore: Johns Hopkins University Press. (*Praxis der multimodalen Therapie.* Tübingen: Deutsche Gesellschaft für Verhaltenstherapie, 1995; s. a. Lazarus 1981.)
Lazarus, A. A. (1989a). Why I am an eclectic (not an integrationist). British Journal of Guidance and Counselling, 17, 248–258.
Lazarus, A. A. (1989b). The practice of rational-emotive therapy. In M. E. Bernard, & R. DiGiuseppe (Eds.), *Inside rational-emotive therapy.* New York: Academic.
Lazarus, A. A. (1992). When is couples therapy necessary and sufficient? *Psychological Reports, 70,* 787–790.
Lazarus, A. A. (1993). Tailoring the therapeutic relationship, or being an authentic chameleon. *Psychotherapy, 30,* 404–407.
Lazarus, A. A. (1994). How certain boundaries and ethics diminish therapeutic effectiveness. *Ethics & Behavior, 4,* 255–261.
Lazarus, A. A. (1995). Different types of eclecticism and integration: Let's be aware of the dangers. *Journal of Psychotherapy Integration, 5,* 27–39. (Übersetzt im Anhang 5 des vorliegenden Buches.)
Lazarus, A. A. (1995a). Adjusting the carburetor: Pivotal clinical interventions in marital and sex therapy. In R. C. Rosen & S. R. Leiblum (Eds.), *Case studies in sex therapy.* New York: Guilford.
Lazarus, A. A. (1996). The utility and futility of combining treatments in psychotherapy. *Clinical Psychology: Science and Practice, 3,* 59–68.
Lazarus, A. A., & Beutler, L. E. (1993). On technical eclecticism. *Journal of Counseling & Development, 71,* 381–385.
Lazarus, A. A., Beutler, L. E., & Norcross, J. C. (1992), The future of technical eclecticism. *Psychotherapy, 29,* 11–20.
Lazarus, A. A., & Davison, G. C. (1971). Clinical innovation in research and practice. In A. E. Bergin & S. L. Garfield (Eds.), *Handbook of Psychotherapy and Behavior Change.* New York: Wiley.

Lazarus, A. A., & Fay, A. (1982). Resistance or rationalization? A cognitive-behavioral perspective. In P. L. Wachtel (Ed.), *Resistance: psychodynamic and behavioral approaches*. New York: Plenum.

Lazarus, A. A., & Fay, A. (1984). Behavior therapy. In T. B. Karasu (Ed.), *The psychiatric therapies*. Washington, DC: American Psychiatric Press.

Lazarus, A. A., & Fay, A. (1990). Brief psychotherapy: Tautology or oxymoron? In J. K. Zeig & S. G. Gilligan (Eds.), *Brief therapy: Myths, methods, and metaphors*. New York: Brunner/Mazel.

Lazarus, A. A., & Fay, A. (1992). *I can if I want to*. New York: Morrow. (Übersetzung der Erstausgabe von 1975: *Ich kann, wenn ich will. Anleitung zur psychologischen Selbsthilfe*. Stuttgart: Klett-Cotta, 1977.)

Lazarus, A. A., & Lazarus, C. N. (1991). *Multimodal life history inventory*. Champaign, IL: Research Press.

Lazarus, A. A., Lazarus, C. N., & Fay, A. (1993). *Don't believe it for a minute! 40 toxic ideas that are driving you crazy*. San Luis Obispo, CA: Impact. (*Fallstricke des Lebens: Vierzig Regeln, die das Leben zur Hölle machen, und wie wir sie überwinden*. Stuttgart: Klett-Cotta, 1996.)

Lazarus, A. A., & Mayne, T. J. (1990). Relaxation: Some limitations, side effects, and proposed solutions. *Psychotherapy, 27*, 261–266.

Lazarus, A. A. & Messer, S. B. (1991). Does chaos prevail? An exchange on technical eclecticism and assimilative integration. *Journal of Psychotherapy Integration, 1*, 143–158.

Lazarus, C. N. (1991). Conventional diagnostic nomenclature versus multimodal assessment. *Psychological Reports, 68*, 1363–1367.

Leiblum, S. R. & Rosen, R. C. (Eds.) (1988). *Sexual desire disorders*. New York: Guilford.

Lief, H. I. (1977). What's new in sex research? Inhibited sexual desire. *Medical Aspects of Human Sexuality, 2(7)*, 94–95.

London, P. (1964). *The modes and morals of psychotherapy*. New York: Holt, Rinehart & Winston.

Masters, W. H. & Johnson, V. E. (1970). *Human sexual inadequacy*. Boston: Little, Brown. (*Impotenz und Anorgasmie. Zur Therapie funktioneller Sexualstörungen*. Frankfurt/M.: Goverts/Krüger/Stahlberg, 1973.)

Meichenbaum, D. (1994). *A clinical handbook/practical therapist manual for assessing and treating adults with post-traumatic stress disorder (PTSD)*. Waterloo (Ontario, Canada): Institute Press.

Menninger, K. (1958). *Theory of psychoanalytic technique*. New York: Basic. (Übersetzung der zweiten, von Menninger und P. S. Holzman verfaßten Ausgabe von 1973: *Theorie der psychoanalytischen Technik*. Stuttgart-Bad Cannstadt: Frommann-Holzboog, 1977.)

Messer, S. B. & Warren, C. S. (1995). *Models of brief psychodynamic therapy*. New York: Guilford.

Bibliographie

Miller, N. E. & Dworkin, D. (1977). Critical issues in therapeutic applications of biofeedback, In G. E. Schwartz & J. Beatty (Eds.), *Biofeedback: Theory and research.* New York: Academic.

Mueser, K. T. & Glynn, S. M. (1995). *Behavioral family therapy for psychiatric disorders.* Needham Heights, MA: Allyn & Bacon.

Omer, H. (1994). *Critical interventions in psychotherapy.* New York: Norton.

Peterson, D. R. (1995). The reflective educator. *American Psychologist,* 50, 975–983.

Prochaska, J. O., & DiClemente, C. C. (1992). The transtheoretical approach. In J. C. Norcross & M. R. Goldfried (Eds.), *Handbook of psychotherapy integration.* New York: Basic.

Prochaska, J. O., Norcross, J. C., & DiClemente, C. C. (1994). *Changing for good.* New York: Avon.

Reid, W. H. (1980). *Basic intensive psychotherapy.* New York: Brunner/Mazel.

Rescorla, R. A. (1988). Pavlovian conditioning: It's not what you think it is. *American Psychologist,* 43, 151–160.

Rogers, C. R. (1957). The necessary and sufficient conditions of therapeutic personality change. *Journal of Consulting Psychology,* 21, 95–103.

Rosen, R. C., & Leiblum, S. R. (Eds.). (1995). *Case studies in sex therapy.* New York: Guilford.

Rudolph, J. A. (1985). Multimodal treatment of agoraphobia: A problem-focused approach. In A. A. Lazarus (Ed.), *Casebook of multimodal therapy.* New York: Guilford.

Safran, J. D., Crocker, P., McMain, S., & Murray, P. (1990). Therapeutic alliance rupture as a therapeutic event for empirical investigation. *Psychotherapy,* 27, 154–165.

Seligman, M, E. P. (1994). *What you can change & what you can't.* New York: Knopf.

Shapiro, F. (1995). *Eye movement desensitization and reprocessing.* New York: Guilford. (*EMDR – Grundlagen & Praxis. Handbuch zur Behandlung traumatisierter Menschen.* Paderborn: Junfermann, 1998.)

Shevrin, H., & Dickman, S. (1980). The psychological unconscious: A necessary assumption for all psychological theory? *American Psychologist,* 35, 421–434.

Sifneos, P. E. (1992). *Short-term, anxiety-provoking psychotherapy.* New York: Basic.

Small, L. (1971). *The briefer psychotherapies.* New York: Brunner/Mazel.

Staats, A. W. (1996). *Behavior and personality.* New York: Springer Publishing.

Strunk, W., & White, E. B. (1979). *The elements of style* (3rd ed.). New York: Macmillan.

Talmon, M. (1993). *Single session solutions.* New York: Addison-Wesley.

Tyrer, P. J. (1982). Anxiety states. In E. S. Paykel (Ed.), *Handbook of affective disorders.* New York: Guilford.

Watzlawick, P., Weakland, J., & Fisch, R. (1974). *Change: Principles of problem formation and problem resolution.* New York: Norton. (*Lösungen. Zur Theorie und Praxis menschlichen Wandels.* Stuttgart: Hans Huber, 1974.)

Wells, R. A., & Gianetti, V. J. (Eds.) (1990). *Handbook of the brief psychotherapies.* New York: Plenum.

Wilson, G. T. (1995). Empirically validated treatments as a basis for clinical practice: Problems and prospects. In S. C. Hayes, V. M. Folette, R. D. Dawes, & K. Grady (Eds.), *Scientific standards of psychological practice: Issues and recommendations.* Reno, NV: Context.

Woolfolk, R. L. (1992). Hermeneutics, social constructionism, and other items of intellectual fashion: Intimations for clinical science. *Behavior Therapy, 23,* 213–223.

Zeig, J. K., & Gilligan, S. G. (Eds.) (1990). *Brief therapy: Myths, methods, and metaphors.* New York: Brunner/Mazel.

Zilbergeld, B. (1978). *Male sexuality.* New York: Bantam. (*Männliche Sexualität. Was [nicht] alle schon immer über Männer wußten.* Tübingen: DGVT, 1983.)

Zilbergeld, B. (1992). *The new male sexuality.* New York: Bantam. (*Die neue Sexualität der Männer. Was Sie schon immer über Männer, Sex und Lust wissen wollten.* Tübingen: Deutsche Gesellschaft für Verhaltenstherapie, 1994.)

Zilbergeld, B., & Lazarus, A. A, (1987). *Mind power.* New York: Ivy.

Register

Abenis-Cintron, A. 40
Abwehrreaktionen (Konstrukt) 71 f., 229 f.
acht Punkte, die auszuschließen sind 29 f.
aktive Grundhaltung des Therapeuten 114–116
Alkohol, Verlangen nach 97
„Allergien" gegen bestimmte therapeutische Techniken 179
Alternativszenarien, Auswahl an [Range of Alternatives – ROA] 148, 150
American Psychologist (Zeitschrift) 44
Ammerman, R. T. 78
Analogien und Metaphern in der Paartherapie 171–173
Änderungsphasen (Prochaska et al.) 27, 176 f.
Anderson, T. 50
Angleichung an den Klienten [matching]
– Don (elitäres Denken) 41 f.
– Klientin mit Vorliebe für sarkastischen Humor 182 f.
– Maria (hispanisches Mädchen) 40 f.
– von Gericht überwiesener Jugendlicher 182
angewandte Psychologie, Psychotherapie als 106, 229
Arbeitsbündnisses, beschleunigter Aufbau des (bei Überweisungen) 108 f.
Arkowitz, H. 75, 235, 237
Association for Advancement of Behavior Therapy 53
Assoziationen und Beziehungen zwischen Ereignissen (Konstrukt) 69 f.
Aufmerksamkeitsdefizit-/Hyperaktivitätsstörung 40
Aussprache mit begrenzter Redezeit 165 f.
Auswahlkriterien bei der Kurztherapie 27 f.

Bach, G. R. 169
Bacon, Francis 5
Bandbreite vs. Tiefe 32
Bandura, A. 70, 72, 226, 232
Barlow, D. H. 76, 223, 225
Barzun, J. 5
BASIC I. D.
– Definition 17–20, 54
– Diagnostik 56–59, 124–126, 129, 139 f.
– Dominoeffekt 23
– Einordnung in größeren Zusammenhang 20–22, 55–59
– nicht explizit eingesetzt 135 f.
– sekundäres 95–98
Baumann, U. 10, 176
Bechterew, W. M. 69

Beck, A. T. 140
bedingungslose Selbstakzeptanz 109
Behavior Therapy and Beyond (Lazarus) 13, 53
Beitman, B. D. 235
Bemporad, J. R.,152
Benson, H. 178
Beobachtungen vs. Theorien 67–69, 220, 226
Bereitschaft zur Veränderung 176f.
Berenbaum, H. 25
Beutler, L. E. 27, 44, 76, 226, 235
Beziehungsstile, therapeutische 36f., 187, 235
Bibliotherapie 105f., 144, 166
Biofeedback, ungünstige Reaktionen auf 178
biologischen Faktoren, tiefgreifender Einfluß der 20f., 55f., 145
Borkovec, T. D. 179
Borys, D. S. 34
Breitband-Verhaltenstherapie 43, 53, 187
Bridging (Hingeleiten des Klienten zu einer anderen Modalität) 83–88
Brief Rational Emotive Behavior Therapy (Dryden) 146
Brief Therapy: Myths, Methods, and Metaphors (Zeig & Gilligan) 26
Brief Therapy and Managed Care (Hoyt) 26
Budman, S. H. 25f., 102

Cannon, J. A. 25
Carter, M. M. 76, 225
Centre for Multimodal Therapy (London) 189
Cerny, J. A. 76
Chambless, D. 78, 107

Chevron, E. S. 79
Clarkin, J. F. 235
Clinical Behavior Therapy (Goldfried & Davison) 53
Consoli, A. J. 44
Cooper, J. F. 24f.
Craighead, W. E. 53
Craske, M. G. 76
Crews, F. 66
Crocker, P. 176
Cummings, N. A. 102

Davanloo, H. 27
Davison, G. C. 53, 75f., 186
de Shazer, S. 59
Dickman, S. 71, 230
DiClemente, C. C. 27, 176
didaktischer Therapieansatz 105–109, 111, 115, 137, 177
Dilemma der Bezugspersonen von Depressiven 142
Doppeln 167–169
Dreiblatt, I. S. 25
dreifachen Zunahme, Technik der [Triple Increase Technique] 158
Dryden, W. 26, 146, 148, 189, 228
Diagnostisches und Statistisches Manual Psychischer Störungen, 140
– DSM-IV 28, 42, 123, 138f.
Duncan, B. L. 177
Dworkin, D. 178
dysfunktionale Überzeugungen 29, 32, 61, 109, 112, 136, 143. 145, 147–151, 158, 222, 233
dysthyme Störung 138–140
– Behandlung 140–145
– vorwiegend kognitiv akzentuierter Fall 146–152
– und Zeitprojektion 153f.

ego-lose Existenz 112
Eklektizismus: *siehe* technischer Eklektizismus
Ellis, A. 53, 61, 109–112, 158 (*siehe auch* rational-emotive Verhaltenstherapie)
Entspannungsverfahren 32, 59–61, 104, 224
– entspannungsinduzierte Ängste 178 f.
Erickson, M. H. 50
Erstgespräch: zwölf Aspekte, auf die zu achten ist 30 f.
Erweitertes Strukturprofil 161, 211–216 (= Anhang 3)
experimentell validierte Verfahren 66, 74–79

Fairburn, C. G. 79
Fay, A. 33, 35, 46, 105 f., 170, 188
Feyerabend, P. 65
Fisch, R. 73
Flexibilität des multimodalen Therapeuten 34, 44–51, 135, 178
Follow-ups 60, 186 f.
Forms of Brief Therapy (Budman) 26
Fragebogen zu angenehmen Ereignissen 141, 143
Fragebogen zur Zufriedenheit in der Partnerschaft 162–165, 217–219 (= Anhang 4)
– aufschlußreiche Diskrepanzen 162 f.
Frank, J. D. 235 f.
Frankl, V. 75
Franks, C. M. 14, 78, 228
Freud, S. 105, 122, 223, 230
Frustrationstoleranz, niedrige 110

Gabbard, G. O. 45
Garfield, S. L. 235

Gefühle des Klienten
– erklärlich machen durch Tracking 90 f.
– zugänglich machen durch Bridging 83–88
gemeinsamen psychotherapeutischen Wirkfaktoren, Kritik am Denkmodell der 235 f.
Generalisierung, angeblich automatische 33 f.
Gergen, K. J. 67
Gesichts, unvorteilhaftes Aussehen des 119–121
Gianetti, V. J. 26
Gilligan, S. G. 26
glaubwürdiges Chamäleon, Therapeut als 36, 42, 116
Glynn, S. M. 77
Goethe, J. W. v. 9
Goldfried, M. R. 53, 234 f.
Goodkin, B. 32
Gottman, J. 169
Grenzen, therapeutische
– flexibler Umgang mit 34, 44–51
– Grenzverletzungen vs. Grenzüberschreitungen 46
Grundrezept für eine kurze und zugleich umfassende Psychotherapie 22–24
Gurman, A. S. 26
Gutheil, T. G. 45

Hadley, S. W. 223
Haley, J. 50
Handbook of Prescriptive Treatments for Adults (Hersen & Ammerman) 78
Handbook of Psychotherapy Integration (Norcross & Goldfried) 234
Handbook on the Brief Psychotherapies (Wells & Gianetti) 26

hartnäckiges Nachhaken bei Klienten, die nicht über ihre Gefühle reden, vs. Bridging 81–83
Hauptargumente und -taktiken der multimodalen Kurztherapie (Zusammenfassung) 187 f.
Hausaufgaben 34
– und Noncompliance 35 f., 146 f.
Haustiere (als Therapie) 117–119
Heide, f., J. 179
Held, B. S. 68
Herman, S. M. 100, 109, 162
Hersen, M. 78
Hilfsquellen des Therapeuten 188 f.
Holdstock, T. L. 183
Horney, K. 60
Howard, G. S. 176
Howard, K. I. 27
Hoyt, M. F. 26
Hubble, M. A. 177
Human Sexual Inadequacy (Masters & Johnson) 123
Humor 182 f.

I Can If I Want To (Lazarus & Fay) 105 f.
„Ich laß mich nicht drangsalieren" [Take No Crap] 177
individuell unterschiedliche Ansatzpunkte in der Therapie 21
informed consent 44
Integration von Therapiemodellen, Gefahren der 77 f., 220–237 (= Anhang 5)
Internet 189
irrationale Denkmuster: *siehe* dysfunktionale Überzeugungen

Johnson, V. E. 111, 123

Karasu, T. B. 114 f.
Karpel, M. A. 173
Katzenbach, J. R. 46 f.
Kazdin, A. E. 77
Kellermann, P. F. 48
Kennedy, R. 178
Kertész, R. 189
Klerman, G. L. 79
Klient-Therapeut-Beziehung 32 f., 108
Koegler, R. R. 25
Kommunikationsmedien, Benutzen von (Fax, E-Mail, Telefon, Briefe) 102–104
Konditionierung 69 f., 72
Konstrukte, sieben 69–74
Kopp, R. R. 173
Kopta, S. M. 27
Kostendämpfung im Gesundheitswesen 15, 43, 102, 105, 187 (*siehe auch* Managed Care)
Krause, M. S. 27
Kuhn, T. 65
Kurztherapie
– Auswahlkriterien 27 f.
– Definition 24–26
– Kurztherapie vs. Kurzzeit-Therapie 25
– zeitliche Kriterien 25 f.
Kwee, M. G. T. 78, 183, 189

Lambert, M. J. 77, 223
Landes, A. A. 100
Lazarus, A. A. 19, 23, 33–36, 42 f., 48, 53 f., 63, 68, 75 f., 78, 80. 105 f., 112 f., 116, 129, 135, 146, 152, 155 f., 158, 166 f., 169, 178 f. 182, 186, 191, 217, 224, 226, 228, 232, 235
Lazarus, C. N. 19, 63, 101, 106, 129, 140, 146, 188, 191, 217. 224

Legenden, die der Wirksamkeit der Kurztherapie im Weg stehen 31–36
Leiblum, S. R. 19, 123, 138
Lief, H. I. 123
London, P. 9, 75, 114
Lowry, J. L. 27

Male Sexuality (Zilbergeld) 132, 135
Managed Care 10–13, 26, 81 (*siehe auch* Kostendämpfung im Gesundheitswesen)
Marital Myths (Lazarus) 135, 166
maßgeschneiderte Therapie 36, 39, 116
Masters, W. H. 111, 123
Mayne, T. J. 179
McMain, S. 176
Meditation, ungünstige Reaktionen auf 178
Meichenbaum, D. 28
Menninger, K. 122
Messer, S. B. 67 f., 115, 228
Metakommunikationen (Konstrukt) 72 f.
Metaphor Therapy (Kopp) 173
Methoden der Wahl 33, 36, 76–78, 187, 223–225
Miller, N. E. 178
Miller, S. D. 177
Modalitätsprofile 27, 62–64, 131 f., 135
– nicht eingesetzt 148
– vs. Strukturprofile 98 f.
Modell- und Imitationslernen (Konstrukt) 70
Moreno, Z. 48
Mueser, K. T. 77
Multimodal Behavior Therapy (Lazarus) 80

Multimodaler Fragebogen zur Lebensgeschichte 19 f., 63, 101, 129 f. 146, 161, 191–207 (= Anhang 1). 224
– nicht angewendet 178
multimodale Therapie (MMT)
– in Argentinien 189
– in den Niederlanden 189
– in England 189
– vs. Rational-emotive Verhaltenstherapie (REVT) 53 f.
– vs. unimodale Denkmodelle 43 f., 53
– und Verhaltenstherapie 11–13, 23
– *siehe auch* technischer Eklektizismus
Murray, P. 176
Myers, P. 176

Nadelson, C., 45
Nance, D. W. 176
New Male Sexuality, The (Zilbergeld)
Newman, C. F. 235
nichtbewußte Prozesse (Konstrukt) 68, 70 f., 229 f.
Noncompliance 146 f.
– und „Widerstand" 35 f.
Norcross, J. C. 27, 76, 220, 226, 234 f.
Nuland, S. B. 236

Occam's razor (Sparsamkeitsprinzip) 68 f.
Omer, H. 102
Orlinsky, D. E. 27
Osgood, C. 230

Paartherapie 73, 127–138, 156–174
– Analogien und Metaphern 171–173
– Aussprache mit begrenzter Redezeit 165 f.

- Einzel- vs. Paartherapie 156, 158
- Fragebogen zur Zufriedenheit in der Partnerschaft 162–165, 217–219 (= Anhang 4)
- „magisches Verhältnis" zwischen positiven und negativen Gefühlen und Interaktionen 169
- „Nein" sagen 170 f.
- sieben Grundregeln 157
- Technik der dreifachen Zunahme [Triple Increase Technique] 158 f.
- Technik des Doppelns 167–169
- und gütliche Scheidung 173 f.

Palmer, S. 189
paradoxe Bemerkungen 73, 150
„partnerschaftliches Verhältnis" [dual relationship] zwischen Therapeut und Klient als angebliche Gefahr 34, 46 f., 49
Paul, G. L. 236
Pawlow, I. P. 69
Perrez, M. 10, 176
Peterson, D. R. 44
plastische Chirurgie 119–121
positive Konnotierung 136
private Ereignisse (Konstrukt) 72
Prochaska, J. O. 27, 176
Puzo, Mario 9

rational-emotive Verhaltenstherapie (REVT; Ellis) 53 f., 61, 110, 146
- Unterschiede zur multimodalen Therapie 53 f., 111
- *siehe auch* dysfunktionale Überzeugungen

Ratschläge geben (dem Klienten) 114–116, 120
Reaktionstypen 98
Reframing (Umdeutung, Neukontextualisierung) 73, 154 f.

Reid, W. H. 71
Rescorla, R. A. 69
Rhoads, J. M. 228
Ritalin 40
Rogers, C. R. 33, 122, 222
Rosen, R. C. 19, 123, 138
Rounsaville, B. J. 79
Rudolph, J. A. 16, 100

Safran, J. D. 176
Sayama, M. 102
Scaturo, D. J. 231 f.
sekundäres BASIC I. D. 95–98
Selbstsicherheit vs. Aggression 96, 144, 234
Seligman, M. E. P. 78
sensate-focus-Übungen 111, 131, 135, 143
Sexual Desire Disorders (Leiblum & Rosen) 138
sexuellen Appetenz, Hemmung der 123–138
- Fallbeispiel 127–138
Shapiro, F. 77
Shevrin, H. 71, 230
Sifneos, P. E. 27
Small, J. 26
Sparsamkeitsprinzip 68 f., 74
Spiritualität 74
Staats, A. W. 78
Strukturprofile 73, 98–101
- vs. Modalitätsprofile 98 f.
Strukturprofil-Fragebogen 100, 109, 143, 208–210 (= Anhang 2)
- Erweiterter 101, 211–216 (= Anhang 3)
- aufschlußreiche Diskrepanzen zwischen Partnern 100 f., 161 f.
Strunk, W. 37
Strupp, H. H. 223

Register

„Sublimierung" 71 f.
Supervisionsgruppe 188
„Symptomverschiebung" 186

Talmon, M. 121
technischer Eklektizismus 74–79, 167, 169, 187, 220–237 (= Anhang 5)
Theorien
- vs. Beobachtungen 220, 226
- und Techniken 65–79
Theory of Psychoanalytic Technique (Menninger) 122
therapeutische Grenzen: *siehe* Grenzen
Therapie als eine Form von Erziehung: *siehe* didaktischer Therapieansatz
Toleranzschwellen (Konstrukt) 74
Tracking (Bestimmen der „Zündfolge" des Klienten) 88–94, 100
- Auslösepunkte [trigger points] 89
Turovsky, J. 767, 225
Tyrer, P. J. 74

Überweisungen 108 f.
unimodale vs. multimodale Denkmodelle 43 f., 53

„verschüttete Erinnerungen" 94, 226
vier Prinzipien der multimodalen Therapie 22
Vorstellungsmodalität: Beispiel für Bridging 86–88

Wachtel, P. L. 228
Warren, C. S. 115
Watzlawick, P. 73

Weakland, J. 50, 73
Weatherly, D. 25
Weissman, M. M. 79
Wells, R. A. 26
White, E. B. 37
„Widerstand" 233 (*siehe auch* Noncompliance)
Williams, R. E. 44
Wilson, G. T. 78
Wolpe, J. 225, 235
Woolfolk, R. L. 68
World Wide Web 189
Wyden, P. 169

YAVIS-Klienten 27

Zeig, J. K. 26
„Zeitreisen" in der Vorstellung 133 f., 143, 152–155, 227
Zeitvergeudung 80 f., 104 f., 175–185
- Analysieren der „negativen Übertragung" 109
- die Bereitschaft zur Veränderung ignorieren 176–178
- „Allheilmittel" und „Patentrezepte" 178 f.
- minuziöses Ergründen der Klient-Therapeut-Beziehung 176
- nicht aktiv werden 122, 179 f.
- überflüssiges Graben in der Vergangenheit 11, 105–107, 175–177
- warten, bis der Klient von selbst zu Schlußfolgerungen gelangt, 183 f.
Zilbergeld, B. 54, 132, 135
„Zündfolge": *siehe* Tracking

Harlene Anderson:
Das therapeutische Gespräch
Der gleichberechtigte Dialog als Perspektive der Veränderung
Aus dem Amerikanischen von Georgia Hanenberg
1999. 313 Seiten, Leinen, ISBN 3-608-91978-3

Dieses Buch plädiert für ein neues Therapieverständnis, das jenseits allen Expertentums auf der engen gleichberechtigten Zusammenarbeit von Therapeut und Klient beruht.

David Mann:
Psychotherapie: Eine erotische Beziehung
Aus dem Englischen von Elisabeth Vorspohl
1997. 342 Seiten, Leinen, ISBN 3-608-91933-3

Dieses Buch zeigt, wie latente und manifeste erotische Gefühle in der Psychotherapie neu bewertet und für Patienten und Therapeuten konstruktiv genutzt werden können – im Dienst von innerem Wachstum und Veränderung.

John J. Ratey / Catherine Johnson:
Das Schattensyndrom
Neurobiologie und leichte Formen psychischer Störungen
Aus dem Amerikanischen von Max Looser
1999. 444 Seiten, Leinen, ISBN 3-608-91889-2

Schattensyndrome, das sind bisher kaum diagnostizierte leichte Formen psychischer Störungen, die auf spezifischen Strukturen und chemischen Vorgängen des Gehirns basieren. Dieses Buch hilft, sie als solche zu erkennen und zu behandeln.